¡BASTA YA DE ACOSAMIENTO SEXUAL!

Jim y Sally Conway

Traducido por
Nelda B. de Gaydou

EDITORIAL MUNDO HISPANO

EDITORIAL MUNDO HISPANO

Apartado Postal 4256, El Paso, TX 79914 EE. UU. de A.

Agencias de Distribución

ARGENTINA: Anchorena 1078, 1834 Temperley, Buenos Aires, Tel/Fax: (541)245-4565; Rivadavia 3464, Casilla 48, Suc. 3, 1203 Buenos Aires, Teléfonos: (541)88-8924, (541)88-8938. **BOLIVIA:** Casilla 2516, Santa Cruz, Fax: (59)1-342-8193. **BRASIL:** Caixa Postal 320 CEP 2001, Río de Janeiro, Tel.: (552)1-269-0772. **COLOMBIA:** Apartado Aéreo 55294, Bogotá 2, D.C., Tel.: (57)1-287-8602, Fax: (57)1-287-8992. **COSTA RICA:** Apartado 285, San Pedro Montes de Oca, San José, Tel.: (506)225-4565, Fax: (506)224-3677. **CHILE:** Casilla 1253, Santiago, Tel/Fax: (562)672-2114. **ECUADOR:** Casilla 3236, Guayaquil, Tel.: (593)4-455-311, Fax: (593)4-452-610. **EL SALVADOR:** Apartado 2506, San Salvador, Fax: (503)218-157. **ESPAÑA:** Padre Méndez #142-B, 46900 Torrente, Valencia, Tel.: (346)156-3578, Fax: (346)156-3579. **ESTADOS UNIDOS:** 7000 Alabama, El Paso, TX 79904, Tel.: (915)566-9656, Fax: (915)565-9008; 960 Chelsea Street, El Paso TX 79903, Tel.: (915)778-9191; 3725 Montana, El Paso, TX 79903, Tel.: (915)565-6234, Fax: (915)726-8432; 312 N. Azusa Ave., Azusa, CA 91702, Tel.: 1-800-321-6633, Fax: (818)334-5842; 1360 N.W. 88th Ave., Miami, FL 33172, Tel.: (305)592-6136, Fax (305)592-0087; 8385 N.W. 56th Street, Miami, FL 33166, Tel. (305)592-2219, Fax (305)592-3004. **GUATEMALA:** Apartado 1135, Guatemala 01901, Fax: (5022)530-013. **HONDURAS:** Apartado 279, Tegucigalpa, Tel. (504)3-814-81, Fax: (504)3-799-09. **MEXICO:** Vizcaínas 16 Ote., Colonia Centro, 06080 México, D.F., Tel.: (525)510-3674, Tel/Fax: (525)512-4103; Apartado 113-182, 03300 México, D.F., Tels.: (525)762-7247, (525)532-1210, Fax: (525)672-4813; Madero 62, Col. Centro, 06000 México, D.F., Tel/Fax: (525)512-9390; Independencia 36-B, Col. Centro, Deleg. Cuauhtémoc, 06050 México, D.F., Tels.: (525)521-0206, (525)521-6206, Fax: (525)512-9475; Matamoros 344 Pte., 27000 Torreón, Coahuila, Tel.: (521)712-3180; Hidalgo 713, 44290 Guadalajara, Jalisco, Tel.: (523)613-8767; Félix U. Gómez 302 Nte. Tel.: (83)8-342-2832, Monterrey, N. L. **NICARAGUA:** Apartado 2340, Managua, Tel/Fax: (505)2-784-927. **PANAMA:** Apartado 87-1024, Panamá 5, Tel.: (507)64-64-69 Fax: (507)28-46-01. **PARAGUAY:** Casilla 1415, Asunción, Fax: (595)2-121-2952. **PERU:** Apartado 3177, Lima, Tel.: (511)4-24-7812, Fax: (511)4-40-9828. **PUERTO RICO:** Calle 13 S.O. #824, Capparra Terrace, Tel.: (809)783-7056, Fax: (809)781-7986; Calle San Alejandro 1825, Urb. San Ignacio, Río Piedras, Tel.: (809)764-6175. **REPUBLICA DOMINICANA:** Apartado 880, Santo Domingo, Tel.: (809)565-2282, Fax: (809)565-6944. **URUGUAY:** Casilla 14052, Montevideo, Tel.: (598)2-394-846, Fax: (598)2-350-702. **VENEZUELA:** Apartado 3653, El Trigal 2002 A, Valencia, Edo. Carabobo, Tel/Fax: (584)1-231-725, Celular (581)440-3077.

Primera edición: 1996

Clasificación Decimal Dewey: 305.42

Temas: 1. Acoso sexual
2. Conducta sexual

ISBN: 0-311-46144-1
E. M. H. Art. No. 46144

3.5 M 3 96

Impreso en U. S. A.

Dedicatoria

A

Michael Schneider
Marc Russell
Craig Sanders,

nuestros yernos,
quienes han tratado a nuestras tres hijas y nietos con
amor,
respeto y
dignidad
sobresalientes y quienes están afirmando a cada miembro de su familia para que cada uno se convierta en la persona eficaz que Dios tiene planeada.

Indice

PRIMERA PARTE

El acoso: un mal social

1
Es real y se va extendiendo

"¿Qué problema hay? Sencillamente tomo lo que me corresponde. Soy un administrador exitoso y siempre lo he sido. En cuanto a mi vida personal, soy como cualquier otro hombre vigoroso." Así se defendía Nicolás,* sin sentir vergüenza, ante preguntas sobre sus prácticas de acoso sexual a través de los años. Nicolás había completado su maestría en asistencia social en una importante universidad. Después de graduarse entró a trabajar en un programa estatal de guardián temporal de menores. Al promediar la década de los treinta años se le invitó a iniciar un programa similar en otra zona.

Tenía que contratar todo el personal, incluyendo a los trabajadores sociales, el personal administrativo de nivel medio y el personal de oficina. En resumen, se le asignó la tarea de montar una oficina con veinte o veinticinco empleados de tiempo completo.

Aunque Nicolás estaba casado, sus prácticas de contratación y el tono que estableció en la oficina, sobre la cual tenía control total, son típicos del acoso sexual desenfrenado tan común en el campo laboral y en otros ambientes actuales.

---

* Los ejemplos que se usan en este libro corresponden a situaciones reales de la vida común. Se han cambiado nombres para proteger la vida privada de las personas involucradas.

Esas características especiales

Sus primeras empleadas fueron secretarias, recepcionistas y trabajadoras sociales. Al contratar a cada mujer, le explicaba claramente que quería un ambiente de trabajo íntimo en el cual la gente fuera amistosa tanto dentro como fuera del trabajo. Sin excepción, cada mujer que contrataba tenía entre veinte y treinta años, era soltera y rubia. Ninguna de ellas era gorda y todas tenían pechos voluminosos. Parecía que Nicolás estaba poblando su harén privado con mujeres que cumplían con sus requisitos sexuales especiales. También dependían de él para las promociones.

El clima de oficina creado por Nicolás estaba repleto de frecuentes insinuaciones sexuales, chistes verdes, conversaciones sobre películas pornográficas o prohibidas y mucho contacto físico, abrazos y miradas intensas. A veces las mujeres expresaban su preocupación por el ambiente de la oficina cuando hablaban entre ellas, pero no hacían nada para cambiarlo.

Si una mujer entraba a la oficina de Nicolás para hablar de un proyecto o un problema, él solía invitarla a sentarse en la esquina del escritorio. Nunca le miraba la cara al escuchar. Por el contrario, su mirada subía y bajaba por el cuerpo y frecuentemente interponía comentarios tales como: "Realmente eres un complemento atractivo para esta oficina."

Después agregaba: "Verdaderamente quiero que tengas éxito. Me gustaría hacer todo lo posible para ayudarte para que las evaluaciones trimestrales sobre tu rendimiento muestren cuánto vales. Ya sabes que se me exige que las mande a la agencia estatal."

Frecuentemente le agregaba a esta declaración de poder una invitación para reunirse en un acogedor restaurante donde cenaría un pequeño grupo del personal de la oficina. Por supuesto que todos, menos Nicolás, serían mujeres.

Un mal contagioso

Poco a poco Nicolás fue aumentando su control sobre estas mujeres. Si una mujer no respondía, recibía una evaluación menor o negativa sin ascensos en pago ni categoría. Era evidente que estaba en vías de ser despedida. Varias renunciaron porque sabían que nunca obtendrían una evaluación positiva.

Aunque parezca extraño, surgió una especie de competencia enfermiza entre las mujeres. Una vez que Nicolás había puesto en claro que necesitaba promover a algunas de las trabajadoras sociales del personal de oficina a puestos de administración media, comenzaron a competir astutamente entre ellas tratando de ganar su aprobación.

Nicolás invitaba sistemáticamente a cada mujer a pasar un fin de semana con él. En privado decía: "Puedo promover a la persona que quiera porque todas ustedes tienen muy buenas aptitudes y fácilmente podrían obtener los puestos que estoy buscando." Todas sabían cuáles eran los *puestos especiales* que estaba buscando.

Lo explicaba claramente: "Quiero que me acompañes a la capital a una conferencia sobre cuidados en la adopción. Quiero ascender a la gente con la cual me siento íntimo. Así que veamos a qué intimidad podemos llegar este fin de semana."

Si no hubiera sido por la competencia enfermiza en la oficina, alguien podría haber delatado la situación. Pero eran mujeres jóvenes que estaban ansiosas por triunfar y que pensaban: "¿Qué importa si me acuesto algunas veces con el jefe?" Se sabía que todas eran parte de su harén.

Nicolás siguió contratando y ascendiendo sólo a mujeres de entre veinte y treinta años que cumplían con sus normas sexuales. El sueldo de las mujeres ascendidas subía un cincuenta por ciento. Sin embargo, aunque Nicolás usaba su autoridad para hacer que las mujeres siguieran respondiendo sexualmente, algunas de ellas, por su propia cuenta, comenzaron a resistir las caricias, los abrazos y el sentarse en el escritorio.

Por fin, dos mujeres presentaron denuncias de acoso sexual con la nueva supervisora de Nicolás. Ella, partícipe también del mal sexual, les aseguró a las mujeres que Nicolás no tenía malas intenciones: "No arruinemos el ambiente de trabajo presentando este tipo de denuncias. Nadie más se ha quejado, a lo mejor están exagerando."

Por fin llegó el amanecer en un mundo oscuro

Durante el cuarto año de Nicolás, explotó un debate a nivel nacional ocasionado por el caso de un juez acusado de acosamiento sexual. Fue un tema importante de conversación en la oficina de Nicolás.

Cristina, una mujer recientemente contratada, no tardó en evaluar la situación. En poco tiempo fue incluida en el acoso sexual, pero ella entendía los límites sexuales apropiados y se negó a unirse al enfermizo sistema de la oficina. Dentro de pocos meses

Cristina había presentado una denuncia ante la supervisora y había hablado con las dos empleadas que habían presentado la denuncia anterior. Juntas planearon ir fuera de la oficina para conseguir que se reemplazara a Nicolás. Sorpresivamente, por esa misma época Nicolás empezó a enviar su currículum vitae a otros lugares y a los pocos meses se fue. Le aseguró al personal que había sido un grupo muy bueno y que sentía tener que irse, pero que era hora de hacer un cambio.

Cristina es un buen modelo para las mujeres que reciben acoso sexual en el trabajo. A pesar de que la supervisora minimizó la situación y se negó a actuar, Cristina insistió. Nicolás tuvo que salir porque ella y las otras dos mujeres se hicieron valer correctamente.

La mujer puede esperar oposición cuando intenta encarar el acoso sexual, pero las cosas están cambiando y la ley está de su parte. Típicamente muchos amigos, supervisores, profesionales y otras personas en posiciones de liderazgo tratarán de minimizar los acontecimientos. "No es tan grave como te parece." Otra reacción común ante las acusaciones de acoso sexual es pactar en contra de la denunciante. La gente que tendría que ayudar habla a espaldas de la mujer, la aísla de la información de la oficina y pasa por alto oportunidades para ascenderla. Puede llegar a convertirse en el chivo expiatorio de todos los problemas de la oficina. "Bueno, nunca tuvimos conflictos personales antes de que se presentaran estas denuncias de acoso sexual."

La insistencia de Cristina en que el acoso sexual estaba mal y su valor para actuar para corregirlo cambiaron el ambiente de su oficina. No se desanimó al presentar la denuncia, ni aun ante la racionalización y la negación de la supervisora.

Desafortunadamente, nunca se tomaron medidas por las denuncias de acoso sexual con respecto a Nicolás ya que el acosador se había ido. El nuevo director estaba enterado de la situación anterior y conscientemente creó un ambiente de trabajo positivo. Pero Nicolás consiguió otro trabajo. ¿Dónde? En un refugio para jóvenes maltratadas de catorce a dieciocho años de edad. Fue contratado como director para organizar y contratar el personal del nuevo refugio. Sería responsabilidad suya contratar a todo el personal.

Por supuesto que en un refugio para mujeres, el personal tenía que estar compuesto por mujeres. Su tarea especial era la de contratar a las mujeres adecuadas para ayudar a estas jóvenes. ¿Qué aspecto tenían las mujeres contratadas? Tenían entre veinte y treinta años, eran solteras, rubias y sexualmente atractivas para Nicolás. Ya que era un refugio residencial, Nicolás, que a esta altura estaba divorciado, tendría que vivir en las instalaciones para mantener un estricto control sobre las cosas.

Actualmente Nicolás está trabajando en este refugio, y se supone que sigue acosando a mujeres de entre veinte y treinta años de edad que cumplen con sus fantasías sexuales y que pueden ser manipuladas para formar parte de su harén.

Las facetas múltiples del acoso sexual

Hay acoso sexual en muchos lugares de trabajo, pero no se limita al trabajo. También hay comportamiento acosador en las citas románticas, el matrimonio, la medicina, las fuerzas armadas, las instituciones militares y docentes y los grupos religiosos.

En los Estados Unidos de América, la palabra *Tailhook* se ha convertido en sinónimo de acoso sexual manifiesto. La nación fue impactada y las mujeres se sintieron escandalizadas cuando empezaron a surgir los detalles acerca de lo que ocurre en las fiestas anuales en la ciudad de Las Vegas (Estados Unidos de América), cuando se reúnen pilotos activos y retirados de la Marina durante tres días y noches de borrachera desenfrenada.

La teniente de Marina Paula Coughlin, piloto de helicóptero, inició la investigación de *Tailhook* de 1991. Muchos oficiales fueron implicados durante la misma. Se destituyó de su cargo a su propio jefe, el almirante Jack Snyder, por no responder correctamente a sus denuncias. Cuando la teniente Coughlin informó que sus compañeros pilotos la tocaron sexualmente al empujarla por un pasillo de un hotel de Las Vegas, se alega que Snyder comentó: "Eso es lo que pasa cuando se va al tercer piso de un hotel con un montón de aviadores borrachos."

La Marina condujo la investigación tan mal que el secretario de Marina H. Lawrence Garrett, hijo, fue forzado a dimitir después de que el presidente Bush expresara su desagrado. La investigación llegó a incluir a ochenta y tres mujeres militares y civiles que habían sido violadas por aviadores de la Marina en la convención. El Senado también suspendió 4.500 ascensos en la Marina y una comisión del Congreso eliminó 10.000 puestos de la sede de la Marina.

Durante los próximos meses, la Marina considerará nueva evidencia en contra de 175 oficiales, incluyendo a treinta y tres almirantes y dos generales del Cuerpo de Infantería de la Marina. Los castigos irán desde las reprimendas, las reducciones en rango y en salario hasta la expulsión y el juicio ante un tribunal militar.

Trágicamente, se considera que *Tailhook* 1991 fue poca cosa en comparación con las convenciones anteriores. Tal vez el título de una historia reveladora en la revista *U.S. News & World Report* sea el mejor resumen: "Many Officers, Not Many Gentlemen" ("Muchos oficiales, pocos caballeros").

El acoso sexual está mal, ya sea en la Marina, el consultorio del médico, la iglesia, una oficina de seguros o una fábrica. Es un incumplimiento abierto de la decencia moral por parte del ofensor. Es una violación de las fronteras personales de la víctima. El resultado final es rebajar y avergonzar a la víctima, aun cuando los comentarios y las acciones se disfracen como halagos.

El acoso sexual no sólo perjudica a la víctima sino que es una plaga en toda la sociedad. Desde nuestro punto de vista como consejeros cristianos, el acoso sexual es totalmente ajeno al modelo que Jesucristo nos da para las relaciones humanas.

Una confrontación histórica

En el otoño de 1991 el juez Clarence Thomas compareció frente a la Comisión Judicial del Senado de los Estados Unidos, la televisión mundial y el pueblo estadounidense, enfrentando denuncias de acoso sexual presentadas por Anita Hill.

La responsabilidad principal de la comisión era evaluar la aptitud del juez Thomas para formar parte del Tribunal Supremo de los Estados Unidos. Pero la audiencia pronto cambió de enfoque con las acusaciones de Anita Hill de que el juez Thomas la había acosado sexualmente muchas veces. El negó todas las acusaciones.

La pregunta vehemente frente a la comisión del Senado y en la mente de los millones de personas cuyos ojos estaban pegados al televisor era: "¿Quién está mintiendo?" Se preguntaron: "¿Cómo puede ser que dos personas cuenten versiones tan distintas de los mismos acontecimientos?"

Estas no eran personas comunes. Anita Hill era una profesora de leyes en la Universidad de Oklahoma. El juez Clarence Thomas había ocupado varios puestos importantes en el gobierno durante su carrera. Diez años antes de estas audiencias ratificatorias, Thomas y Hill habían trabajado juntos en la Comisión para la Igualdad de Oportunidades Laborales (EEOC) donde supuestamente acontecieron los incidentes de acoso.

A pesar de las serias acusaciones hechas en contra de Thomas, en algunos momentos las audiencias prácticamente se convirtieron en funciones de circo. La pregunta básica era: "¿Está en condiciones este hombre de ser juez del Tribunal Supremo si realmente está mintiendo y acosó sexualmente a la profesora Hill?"

La comisión nunca contestó la pregunta: "¿Acosó sexualmente Clarence Thomas a Anita Hill?" Sin embargo, la Comisión Judicial del Senado, compuesta íntegramente por hombres, sí decidió recomendar la ratificación de Clarence Thomas para el Tribunal Supremo de los Estados Unidos.

Confusión y conmoción

No sólo se dividió la nación por su opinión en cuanto a quién estaba diciendo la verdad y si el juez Thomas debía ser ratificado, sino que también surgió un nuevo sentido en cuanto a la realidad y la difusión del acoso sexual. De repente se estaban presentando denuncias de acoso sexual con la EEOC federal en números récord, un aumento de más del 30 por ciento en 1992 en relación con 1991.

Las mujeres estaban encontrando el valor para presentar las denuncias. Si Anita Hill podía soportar el maltrato de la Comisión Judicial del Senado y de la nación, ellas también hablarían de la humillación que habían tolerado tantas veces.

Muchas de las mujeres de la nación se conmocionaron por la manera en que la comisión trató a Anita Hill. Irene Natividad de la Conferencia Nacional de Mujeres Trabajadoras dijo: "Ya sea que le crean a Hill o no, han visto cómo la trataron. Todo el país vio, de manera directa, lo poco que se considera a las mujeres y la poca importancia que se les da."

Surgió un debate nacional del espectáculo televisado de Thomas/Hill. El comercio y la industria, la educación, la medicina, los militares, las organizaciones de servicio y los cuerpos gubernamentales en todos los niveles tuvieron que enfrentar el tema del acoso sexual. Las discusiones repetidas mostraban lo lejos que están los hombres y las mujeres de entenderse.

El punto de vista del hombre

La mayoría de los hombres sigue pensando en el acoso sexual en términos físicos, pero ahora se ha definido el acoso sexual para incluir las dimensiones verbales y las sutilezas tales como mirar insistentemente a las mujeres, guiñarles y llamarlas "chicas". Por ley, un ambiente de trabajo intimidante, hostil u ofensivo constituye acoso.

En 1980, la EEOC (Comisión para la igualdad de oportunidades laborales) de los Estados Unidos puso en claro que el acoso sexual es una violación de la sección 703 del Título VII de la Ley de Derechos Civiles de 1964. A continuación aparecen algunas de las condiciones mencionadas por la EEOC:

* La víctima, así como el acosador, puede ser varón o mujer.
* La víctima no tiene que ser del sexo opuesto.
* La víctima no tiene que ser la persona acosada sino que puede ser cualquier persona afectada por la conducta ofensiva.
* El acosador puede ser el supervisor de la víctima, o un agente del empresario, o un supervisor de otra área, o un compañero de trabajo, o hasta alguien que no es empleado.
* Puede haber acoso sexual que no resulta en el perjuicio económico o el despido de la víctima.
* La conducta del acosador debe ser importuna para la víctima cuando ocurre.

Según las directrices de 1980, se puede considerar como acoso sexual cualquier insinuación sexual importuna, proposición u otra conducta sexualmente agresiva, cuando ocurre cualquiera de las siguientes cosas:

* El sometimiento al acoso es una condición del empleo.
* Se usa la respuesta del trabajador al acoso como base de decisiones que afectan al empleo, tales como capacitación y promoción.
* Tal conducta tiene el propósito o el efecto de interferir desmedidamente con el cumplimiento del trabajo al crear un ambiente laboral intimidante, hostil u ofensivo.

Es evidente que el acoso sexual comprende aspectos sociales y sicológicos así como las afrentas sexuales comúnmente reconocidas, ya sea verbales o físicas. Sin embargo, *parece que muchos hombres sencillamente no se dan cuenta.*

La revista *Parade Magazine* hizo una encuesta al azar de hombres y mujeres sobre este tema. Escribieron lo siguiente acerca de los hombres: "Algunos admitieron que contaban chistes verdes. Sin embargo, ninguno creía que había acosado sexualmente a una mujer. Muchos dijeron que el papel del hombre era el del agresor sexual y de perseguir a las mujeres invitándolas a salir. Pensaban que el acoso sexual significaba tocar, acariciar... algo físico...

"El setenta por ciento de las mujeres entrevistadas que habían estado en las Fuerzas Armadas dijeron que habían sido acosadas sexualmente. El cincuenta por ciento de las mujeres entrevistadas que trabajan en oficinas del Congreso dijeron lo mismo. El cuarenta por ciento de las mujeres entrevistadas que trabajan en agencias federales dijeron que habían sido sexualmente acosadas."

El punto de vista de la mujer

Las mujeres viven el acoso sexual en cientos de ambientes: el almacén, su propio hogar, la iglesia, en el parque, así también como en el trabajo. El acoso sexual es algo muy distinto para las mujeres que para los hombres: "Las mujeres consideran que el 'acoso sexual' incluye el vocabulario grosero, los chistes sugestivos, los comentarios acerca del cuerpo y la presión para salir juntos, especialmente por un jefe u otro superior. El acoso verbal está tan difundido que es como el mal tiempo, no es un motivo como para no ir a trabajar. La mayoría dijo que no renunciarían a su trabajo por acoso sexual a no ser que llegara a ser físico."

Aunque muchas mujeres son sensibles a estas situaciones, se sienten impotentes para corregirlas. Frecuentemente no hacen ni dicen nada, o renuncian al trabajo sin declarar el motivo verdadero para irse. Sin embargo, otras mujeres no son tan pasivas y están contentas de tener una base legal para cambiar las condiciones acosadoras.

Resultados del debate Thomas/Hill

Hubo varios cambios después de las audiencias. Primero, surgieron *la certeza y la incertidumbre legales.* La ley está afirmando claramente que el acoso sexual está legalmente mal y puede ser probado ante los tribunales, y que se pueden ganar demandas judiciales importantes en contra de los acosadores y sus empleadores. Sin embargo, queda una incertidumbre: "¿Cuál es el significado exacto de 'un ambiente de trabajo intimidante, hostil u ofensivo'?"

Un segundo resultado de las audiencias fue el terror en los negocios. Un artículo en una revista de temas judiciales indica lo vulnerables que son los empleadores en cuanto al acoso. El caso se centró alrededor de una gerente que acusó a su jefe en una compañía fabricante de juguetes de tocarla, hacer comentarios indecentes acerca de sus pechos, levantarle la blusa por atrás para exponer la tira de su corpiño.

Después de seis días de juicio, se le otorgaron 5.000 dólares a la mujer por daños y perjuicios por haber sido tocada, pero no se consideró responsable a la compañía por permitir un ambiente de trabajo hostil. Sin embargo, en una apelación posterior, los tres jueces que revisaron el caso recomendaron que se volviera a juzgar. En efecto dijeron: "Los empresarios no pueden defenderse de la responsabilidad con el argumento de que no estaban conscientes de la existencia de un ambiente de trabajo hostil."

Un tercer resultado es la *confusión de los hombres.* De ninguna manera queremos agrupar a todos los hombres como si pensaran lo mismo acerca del acoso sexual. Un gran número de hombres aparentemente cree que el acoso sexual es un problema, pero no entienden que el acoso incluye más que el contacto físico. Este grupo piensa: "Si no toco, no me meto en problemas." Su punto de vista es demasiado estrecho.

Desafortunadamente, hay otro grupo de hombres que piensa que el acoso sexual es algo así como un juego, y que una mujer debería sentirse halagada por comentarios tales como: "Me gusta verte caminar cuando te alejas de mi escritorio" o "¡Qué hermoso suéter de angora!, ¿te molesta si lo acaricio?" O puede ser que un hombre diga algo así en una reunión: "No podemos esperar que ustedes, 'chicas', entiendan esto." Estos hombres necesitan darse cuenta de que ya no se tolera este tipo de comportamiento como en el pasado.

La mayoría de los hombres está en el área gris de la incertidumbre. Preguntan: "¿Qué es el acoso sexual? ¿No puedo hacer ningún comentario sobre la ropa de una mujer? Si una amiga mía se entera en la oficina de que se le acaba de morir la madre, ¿dejo que llore en mi hombro?, ¿o se supone que me alejo y no la toco?" Muchos de estos hombres tienen miedo de que sus comentarios, sus sonrisas o su amistad general puedan ser vistos como acoso sexual.

Es hora de que los hombres se den cuenta de que el acoso sexual no es sólo un nombre para una "onda" temporaria. No es una bronca pasajera de las mujeres. Sólo estamos viendo la punta del témpano. Los hombres deben comprender que las mujeres y los tribunales están considerando cada vez más como acoso sexual cualquier insinuación sexual importuna o cualquier comentario negativo acerca de las mujeres en general.

Un cuarto impacto es que *las mujeres se están volviendo más resueltas a hablar.* A medida que hay más mujeres en el campo laboral y en la política, hay más de ellas que pueden apoyarse entre sí. Las mujeres están exigiendo su derecho a ser tratadas como seres humanos y ser apreciadas por su contribución al trabajo, no sólo por su anatomía física.

La incertidumbre de los hombres acerca de lo que es el acoso y el mayor valor de las mujeres han creado un ambiente conflictivo, o por lo menos de desconfianza, en muchos lugares de trabajo.

En los años setenta y ochenta los bares para gente soltera eran los lugares para buscar pareja. Al difundirse la epidemia del SIDA, la gente empezó a alejarse de los bares y volverse al lugar de trabajo para encontrar a alguien del sexo opuesto. Pero la conciencia del acoso sexual y las restricciones de muchos negocios han vuelto "tabú" la sola idea de salir con alguien del trabajo.

¿Qué hay de nuevo?

Hoy nos conmociona el número de denuncias de acoso sexual. Por generaciones se ha molestado sexualmente a las mujeres y no se ha dicho mucho sobre ello. La gente tenía un sutil sentimiento de que las mujeres fueron creadas para el placer sexual y la explotación de los hombres, y que no tenían derechos propios.

Hace seis décadas Elsa tenía diecisiete años. Llegó a trabajar como sirvienta en la casa de un hombre muy rico. Una mañana, cuando ella estaba tendiendo la cama, él entró en la habitación y cerró la puerta. Ella cuenta: "Estaba asustada. Me empujó sobre la cama. Se estaba rozando por todo mi cuerpo. No sabía qué iba a pasar. Después me levantó el vestido y me penetró. Estaba horrorizada por lo que estaba pasando, pero no sabía de qué se trataba. Sabía que era algo que no tendría que haber pasado. Así que le pregunté si me podía ir. Me dijo: 'No te atrevas a contarle a nadie lo que pasó.' "

Cuando se supo que estaba embarazada, el hombre la despidió. Entonces ella le contó a su padre lo que había pasado. "Nunca me creyó. Nadie me creyó. He llevado la vergüenza toda mi vida."

El acoso sexual es un amplio espectro de acciones y actitudes, desde una caricia o una mirada fija hasta una violación como la que vivió Elsa. Queremos explorar muchas de estas áreas y dar ayuda clara acerca de cómo tratar la amplia variedad de comportamientos llamados acoso sexual.

La estrategia

En la primera parte de este libro consideraremos el acoso sexual en diversos ambientes, tales como el lugar de trabajo, las citas, el matrimonio y la familia, la educación y la religión.

Después de esos capítulos, nos concentraremos en pautas para ayudar a los hombres a entender a las mujeres y superar el acoso sexual. Entonces nos dirigiremos a las mujeres, ayudándoles a expresar sus necesidades y ver cómo muchas veces provocan y acosan sexualmente a los hombres.

En el último capítulo exploraremos algunos valores para ayudar a los hombres y a las mujeres a tratarse con dignidad y respeto.

El acoso sexual es real y está difundido. Creemos que tanto las víctimas como los agresores necesitan ser alertados y educados. Junto con una comprensión del problema, queremos enseñarles cómo evitarlos, cómo dejar de ser víctimas o agresores. En el próximo capítulo veremos por qué se toleran los abusos del acoso sexual en el lugar de trabajo.

2

El acoso sexual en el trabajo

"Una por una, con las voces ahogadas por la ira y el dolor, docenas de mujeres de California se presentaron ante una audiencia legislativa especial el jueves para relatar el acoso sexual que han soportado en el trabajo, a veces por décadas", informaba un artículo en uno de los periódicos más importantes de la ciudad de Los Angeles.

Eran abogadas, peluqueras, vendedoras de tecnología avanzada, camareras, una neurocirujana y una instaladora de tuberías. Compartían historias gráficas y horrorosas desde una mujer policía cuyos colegas le hacían insinuaciones sexuales, hasta una electricista cuyos compañeros le arrojaron agua cuando tenía cables con corriente eléctrica en la mano.

Una peluquera irrumpió en llanto al detallar años de burlas y abuso físico en la peluquería donde trabajaba. Los empleados le pellizcaban los pechos mientras los clientes miraban. Dijo: "El acoso era constante."

Finalmente perdió el trabajo y su esposo se divorció de ella. Presentó una demanda por daños y perjuicios y la Comisión de Empleo y Vivienda Equitativa del Estado le otorgó 30.000 dólares hace un año. Pero nunca cobró el dinero porque el Tribunal Supremo del Estado estableció que la Comisión no tiene autoridad para cobrar los daños y perjuicios.

"Hasta el día de hoy no trabajo; no tengo dinero", dijo llorando. "Esto es algo que dura toda la vida. Nunca se va."

Estas mujeres estaban testificando ante el comité bipartito de mujeres de la Legislatura de California. La meta del comité no sólo es aumentar la conciencia, sino también promulgar leyes que protejan a las mujeres dándoles recursos legales cuando se las acosa sexualmente.

¿Realmente hacen esto los hombres?

Es interesante que un mes antes de esa reunión del comité, el gobernador Pete Wilson vetó un proyecto de ley que habría permitido que las víctimas de acoso sexual cobraran los daños y perjuicios en efectivo de sus empresarios. En el mensaje del veto, el gobernador Wilson dijo que "perjudicaría al comercio".

El artículo del periódico mencionado continuaba: "Las veinticinco mujeres que testificaron ante el comité de mujeres dijeron que los empleadores rara vez habían tomado sus quejas en serio. Quejarse era cometer un suicidio laboral."

Las mujeres informaron que el acoso iba desde comentarios degradantes hasta el contacto físico. "En muchos casos los compañeros masculinos mostraban sus órganos sexuales y amenazaban a las mujeres con perder el trabajo si no consentían en las relaciones sexuales."

Las mujeres informaron que probaron muchas tácticas diferentes, tales como tomarlo a broma o usar ropa no atractiva, para evitar los comentarios verbales y el contacto físico de los compañeros. Pero ninguna de estas estrategias funcionaba.

Hay hombres que sencillamente no lo entienden

Mary Gaddis, la primera mujer en el sindicato de instaladores de tuberías, una organización de 1.800 miembros, dijo que su sola presencia en ese campo dominado por los hombres era suficiente para provocar el maltrato. "Mi único pecado fue haberme metido ahí."

Durante la audiencia, el comité presentó estadísticas que mostraban que el Departamento de Empleo y Vivienda Equitativa de California había tratado un 50 por ciento más de quejas de acoso sexual en 1990 que en 1986.

Las mujeres estaban enojadas. Una asambleísta del partido demócrata, atacó a los hombres y el establecimiento legislativo al decir que "Ellos (los hombres) sencillamente no lo entienden. ¡Todos la van a tener que entender antes de que terminemos!"

El acoso sexual en el trabajo está muy difundido. Aparentemente los hombres piensan que en el fondo a la mujer le gustan cosas tales como:

* un guiño
* el coqueteo
* un comentario acerca de su cuerpo
* un brazo alrededor de la cintura
* una mano en la rodilla
* un beso en la mejilla
* un roce contra el pecho en un ascensor lleno
* una invitación directa a tener relaciones sexuales

Este tipo de atención no es aceptable para la mujer a no ser que realmente se sienta atraída por el hombre y tenga algún tipo de compromiso emocional con él. El solo hecho de trabajar en la misma oficina no es un compromiso emocional.

Sin embargo, muchos hombres no creen que las mujeres no estén interesadas. Piensan que a las mujeres realmente les gusta este tipo de atención y que les corresponde a ellos hacer que las mujeres se sientan bien, halagarlas con comentarios sexuales y contacto físico.

Uno de los editores de este libro ha indicado que los hombres están confundidos porque hay mujeres distintas que envían señales distintas. Escribe: "Algunas mujeres, tal vez mal acondicionadas por las experiencias pasadas, utilizando patrones enfermizos para conseguir lo que necesitan, usan lenguaje y gestos coquetos o hasta movimientos seductores. Y estas mujeres sí responden positivamente cuando los hombres se les insinúan. En consecuencia se entiende que los hombres estén confundidos; el mismo comentario puede provocar una respuesta cálida de una mujer y un reproche o frialdad de otra.

"Un ejemplo de la televisión: Hace poco un conocido conductor de un programa televisivo recibió a una famosa actriz en su programa. La felicitó por lo bien que se veía; cuando mencionó sus hermosas piernas, ella se mostró muy complacida y se movió en la silla para que la cámara pudiera captarlas bien. Su falda corta, su sonrisa y su lenguaje corporal todos mostraban que le habían gustado los comentarios del presentador.

"Pero algunas otras mujeres se habrían sentido muy incómodas con los mismos comentarios, se habrían ofendido por el tono de voz que era casi insinuante. ¿La acosó el presentador, entonces? No según ella. Pero podría haberle dicho lo mismo a otra mujer y haber sido acusado de acoso. ¡Con razón los hombres se sienten confundidos hoy en día!"

Pongamos en claro que no se debe interpretar que ninguno de nuestros comentarios significan que el acoso sexual esté bien sólo porque las mujeres opinan diferente. Tampoco estamos diciendo que las mujeres tienen la culpa. El acoso sexual está mal y punto.

"Ven conmigo"

Una historia fascinante relatada por la escritora Kim Masters del periódico *Washington Post* indica lo que las mujeres necesitan hacer en situaciones de posible acoso: expresar un "¡No!" rotundo antes de que la situación se descontrole.

Dijo: "Hace diez años informaba acerca de la Comisión para la Igualdad de Oportunidad Laboral (EEOC) sobre una publicación comercial. Por algún motivo experimenté más acoso de tipo sexual allí que en cualquier otra institución federal: el Departamento de Trabajo, el Servicio de Impuestos, aun el Congreso. Llamémoslo una curiosidad. Ciertamente no tiene relación con Clarence Thomas, quien entonces no era el presidente de la EEOC."

En esa época Kim tenía veintiséis años y pensaba que parte del acoso sexual que experimentó sólo era lo "normal". Relató una conversación con un oficial de la EEOC que dijo:

—Voy a una conferencia en San Francisco la semana que viene. Deberías venir.

Kim contestó:

—No creo que eso le interese a mi periódico.

El insistió:

—Deberías venir aunque fuera por tu propia cuenta.

—¿Por qué? —preguntó ella.

—¿No lo entiendes? —le dijo impacientemente él—. ¡Te estoy haciendo una proposición!

—¡Eres casado! —dijo Kim.

Ella rechazó la oferta y él lo aceptó con buen humor aunque lo rechazó vez tras vez.

Al madurar, Kim ya no piensa en el acoso sexual como algo "normal". De hecho, dice: "No le tengo mucha simpatía a los hombres que dicen que 'no lo entienden'. A lo mejor no saben lo que es ser mujer, así como una persona no sabe lo que es ser miembro de otra raza. Pero de todos modos la sociedad nos exige que desarrollemos una sensibilidad por los asuntos raciales.

"Contar chistes étnicos es mala idea. Lo mismo se aplica a hacer comentarios sexuales explícitos: mala idea. ¿Y la persecución sexual en el trabajo, especialmente entre los subordinados? Muy mala idea."

Los malos: la policía local

Durante los últimos meses los periódicos del sur de California han estado repletos de noticias acerca del acoso sexual en las comisarías, con titulares tales como "Juicio por acoso conmociona a la policía de Newport" o "Policías acusados de acoso sexual".

Los artículos lo detallaban diciendo: "Las mujeres —dos de ellas oficiales de la policía— presentaron la mayor parte de sus quejas en contra del capitán de policía Anthony Villa, acusándolo de tocarles los pechos, las rodillas o las piernas, acosar verbalmente a las dos oficiales y ayudar a planear venganza en la forma de procedimientos disciplinarios cuando las mujeres rechazaron sus insinuaciones."

También fue mencionado el jefe de la Policía Arb Campbell en el juicio. Se le acusa de permitir que el acoso siguiera después de que las mujeres lo delataron.

Las mujeres han presentado un juicio por 3.5 millones de dólares en contra de la ciudad, y tanto Villa como Campbell han sido despedidos. La abogada de Laguna Hills, Michelle Reinglass, dijo: "Es raro que cuatro mujeres entablen un pleito contra un empresario, especialmente una comisaría."

Aunque el acoso sexual fue claramente proscrito por un estatuto federal en 1964, y ha sido detallado con mayor claridad en estatutos federales adicionales a lo largo de los años ochenta y noventa, muchas organizaciones no han provisto el lugar de trabajo libre de acoso exigido por la ley federal y por algunas leyes estatales.

Algunas agencias como las comisarías se consideran lugares tipo "macho". Es un lugar para hombres. Cuando las mujeres entraron en estas áreas, los hombres sintieron rencor. A veces el acoso se ha convertido en una forma de proteger el "trabajo del hombre", forzando a las mujeres a salir.

Desafortunadamente, muchas compañías no tienen una política activa sobre el acoso. Por ejemplo, el Jefe de Policía de Laguna

Beach, Neil Purcell, hablándoles a cientos de jefes de policía de California en 1983, hizo la pregunta: "¿Cuántos de ustedes tienen una política escrita en contra del acoso sexual?" Informó que "tal vez se hayan levantado dos o tres manos".

El acoso sexual lo pagan los ciudadanos con sus impuestos

Ya que las comisarías no estaban preparadas, surgieron quejas por acoso en contra de ellas por todo el país. Y estas quejas ganaron juicios grandes.

En 1991, se les pagó más de tres millones de dólares a dos oficiales de policía mujeres de Long Beach como compensación por el acoso. Una acotación interesante en la situación de Long Beach es que el 83 por ciento de las mujeres de la comisaría dijeron que habían sido acosadas.

Newport Beach y Long Beach no son las únicas ciudades del sur de California que han tenido que enfrentar casos de acoso. Buena Park ha perdido dos casos de acoso, que resultaron en un pago de más de 210.000 dólares a dos ex oficiales de policía mujeres; y mientras se escribe este libro, hay juicios pendientes en contra de la policía de Huntington Beach y Garden Grove.

Tomar medidas

Desde que el asunto del acoso sexual se ha colocado en el centro de la atención nacional de los Estados Unidos, muchos comercios, agencias e instituciones están preparando políticas corporativas que definen los procedimientos para las quejas y las penas por acoso sexual.

Hay mucha presión sobre los empleadores, ya que cada vez hay más juicios en contra de ellos por no proveer un ambiente de trabajo libre de acoso. "En 1991 se presentaron un total de 6.600 denuncias por acoso sexual que costaron muchos millones en gastos legales."

Vivian Ross, directora de relaciones laborales de McDonald's, dijo: "Con frecuencia el acoso sexual depende del punto de vista. Los empleadores deben tener una declaración fuerte que explica el tipo de conducta que no será tolerado."

Actualmente la ley enfoca dos tipos de acoso sexual, *quid pro quo* y el ambiente hostil:

Quid pro quo significa que "tú haces algo por mí y yo hago algo por ti". Sin embargo, muchas veces significa "o lo haces o..." e involucra una situación en la cual el empleo depende de que el empleado le conceda favores sexuales a alguien: no cooperar puede significar la degradación o el despido.

El "ambiente hostil" es un acoso en el cual el empleado no sufre una pérdida económica pero ha sido víctima de una conducta amenazadora e intimidante en el lugar de trabajo.

Vivian Ross también señaló que: "No hace falta que el acoso sexual ocurra en el lugar de trabajo para que esté relacionado con el trabajo. También puede ocurrir en una función fuera de la oficina, como una fiesta de Navidad o una fiesta campestre."

Sin dorar la píldora, por favor

Yo (Sally) ahora me siento horrorizada cuando recuerdo una serie de acontecimientos que me ocurrieron durante el verano de 1955. Las experiencias fueron acoso de bajo nivel. Sin embargo, eran una violación y mis reacciones hoy serían mucho más fuertes de lo que fueron entonces.

Estaba recién casada, recién venida del campo, trabajando en mi primer empleo en la "gran ciudad". Tanto Jim como yo estábamos trabajando para ahorrar dinero para los estudios de postgrado de Jim en el otoño.

Estaba contenta de haber conseguido trabajo como secretaria en la misma compañía donde Jim trabajaba repartiendo mercancía de la panadería. Mientras él andaba vendiendo rosquillas a las mujeres y los niños en su recorrido, yo estaba mecanografiando cartas y sumando números en una oficina ejecutiva.

Durante el descanso nos permitían a las secretarias probar algunas de las delicias del día en la sala de descanso. Para llegar a ella, teníamos que pasar por parte de la enorme panadería, incluyendo una sección donde se hacía la decoración. Todos los días, a esa hora debe de haber sido el tiempo de descanso para el resto del personal porque un hombre, Chuck, siempre estaba trabajando solo junto a la gigantesca cinta transportadora de masas.

Ahora que lo pienso, tal vez haya sido su manera de esperar a las secretarias que pasaban por el pasillo abierto junto a su área. Si estábamos en un grupo, era muy amistoso con todas, nos guiñaba el ojo y flirteaba como si nos estuviera haciendo un favor.

Pero si estaba caminando sola, Chuck se acercaba a mí lo más posible. Siempre tenía una pregunta o un comentario para llamarme la atención. Y yo —que venía de una zona rural donde éramos amigables con todos— quedaba enganchada escuchándolo.

Entonces empezaba a hacer comentarios juguetones y empezaba con un chiste verde antes de que pudiera pasar de largo. Finalmente aprendí a no ir sola al descanso, pero me imagino que Chuck habrá disfrutado una risa silenciosa y habrá alimentado sus fantasías enfermizas a expensas mías cuando mi única intención era ser agradable.

Aunque me daba asco lo que pasaba, habría sido impensable tomar medidas punitivas. Hoy no soportaría sus comentarios. Se lo diría claramente y nunca volvería a estar sola con él. De ser necesario, iría a mi jefe a exponerle el asunto.

Es hora de detener esta intrusión masculina o miles de mujeres pueden terminar como Gloria. La conoceremos en el próximo capítulo.

3

El acoso sexual en las citas románticas

Era un día caluroso de julio y yo (Jim) tenía ganas de estar en una piscina. Pero necesitaba dos cursos de verano para graduarme oficialmente de la secundaria así que estaba haciendo lo que tenía que hacer. Al entrar en la escuela, el fresco se sentía bien. Mi mente estaba en blanco al subir la amplia escalera que me permitiría llegar a mi clase en el tercer piso. Al subir por la última vuelta, había una joven hermosa sentada en el primer escalón haciendo la tarea.

Me impactó su belleza. La forma de su cara era perfecta. Tenía una piel impecable y cabello rubio brillante que caía sobre sus hombros en rizos. Llevaba puestos unos pantalones cortos de color blanco y una blusa tejida sin mangas. Tenía cruzadas sus perfectas piernas. Se me cortó la respiración pensando qué haría esa "estrella de cine" ahí.

Cuando llegué al final de la escalera, miró hacia arriba, me sonrió y dijo:

—¡Hola!

Contesté débilmente:

—Hola, ¿estudias aquí?

Mencionó el curso brevemente y se volvió a los libros. Entonces decidí que iba a arreglar las cosas para que nuestros senderos se cruzaran de nuevo.

Todos los días encontré a Gloria en la escalera, haciendo la tarea de último momento antes de que comenzara la clase.

Pronto nos hicimos amigos y hablamos cada vez más de los estudios, de nosotros y sobre la vida en general.

Finalmente, después de varios días, me animé a pedirle que saliera conmigo. Su respuesta fue:

—Me gustaría, Jim, pero se supone que soy la novia de Vicente.

—¿Quién es Vicente? —le pregunté.

Yo sabía que algo andaba mal porque no me había dicho que no directamente. Sólo había dicho que se "suponía" que estaba saliendo con Vicente.

Después supe una historia horrible acerca del acoso de Vicente. Abusaba físicamente de Gloria y de cualquier muchacho que se interesaba en ella. La forzaba, por medio de la intimidación y la violencia física, a salir con él. Las salidas eran experiencias angustiosas de intimidación, besos, caricias y relaciones sexuales forzadas.

"Bueno, yo no le tengo miedo a Vicente" pensé yo. "¿Cuán malo puede ser?" Así que Gloria y yo empezamos a salir juntos, con mucho cuidado. Ibamos a otras partes de la ciudad donde no era probable que fuera Vicente. Gloria siempre tenía una excusa lista por si Vicente llamaba o pasaba por su casa mientras ella no estaba.

Pero después de un tiempo Vicente se enteró de mí y su reacción fue golpear a Gloria. No podía creer lo que vi el día siguiente en la escuela. Aquella reina de belleza parecía una persona totalmente diferente. Estaba vestida con desaliño, despeinada y parecía que le habían pulverizado la cara con un mazo. Yo sabía lo que había pasado.

Le dije a Gloria:

—Mira, esto no cambia nada. A pesar de eso quiero salir contigo. Olvida a Vicente.

Así que la persuadí a que saliera conmigo el siguiente sábado. Le dije:

—No tienes que mentir. ¿Qué puede hacer Vicente?

Llegué a la casa de Gloria justo antes de anochecer, fui a la entrada y me dejaron pasar sus tímidos padres que parecían abstraídos. Gloria entró al auto. Mientras iba hacia mi lado, se acercaron cinco motocicletas con Vicente a la vanguardia. De repente recordé las palabras que le dije a Gloria: ¿Qué puede hacer Vicente? ¡Estaba por enterarme!

Vicente bajó de la moto en un segundo, me tomó de la camisa justo debajo del cuello y me tiró contra el capó del auto. El resto de sus "mafiosos" se acercaron para unirse a la burla y alentarlo mientras me pegaba.

Vicente comenzó la pelea con unos golpes bien puestos en mi cara. Después me pegó en el estómago y me lanzó amenazas.

Me tiró lejos del auto, fue al lado de Gloria, abrió la puerta y la sacó de un tirón. Le dio tres o cuatro sopapos y le dijo: "¡Súbete a la moto! ¡Eres mía! ¡No lo olvides nunca!"

En un segundo habían desaparecido. Era una pesadilla, esa hermosa visión había entrado a mi vida y ahora se la habían llevado en motocicleta. ¿Hacia qué tipo de vida, hacia cuáles abusos, hacia cuáles trágicas limitaciones y qué existencia humillante? Podría haber sido una reina, pero temía que ahora sería una esclava. Nunca lo supe porque nunca la volví a ver.

Las dimensiones de la situación

El acoso sexual en las salidas tiene muchas formas distintas, desde las miradas lascivas al cuerpo de la mujer, el contacto físico no deseado o los comentarios indecentes, hasta las caricias forzadas y la violación. Aun el fijar la atención en una mujer que no es la propia compañera es una forma de acoso.

El acoso sexual en las citas no es algo sin importancia. "Los resultados de encuestas a grande escala de mujeres universitarias indican que [hasta] el 78 por ciento informan que han sido obligadas a tener contacto sexual en contra de su voluntad, generalmente por una persona conocida."

No sólo son asombrosas estas estadísticas, sino los porcentajes contrastantes. "Cuando se les preguntó a los hombres universitarios acerca de haber forzado el contacto sexual con una mujer, sólo del 7 al 25 por ciento creía que la habían forzado en contra de su voluntad." Sorprendentemente, los estudios también descubrieron que "la mayoría de los hombres que admiten haber cometido una agresión sexual niegan haber cometido una violación".

A los hombres no les importa

El crimen de la violación en las salidas se convirtió en un problema tan grande en Brown University que "las estudiantes cubrieron las paredes del baño con los nombres de los estudiantes que consideraban culpables de violación en las citas. Las mujeres dijeron que habían actuado porque no estaban satisfechas con la respuesta de la universidad ante sus quejas. Dejaron de hacerlo cuando la administración organizó un foro universitario sobre el asalto y el acoso sexual y fortaleció sus normas de protección de la mujer".

Algunos razonan que las estadísticas están artificialmente infladas y que en realidad las cosas están mejorando. Pero la realidad es todo lo opuesto.

Los hombres universitarios no creen que realmente están violando a las mujeres; piensan que sencillamente están siendo "machos", tal vez un poco agresivos sexualmente. A algunos sencillamente no les importa si una mujer quiere tener relaciones sexuales o no. Sólo piensan en la mujer como un cuerpo. Por ejemplo, los investigadores informaron que el 26 por ciento de los hombres universitarios admitieron que habían tratado de forzar las relaciones sexuales, provocando angustia observable en la mujer (como gritar, luchar, llorar o rogar), ¡y, sin embargo, estos jóvenes no se consideran acosadores!

Otro hallazgo inquietante es que cuando se les presentó una situación hipotética a los hombres universitarios en la cual se garantizaba la libertad del enjuiciamiento legal, del 12 al 30 por ciento de ellos admitió que atacaría sexualmente a una mujer.

Hay que enseñarles a los hombres a respetar la negativa de la mujer. Y las mujeres deben decir que ¡no! claramente.

Una definición de la violación

Se considera que la mujer ha sido violada si ha experimentado una "penetración sin su consentimiento por la fuerza, la amenaza de fuerza o cuando estaba incapacitada por el alcohol u otras drogas". Sin embargo, esta definición sólo cubre una pequeña área del tema global del acoso sexual en las citas.

Por ejemplo, está la situación de Gloria. Sí, se la forzaba a tener relaciones sexuales, pero eso sólo era parte del acoso total. Se la lastimaba físicamente de muchas maneras y se humillaba y despreciaba totalmente su intimidad.

Muchos hombres creen que si una mujer sale con ellos, pueden esperar algún tipo de recompensa sexual. Y comienzan a exigirlo por medio de un lenguaje sexual no deseado, contacto físico no deseado, caricias forzadas y/o relaciones sexuales forzadas.

Interés sexual mal interpretado

Una investigación en la Universidad de Texas A&M halló que los hombres perciben que las mujeres están más dispuestas a tener relaciones cuando la mujer paga los gastos de la salida. Creen que las mujeres están moderadamente dispuestas a tener relaciones cuando el hombre paga, y piensan que las mujeres están menos dispuestas a tener relaciones si cada uno paga lo suyo.

Para entender mejor las diferencias entre lo que perciben los hombres y las mujeres en cuanto a posibles violaciones en las citas, la profesora Charlene Muehlenhard de Texas A&M hizo que los hombres universitarios miraran un video de varias mujeres en citas románticas. Informó: "Las mujeres trataron de poner en claro que no les interesaba tener relaciones sexuales, pero cuando se les preguntó a los hombres lo que habían visto, no podían decir con seguridad que las mujeres no querían tener relaciones sexuales.

"Aun cuando les pedimos a ellas no usar ropa provocativa, y a ellos les dimos bebidas no alcohólicas, y les pedimos a ambos que se abrocharan los cinturones de seguridad, y ellas tenían que indicar abiertamente que no querían tener relaciones sexuales, los hombres no estaban convencidos." Estos resultados y otros estudios hicieron que Muehlenhard concluyera que: "Básicamente no hay nada que pueda hacer una mujer para convencer totalmente a un hombre de que no le interesa tener relaciones sexuales."

Personalmente no creemos que la situación sea tan imposible. Pero no hay duda de que tanto los hombres como las mujeres necesitan aprender a manejar el acoso sexual.

Frank Saal de la Universidad del Estado de Kansas hizo otro estudio en el cual mostró un video de un gerente de tienda entrenando a una empleada. Les mostraron el video a 163 hombres y mujeres. "Los investigadores descubrieron que los hombres que vieron el video pensaban que la empleada estaba actuando de un modo seductor y coqueto, mientras que las mujeres que vieron el mismo video pensaban que no era así. Además, los hombres también percibieron que la empleada estaba interesada en salir con el gerente, mientras que las mujeres pensaron que sencillamente estaba buscando amistad."

En otro estudio, Saal formó parejas de hombres y mujeres universitarios para una conversación de presentación. Todas las mujeres que participaron en la conversación dijeron que no habían mandado ninguna señal sexual, pero los hombres estaban seguros de que sí lo habían hecho. Saal concluyó que los hombres tienden a "sobresexualizar" lo que dicen y hacen las mujeres.

¿Cuándo el "no" realmente es "no"?

Un importante estudio de una universidad estadounidense descubrió una gran confusión tanto en los hombres como en las mujeres cuando la mujer dice que no. Se les pidió a los estudiantes que expresaran si estaban de acuerdo o no: "Si una mujer dice que 'no' a tener relaciones sexuales, quiere decir 'tal vez' o hasta 'sí'." Casi el 37 por ciento de los hombres estaba de acuerdo con esa declaración y, sorprendentemente, más del 21 por ciento de las mujeres estaban de acuerdo.

Los estudios previos habían descubierto que el "39,3 por ciento (de las mujeres universitarias) admitieron haber dicho que 'no' cuando querían decir que 'sí'". Esta resistencia "simbólica" de las mujeres convence a muchos hombres de que no están acosando a la mujer, sino que ella espera que el hombre la persiga, ¡aunque diga que no!

Actitudes que contribuyen al acoso en las citas

La mayoría de los acosadores han aceptado cierto *paquete de creencias* o mitos que apoyan sus acciones. La decisión de usar lenguaje sexual, besos y caricias forzados o, de ser posible, llegar "hasta el final", ya ha sido tomada en la mente del acosador debido a las ideas falsas que tiene. Algunas de ellas son:

* Si la mujer quiere resistirse a la violación, puede hacerlo.
* Los hombres deben ejercer el control; las mujeres son engañadoras.
* La fuerza física despierta el deseo sexual de las mujeres.
* El necesita las relaciones sexuales.
* Se le ha hecho pensar que ella quiere tener relaciones sexuales; por lo tanto, él tiene derecho.

Los hombres que tienen estas actitudes tienden a creer que el acoso sexual de la mujer durante una cita —hasta su violación— es, después de todo, lo que ella realmente quiere.

Una segunda influencia importante en la existencia de acoso o violación en las citas es el apoyo de los compañeros.

Es mucho más probable que los hombres que son miembros de organizaciones fraternales universitarias participen de actividades sexuales coactivas que los universitarios independientes. Los estudiantes de las fraternidades están apoyados, por sus compañeros, en su agresión. También es más probable que estos hombres crean que es aceptable tener muchas compañeras sexuales. Además, es más probable que los hombres de las fraternidades crean que está bien emborrachar a la mujer para poder tener relaciones sexuales con ella.

Un tercer factor es la conexión entre las *bebidas alcohólicas* y todas las manifestaciones de acoso y agresión sexual. Los estudios han mostrado que cuando ambas partes están tomando, es probable que ocurran dos cosas: el deseo sexual y la agresión sexual.

La disposición para tener relaciones sexuales y la justificación de la violación

Hay varios factores que afectan la agresión sexual en las citas. *Los hombres sobrestiman la disposición de la mujer para participar en el afecto físico o en las relaciones sexuales.* Cuando los hombres ven que su compañera es amistosa, frecuentemente sienten que los está provocando y que, por lo tanto, está justificada cualquier agresión que cometan. Como hemos visto en los estudios citados anteriormente, esta actitud se intensifica si la mujer ha tomado la iniciativa para la cita.

Nos resulta interesante que las percepciones actuales no hayan cambiado mucho desde 1968 cuando los investigadores advirtieron que: "En la mayoría de las comunidades, las muchachas todavía son consideradas demasiado dispuestas o agresivas si dan el primer paso (invitan a salir)."

Otro factor es que los hombres tienden a ver el mundo de un modo más sexual que las mujeres. Como resultado, los hombres creen que las mujeres están más listas para las caricias físicas de lo que realmente lo están, y las mujeres no saben que sus compañeros están tan dispuestos a hacer insinuaciones sexuales.

Así que es muy probable que el hombre se muestre agresivo hacia la mujer, pensando que eso es lo que ella quiere. Por su parte, ella se sentirá sorprendida por lo que está pasando porque había subestimado la disposición sexual de él.

Un factor adicional en la ecuación de la disposición para tener relaciones sexuales es *la actitud de la persona hacia las relaciones sexuales prematrimoniales.* Probablemente no sea sorprendente lo que verifican los estudios, que es más probable que las personas que sienten que las relaciones sexuales premaritales son aceptables experimenten agresión o sean agresoras en la búsqueda de las relaciones sexuales.

El problema del poder

El compañero que ama más tiene menos poder para cambiar la relación. Lo opuesto también es cierto: el que ama menos tiene más poder para cambiar la relación.

Típicamente, en una relación de acoso sexual en las citas, la mujer ama más y tiene miedo de perder al hombre con el cual está saliendo. Su fuerte amor por él y su temor de perderlo la preparan para ser la víctima del acoso del hombre.

Por otra parte, el acosador sexual ama menos así que siente que tiene poco que perder. Si no puede conseguir que esta mujer se acueste con él, hay muchas otras que sí estarán dispuestas a hacerlo. Así que no le importa si se deshace de ésta. ¿Qué tiene que perder por ser agresivo?

Si ella le dice: "No quiero verte nunca más", él no ha perdido mucho porque no ha amado mucho. Por lo tanto, es fácil para la persona que ama menos, en este caso el agresor, ser el acosador sexual en una relación de citas. Si la relación amor/poder sigue desigual, tenemos una situación como la de Gloria, que probablemente haya sido víctima toda la vida.

Si las mujeres entienden este asunto del poder y se vuelven más confiadas en cuanto a sus metas y propósitos en la vida, es menos probable que sean víctimas del acoso sexual en las salidas. Volveremos a hablar del asunto en mayor profundidad más adelante en el libro.

Mujeres, ¡usen su poder!

A medida que progresa la relación romántica hasta que las dos partes aman en la misma proporción, ambos adquieren poder y ambos pueden lograr las metas a largo plazo que desean de esta relación: el matrimonio, el compromiso de por vida, el hogar y la familia.

La mujer debe usar su poder en la relación para frenar a su compañero de citas. Ha sido condicionado para ser agresivo. Sus compañeros refuerzan la agresión. Sus hormonas lo animan. Ella puede usar su poder de "no, no hasta que estemos casados" para transformar a este soltero agresivo en un esposo que se comprometerá a cuidar de la familia. Su influencia puede cambiarlo de depredador a protector.

Pero no estamos animando a la mujer a seguir saliendo con un depredador para cambiarlo. Cuando se vuelve agresivo, diga que "¡No!" Si él cambia, y la respeta, entonces puede seguir saliendo. Si no, protéjase no saliendo más con ese hombre.

Cuando hay violación en las citas

El acoso sexual en las citas, especialmente el acto criminal de la violación, deja tremendas heridas sicológicas. Si la mujer no enfrenta los daños emocionales, experimentará más daño por la herida sicológica que por el acoso o el ataque físico.

Si usted es una mujer como Gloria, que ha sido empujada más allá de sus límites sexuales, consciente o inconscientemente se sentirá sucia, avergonzada, distinta de los demás y, por lo tanto, sola. Estos sentimientos forman un cuadro en el cual es probable que vuelva a ser víctima vez tras vez.

Debe aprovechar los talleres sobre el acoso sexual o la recuperación de la violación, o sesiones gratis de consejo que se ofrecen en facultades, universidades, iglesias o centros comunitarios de salud mental.

La vergüenza es un factor que debe ser resuelto. Una reacción frecuente ante la agresión sexual no deseada es el deseo de bañarse frecuentemente para quitarse una sensación de "suciedad". El sentimiento de vergüenza puede estar conectado con su mecanismo de culpa. A lo mejor está diciendo: "Si sólo no me hubiese puesto esa ropa. Si sólo lo hubiese frenado antes. Si no hubiese tenido tanto miedo de perderlo..."

No importa lo que usted hizo o dejó de hacer, ¡el acoso y la agresión sexual de él están mal! Convencerse de eso le ayudará a darle la perspectiva correcta a la situación.

La ira es un segundo factor. El concepto de que hay que perdonar a la gente está incluido en el asunto de la ira. Si se entierra la ira y se "perdona" rápidamente antes de comprender la situación verdaderamente y tratar con el agresor, no se va a ayudar al agresor ni frenar su acoso. Es probable que vuelva repetidamente a ser una víctima y una "perdonadora".

Dios nos ha dado la capacidad de sentir la ira. También la fuerza de carácter para poder decir por fin: "¡Basta! ¡Se acabó!" (O cualquier otra cosa que usted diría.) No le tenga temor a la ira. Es su aliada para ayudarle a resolver el dolor.

A medida que la ira cumple con su función —haciendo los cambios necesarios en usted y en los hombres con los cuales sale— usted podrá pasar libremente al campo del perdón. Para entonces su perdón no la preparará para ser una futura víctima.

La confianza es otro factor emocional. ¡Ha sido traicionada! Usted pensaba que esta persona la amaba y sólo quería lo mejor para usted. ¿No le importa a él lo que usted siente? Usted ha perdido confianza no sólo en el acosador sexual sino en su propio juicio. Usted estaba completamente equivocada cuando evaluó el interés sexual de su acosador. Ahora no va a tener la confianza de hacer una evaluación correcta de ningún hombre.

Nuevamente, esta falta de confianza es en realidad un don de Dios. Véala como aliada. Esta falta de confianza puede ayudarle a poner límites más seguros. También le ayudará a ajustar su manera de pensar acerca de la disposición de los hombres para las relaciones sexuales y a tomar medidas preventivas para no ser víctima.

Si usted ha sido acosada sexualmente, se habrá visto afectada su confianza en los hombres. Sin embargo, puede estar segura de que algún día podrá confiar nuevamente en ellos. Cuando empiece a salir con hombres confiables, hallará que su confianza volverá.

Al principio usted tenía una confianza ciega que creía que alguien que profesaba amarla no la explotaría, pero sí lo hizo. Ahora, al salir con hombres confiables, tendrá una confianza *informada* y podrá decir: "Sé que podrías explotarme sexualmente, pero conozco mis límites, y elijo confiar en ti." El establecimiento de límites más firmes y la clarificación de lo que se piensa de los hombres facilitará la comprensión y la confianza mutua de usted y su nuevo compañero.

La soledad es otro tema que hay que enfrentar. Típicamente, la víctima del acoso sexual quiere escapar y esconderse. Siente que es la única mujer que ha experimentado esta humillación, especialmente si no ha estado en grupos de recuperación donde la gente habla libremente de la agresión y la violación sexual.

Resista la tentación de esconderse. Es esencial ponerse en contacto con grupos de apoyo, consejeros y amigas íntimas que le pueden ayudar a salir del aislamiento. Finalmente, podrá usar su experiencia trágica para evitar que le vuelva a pasar. También podrá ayudar a otras mujeres a recuperarse.

La reducción de las posibilidades de acoso en las citas

Para cambiar las estadísticas del acoso en la vida real, hace falta que los hombres sean menos agresivos sexualmente y que las mujeres sean más terminantes al decir "¡No!" Además, cada persona necesita una percepción más correcta de la disposición sexual de la otra.

Las mujeres necesitan comprender y hablar de sus límites. Los hombres necesitan comprender y respetar sus propios límites y los de su pareja. Por ejemplo, ambos necesitan considerar las implicaciones de ingerir bebidas alcohólicas, y poner límites estrictos, ya que aquellas promueven la agresión sexual. Ambos necesitan poner un límite en el horario. Como ilustración, pueden decidir juntos que sus salidas no deberían durar más de seis horas. Deberían ponerse de acuerdo mutuamente en cuanto a prohibir ciertas actividades, como las caricias muy íntimas o el desnudarse.

Las mujeres no deben subestimar el poder en la relación en las salidas románticas. Necesitan comprender la conexión entre amar más y tener menos poder. Deben enfocar los asuntos de la vida que son mayores que su pareja inmediata en las salidas. De ese modo, tendrán el poder de transformar la relación en una experiencia positiva para ambos. O, si no sucede eso, podrán ponerle un alto y seguir con la vida intacta.

La importancia de los valores

Se llevó a cabo un estudio fascinante en la Universidad del Estado de Pennsylvania (EE. UU. de A.), acerca del impacto del catolicismo en la violación forzada. Los resultados mostraban que cuanto mayor el número de católicos en una población dada, tanto menor el número de violaciones que ocurrían, así también como otras desviaciones sexuales.

Este estudio también mostró que no era tan probable que cambiaran su comportamiento las personas que eran católicas sólo nominalmente (sin aceptar el código moral católico para la conducta sexual). Por lo tanto, no es sencillamente cuestión de pertenecer a una iglesia dada; más bien, es tener creencias fuertes acerca de lo malo del acoso y la agresión sexual de modo que el comportamiento de la persona sea el apropiado.

Más adelante en el libro hablaremos acerca de lo que los hombres necesitan saber acerca de las mujeres y cómo tanto hombres como mujeres necesitan ayudarse a entenderse mutuamente. Por ahora, esta lista de actitudes y acciones positivas les ayudarán a enfocar su relación actual en la amistad mutua en vez de la mera conquista sexual:

* Pasen más tiempo en lugares públicos, hablando, en lugar de tratar de mantener las hormonas bajo control en el asiento trasero del auto o en el departamento.
* Que cada uno sirva a la otra persona y permita que la otra le sirva a ella. Traten de entender lo que le ayudará a esa persona a ser lo mejor posible.
* Relájense. Si Dios está en esta relación no hace falta apurarse. El desarrollo de algo permanente toma tiempo.
* Sean corteses y comprensivos. El acoso es una explotación egoísta. La cortesía y la comprensión permiten que cada persona acepte un no, porque hay respeto por la otra.
* Afírmense. Alábense. Que cada uno sea el mejor admirador posible del otro.
* Pregunten lo que quiere del otro en cuanto al contacto físico. ¿Un beso? ¿Un abrazo? Escuchen atentamente y no den por sentado más de lo que se dice.
* Animen el desarrollo espiritual. Hay un versículo en el Antiguo Testamento que da un enfoque interesante acerca de la conexión entre conocer a Dios y el éxito en la vida. Dice sencillamente: "Pero el pueblo que conoce a su Dios se esforzará y actuará."

Ayude a su amigo a conocer a Dios profundamente para que los logros y los gozos de la vida sean mayores que sus sueños e imaginaciones.

4

El acoso sexual en el matrimonio

El matrimonio de Roberto y Pamela a principios de los años setenta tendría que haber sido el comienzo de una aventura de novela. Roberto y sus padres se habían mudado al pueblo de Pamela cuando él estaba en el último año de la escuela secundaria. Al principio se sentía muy desubicado en su nuevo ambiente, pero pronto estaba ocupado con una multitud de actividades deportivas.

Pamela era una muchacha linda y también una líder muy popular. Salía con muchos muchachos, pero cuando conoció a Roberto desapareció su interés por los demás muchachos. Tanto Pamela como Roberto sintieron una atracción inmediata. Comenzaron a salir juntos fielmente, culminando en su casamiento poco después de su graduación de la escuela secundaria al año siguiente.

Durante los meses de noviazgo habían sido extremadamente afectuosos. El comentario de Pamela fue: "Casi no podíamos dejar de acariciarnos." De hecho, habían cruzado "los límites" y en el calor de la pasión habían tenido relaciones sexuales varias veces antes de casarse.

Sin embargo, todo este afecto era muy privado. Después de casados, Pamela quería que el mundo supiera cuánto amaba a Roberto. Así que en varias ocasiones fue muy expresiva públicamente en cuanto a su cariño por él.

Esa fue una de sus primeras grandes batallas. Roberto no quería que ella fuera sexualmente agresiva en presencia de otras personas, especialmente sus padres y parientes. Sentía que su esposa le estaba persiguiendo sexualmente. Le había encantado su agresividad sexual antes del matrimonio, pero ahora sólo la buscaba cuando *él* la deseaba.

El lugar de la mujer

Después de un tiempo se hizo evidente que a Roberto no sólo no le gustaba el afecto en público, sino que también tenía otras convicciones fuertes. Empezó a decirle claramente a Pamela que la mujer tenía "un lugar" y que necesitaba quedarse en él. Eso fue un golpe para Pamela y le preguntó: "¿Qué quiere decir que tengo que quedarme en mi lugar?"

Por primera vez, Roberto le dijo lo que pensaba acerca del matrimonio y las mujeres. Para él, la mujer no debía trabajar fuera del hogar. Debía quedarse en casa y criar a los hijos. Debía apoyarlo y alentarlo en todo lo que él emprendía y estar disponible cuando (y si) él deseaba un encuentro sexual.

Pamela entendió que para su esposo la mujer era una sirvienta sexual, criadora de hijos y ama de casa. Toda su conversación sobre el compañerismo no había sido más que palabras huecas.

En realidad Pamela tenía una mayor necesidad sexual que Roberto, y él la usaba para controlarla. Durante los primeros diez años, Pamela trató de amoldarse al papel que Roberto le había marcado, pero al cumplir los 30 años de edad, ella sintió un deseo imperioso de participar en una mayor dimensión de la vida que estar en casa y hacer lo que él quería.

Participaba en las actividades de la escuela de los niños y en la iglesia, y comenzó a asistir a seminarios de actualización. Sin embargo, cada vez que lo hacía Roberto la criticaba por desatender el hogar.

Finalmente, Pamela decidió tomar un trabajo de tiempo parcial. Eso hizo enojar de verdad a Roberto. Era una amenaza contra él como proveedor. La dejó trabajar a regañadientes, pero comenzó con un acoso incesante.

Exigía relaciones sexuales aun cuando Pamela estaba muy llena de tensiones. Se burlaba de ella y le decía: "Tú eras la que siempre quería tener relaciones, bueno, ahora lo quiero yo." Cuando la forzaba sexualmente, ella no quería participar y él la acusaba de serle infiel. Al atacar y humillar continuamente a Pamela, estaba destruyendo su relación matrimonial.

Desafortunadamente, Roberto no había seguido madurando después de casarse, así que no podía entender a Pamela. Cuanto más maduraba ella y buscaba una expresión más plena de los propósitos de Dios para su vida, tanto más se asustaba Roberto. Reaccionaba apocando, acosando y humillando a su esposa cada vez más.

Confusión sexual

El acoso sexual en el matrimonio tiene muchas formas. Con frecuencia surge de un malentendido acerca del acto sexual en sí, tanto de parte del marido como de la mujer. Inconscientemente, cada cónyuge piensa que su pareja tiene la misma reacción al sexo que él o ella.

Las mujeres suelen pensar en el sexo como una experiencia cálida, cariñosa, compartida que involucra lo sicológico y lo espiritual, así como la ternura y un compromiso profundo. Cuando una mujer ve que su marido está interesado en el sexo, automáticamente piensa que está viendo el sexo en la misma manera cálida y afectuosa que ella. Sin embargo, él entra en la cocina, le palmea el trasero, le toca los pechos y dice: "Vamos a la cama." Ella se siente desilusionada y siente que él no la ama verdaderamente o no la trataría así.

Por otra parte, muchos hombres dan por sentado que las mujeres tienen el mismo mecanismo instantáneo de deseo que los hombres. Así que un esposo que acaba de palmear el trasero de su esposa y acariciarle los pechos no puede entender por qué ella no se da vuelta y le dice: "Te deseo. Vamos a la cama."

La diferencia

Sería provechoso que las parejas entendieran que en general los hombres son cocinas a gas mientras que las mujeres normalmente son cocinas eléctricas. Cuando se prende un hornillo a gas, se prende instantáneamente. En cuanto se apaga, desaparecen las llamas y el calor.

La mayoría de los hombres son así. Sólo hace falta un pequeño estímulo para encender su deseo. Después, en cuanto eyaculan, pueden dar varios abrazos y besos más, pero básicamente están dormidos. O salen de la cama, se ponen el pantalón y dicen: "Tengo que salir."

Cuando se enciende el hornillo al máximo en una cocina eléctrica, al principio se puede poner la mano sobre él. Todavía está fría; no pasa nada. Se mira el control y se pregunta: "¿Ya lo prendí?" Sí está prendido. Poco a poco, se vuelve tibia y después caliente. Pronto está que quema.

Entonces se apaga. Pero todavía está al rojo vivo. Se ha cortado el interruptor pero sigue ardiendo. Poco a poco se enfría y después de un tiempo ya no hay calor.

En general las mujeres son como el hornillo eléctrico: se calientan lentamente y se enfrían lentamente. Sin embargo, los hombres están diseñados para encenderse y apagarse instantáneamente. La falta de comprensión de esta diferencia sexual conduce muchas veces al maltrato por uno o ambos compañeros.

Las dos personas pueden sentirse explotadas y no queridas. Puede comenzar un proceso de apocamiento, insultos y sexo forzado, un proceso que puede envenenar el matrimonio. El sexo se convierte en una tarea exigida para la esposa, haciéndola sentir que no es más que una prostituta legal. El esposo piensa que la esposa es fría y que se le ha engañado y estafado.

La misma escena; respuestas diferentes

Para ilustrar el hecho de que las mujeres son diferentes sexualmente de los hombres, en nuestros seminarios sobre el matrimonio a veces decimos: "Supongamos que un hombre de veinticinco años, de buen físico, corriera desnudo por el escenario frente a ustedes. ¿Cuál sería la reacción de las mujeres?"

Típicamente, las mujeres en el seminario comienzan a reír. Se divierten con la idea del hombre pescado con el pantalón caído. Pero no están pensando en acostarse con él sólo porque esté desnudo.

Entonces decimos: "Ahora supongamos que una mujer de veinticinco años con un físico estupendo corre desnuda por el escenario. ¿Cómo reaccionarían los hombres?"

Es interesante observar a los hombres. Algunos se ponen colorados. A casi todos se les dilatan las pupilas y podemos ver desfilar las imágenes por su cabeza.

Para estos hombres, no es gracioso; ¡es una posibilidad sexual! Se preguntan cómo sería correr tras ella detrás de la cortina. Muchos de ellos se complacen con la fantasía de que están solos y ella salió desnuda al escenario para atraerlo a un encuentro sexual.

¿Qué le despierta el deseo a ella?

¿Qué es lo que le atrae a la mujer? Si el hombre no lo descubre, va a tener muchos años de sexo de bajo nivel. Si decide que es culpa de la mujer y cambia de compañera, volverá a tener el mismo problema, porque sigue relacionándose con una mujer.

Desde el punto de vista de la mujer, hacen falta tres cosas para una buena relación sexual:

* la persona apropiada
* el momento apropiado
* el ambiente apropiado

Para que la mujer tenga una experiencia sexual buena y amorosa, necesita que se cumpla no sólo una sino las *tres* condiciones, o se siente usada. Muchísimos hombres se equivocan en las tres áreas.

La persona apropiada es un hombre inteligente, confiado sin ser arrogante, que la entiende. El hombre apropiado es honesto consigo mismo y con ella. También se cuida el cuerpo y es aseado. Los hombres se preocupan por el tamaño de los músculos o del pene, mientras que las mujeres están buscando una *persona* de calidad.

A los hombres les interesa el sexo rápido, pero para la mujer el momento tiene que ser oportuno. Si usted vuelve del trabajo y saluda a su esposa después de que ha tenido un día difícil en el trabajo, le puede parecer que sería lindo tener una pequeña "aventura". La abraza un poquito, la empieza a acariciar y a besar. Dentro de treinta segundos dice: "Vamos." No es el momento apropiado.

Para que la mujer tenga un encuentro sexual libre, abierto y agradable, necesita un momento cuando no se siente abrumada por otras demandas. Es posible que usted logre llevarla al dormitorio, y porque lo ama puede que esté dispuesta a tener relaciones sexuales con usted. Pero le aseguramos que usted sólo tuvo relaciones con el cuerpo de ella. La mente de ella está preocupada por la cena, lo que le pasó en el trabajo que le quiere contar, y si los hijos están bien.

Sigamos con la ilustración del encuentro en la cocina después del trabajo. Usted es la persona apropiada. (Lo sería más si realmente comprendiera la ansiedad con la cual está luchando ella.) Ella quiere responder, pero usted no parece comprender que no es el momento apropiado. No es parte de su agenda tener relaciones sexuales rápidas: entrar y salir del dormitorio en siete minutos.

Además es el *ambiente* inapropiado. Los hijos están mirando televisión, pero también están pasando por la cocina de tanto en tanto buscando algo para comer. Están gritando: "¿Qué vamos a cenar?" o "Ayúdame con la tarea". Ella teme que en cualquier momento puedan entrar al dormitorio. Está tensa. No puede excitarse en semejante ambiente. Desea complacerlo y puede que tenga relaciones sexuales con usted, pero su espíritu y sus emociones necesitan un ambiente seguro.

Trágicamente, a esta altura muchos hombres responden diciendo: "El cuerpo es suficiente para mí. Me conformo con eso." Si usted tiene relaciones sexuales así, poco a poco está desgastando su matrimonio. Vez tras vez está convenciendo a su esposa que en realidad ella no le importa a usted como persona y que estaría dispuesto a meterse en la cama con cualquier mujer disponible.

¿Qué es el acoso sexual en el matrimonio?

Es probable que el acoso sexual en el matrimonio sea uno de los secretos mejor guardados. La tragedia es que se acondiciona a los maridos, las mujeres y hasta los niños a aceptar el acoso sexual en otras áreas de la vida porque es una experiencia tan común en el matrimonio.

Los acontecimientos y los sentimientos del acoso cubren una amplia gama, desde comentarios negativos acerca del cuerpo o del rendimiento sexual inadecuado de la otra persona hasta la violación marital.

La pornografía puede empeorar el problema. Las mujeres que aparecen en las revistas y las películas están especialmente arregladas y se les paga por su actuación. Si el marido cree que todas las mujeres son como estas mujeres pornográficas, puede comenzar un proceso de acoso, apocamiento y humillación que apagan el deseo sexual de la mujer y destruyen su propia imagen.

Tal vez las formas más comunes de acoso sexual en el matrimonio sean negar o exigir las relaciones sexuales. Estas acciones en realidad no son cuestión de sexo sino de poder. Se usa el sexo como una herramienta para manipular a la otra persona para que haga lo que uno quiera.

El acoso sexual en el matrimonio también tiene una dimensión violenta. Se les obliga a muchas mujeres a tener relaciones sexuales, literalmente se las viola. El tipo de marido que comete "violación legal" se autojustifica sobre la base de que está casado con esa mujer y tiene derecho.

Frecuentemente hay abusos físicos relacionados con la violación, especialmente si la mujer no se entrega con suficiente rapidez o no participa suficientemente.

El acoso sexual se extiende a otras áreas

El problema en el asunto del acoso sexual en el matrimonio es que es tan común que la gente suele no considerarlo realmente como tal. Sin embargo, probablemente acertaríamos si concluyéramos que la mayoría de los matrimonios han experimentado cierto grado de acoso sexual en algún momento.

Ya que el acoso en el matrimonio es tan común y tan frecuente, acondiciona a ambos compañeros y a los niños a ser acosadores o a aceptar el acoso en muchas otras áreas de la vida: el trabajo, las citas, el ambiente religioso, la profesión legal, la profesión médica, la oficina del consejero, las instituciones militares, el supermercado, la escuela; casi cualquier área en la cual los hombres y las mujeres tienen contacto frecuente y prolongado.

Trágicamente, muchos sistemas religiosos apoyan sutilmente el acoso sexual en el matrimonio. Se glorifica consciente o inconscientemente el ser una víctima sumisa. En consecuencia, se refuerza el acoso sexual en el matrimonio, y también es más probable que las mujeres sean vulnerables al acoso sexual de un líder religioso.

En un capítulo más adelante preguntamos: "¿Por qué lo aceptan las mujeres?" Después preguntaremos: "¿Por qué lo hacen los hombres?" Sin duda la frecuencia del acoso sexual en el matrimonio predispone tanto a hombres como a mujeres para acosar y ser acosados.

Factores que aumentan el acoso sexual en el matrimonio

Todo lo que la gente trae del hogar de sus padres, sus experiencias personales como niño o adolescente, o traumas de matrimonios anteriores tiene un impacto directo en el acoso sexual matrimonial.

Por ejemplo, si las personas son adictas al alcohol, las drogas o la pornografía, es más probable que sean acosadores sexuales. De modo similar, si las personas traen algún otro tipo de desajuste del hogar de sus padres, o si fueron violadas o maltratadas físicamente, es más probable que se consideren víctimas o que persigan a su pareja.

El síndrome de la otra mujer/el otro hombre

Otra experiencia de acoso sexual en el matrimonio es cuando otra mujer estimula al marido y éste se acuesta esperando que su esposa atienda su excitación sexual. A lo mejor se excitó por una película o video provocador, o una linda camarera que coqueteó con él mientras cenaban. A las mujeres les molesta que se las use como un dispositivo masturbador mientras el esposo está viviendo una fantasía acerca de otra mujer.

Enrique le dijo a su esposa repetidamente que ella era ignorante, que venía de una familia loca, que no tenía suficiente preparación, que no tenía ninguna habilidad ni aptitud, que no podía hacer nada bien. Le hizo saber a Marta que la única razón por la cual se quedaba con ella era porque estaba atrapado por un documento de matrimonio legal. Se sentía arrinconado porque la iglesia a la cual pertenecía se oponía al divorcio.

Le dijo a Marta: "No te quiero. Nunca te quise. Fue un error habernos casado. No era la voluntad de Dios; por lo tanto, a los ojos de Dios realmente no estoy casado. Estoy libre para tener relaciones con cualquier mujer que quiera, y no te incumbe."

Enrique vivía precisamente así. En la iglesia abrazaba y acariciaba a todas las mujeres que podía. Sonreía, era amistoso y se esforzaba por llevar a las mujeres a su casa, arreglarles algo descompuesto en la casa o ayudarles con "asuntos espirituales".

Si salían a un restaurante, Enrique jugueteaba con la camarera y las clientes que estaban sentadas cerca, aunque supuestamente estaba cenando con su esposa. En realidad, la mayor parte del tiempo arreglaba las cosas para que cenaran con otras personas; así no tenía que estar a solas con su esposa. Enrique y Marta estuvieron casados por más de cincuenta años. Marta soportó este acoso toda su vida de casada, hasta el momento en que murió.

Algunas mujeres se pasan la vida preguntándose si el marido estará involucrado con otra mujer. A veces se la ve vigilando los ojos del esposo mientras él recorre la mirada por un restaurante o una sala. Se está preguntando: "¿A quién estará mirando y cómo me compara?" Ese es un acoso terrible de soportar día tras día.

Marta ni siquiera tenía que comprobar si Enrique estaba mirando a otras mujeres. ¡Sabía que lo estaba haciendo! El había dejado bien en claro que miraría todo lo que quisiera.

En un momento dado le preguntamos a Marta por qué no lo abandonaba. Contestó: "Medio hombre es mejor que nada."

No se sentía capaz de vivir sola y estaba segura de que no sería buena candidata para un nuevo matrimonio. Así que se conformó con el acoso y la humillación continuada de Enrique.

No se engañe. El acoso en el matrimonio no se irá hasta que sea denunciado. Si no lo hace, puede terminar como Marta: acosada, explotada y víctima toda la vida.

Seguir el mejor modelo

La actitud servicial de Jesucristo es contraria a nuestra cultura general y frecuentemente falta aun en la subcultura cristiana. Pero el ministerio humilde de Jesús para otros —recordando siempre quién era— es el mejor modelo para todos nosotros. ¿Por qué será que los hombres ignoran las enseñanzas de Jesús sobre la servidumbre y exigen ser "jefes" en el hogar? Muchos hombres, incluyendo los expertos en teología, sufren de ceguera en este punto. Dan por sentado que sus esposas no son sus iguales y que, por lo tanto, deben cumplir papeles menores en el matrimonio, la iglesia y la sociedad.

Con frecuencia estos hombres sienten inseguridad acerca de su vida o de su virilidad. Nos gusta el cartel que reza: "Los hombres de calidad no se sienten amenazados por las mujeres que buscan la igualdad." Aun más, los hombres de calidad ayudan a las mujeres a conseguir la igualdad.

Algunos hombres se han adaptado a los cambios culturales contemporáneos para las mujeres, pero muchos siguen tratando de manejar el matrimonio "como papá".

A veces se usa el concepto de la "cabeza" de Efesios 5 como base del dominio masculino. Si se interpreta que ser la cabeza significa tener privilegio, autoridad y dominación, violamos el significado de esa sección de las Escrituras y de la enseñanza y el modelo de Cristo. Ser la cabeza significa más precisamente ser la "fuente", es decir, la fuente de vida y alimento. (Véase la analogía del hombre con Cristo en Ef. 1:22; 4:15; 5:23 y Col. 1:18; 2:18,19.)

Desafortunadamente, en muchos matrimonios ser la "cabeza" indica el privilegio masculino que se interpreta como "hago lo que quiero". "Las decisiones familiares son principalmente para beneficiarme a mí." "El dinero se gasta para promover mis ambiciones." La esposa y los niños tienen que conformarse con lo que queda.

Un matrimonio recíproco

Pensamos que es importante agregar una nota más acerca de los valores matrimoniales. El seguir el ejemplo de Cristo de respetar y servir a los demás resulta en un matrimonio recíproco. Algunos ingredientes esenciales de ese tipo de relación son los siguientes:

Valoración mutua. Si realmente creo que todos han sido creados iguales y que Dios nos ha dado dones a cada uno para fortalecer a los demás, entonces tengo que creer que Dios también le ha dado aptitudes valiosas a mi pareja. Dios valora a mi pareja tanto como me valora a mí. Le ha dado dones y habilidades aunque sean distintos a los míos.

El relato de Génesis sobre la creación indica que Adán fue creado incompleto. Eva era la contraparte que lo completaba. Eva también estaba incompleta y necesitaba a Adán. Los humanos no nacemos como entidades completas. No podemos vivir como islas separadas en el mar o como ermitaños en el desierto. Dios nos creó para estar en relación, contribuyendo cada uno a la vida del otro.

Las parejas felices aprecian lo que cada uno contribuye a la relación. Su unión es más que una suma. Uno más uno se multiplica para igualar un profundo sentido de valoración y de ser valorado.

Responsabilidad mutua por el crecimiento. No somos meros compañeros de cuarto viviendo vidas separadas. Somos personas mutuamente responsables. La maduración de mi pareja está directamente relacionada con mi inversión de preocupación, tiempo y energía para ayudarle a madurar.

A veces una de las personas está arriba y la otra abajo; una es débil y la otra fuerte. A lo largo del matrimonio nuestros papeles fuertes y débiles se irán intercambiando. El matrimonio mutuo supone que el que es más fuerte en un momento dado tendrá la responsabilidad de animar y apoyar al que es temporariamente más débil. Los compañeros se turnan en caminar la segunda milla para que los dos puedan sobrevivir y crecer.

Sumisión mutua. En un matrimonio recíproco *no es* que uno sea el jefe (generalmente el marido) y el otro siervo (frecuentemente la mujer), sino que dos siervos se ofrecen los dones y las habilidades mutuamente, cada uno honrando, respetando y amando al otro.

Jerry y Bárbara Cook, autores de *Choosing to Love* (Escoja amar), han definido bien este tipo de sumisión servicial:

"La verdadera sumisión no niega mi propio valor ni niega nuestras diferencias. Te *ofrece* mis ideas, opiniones y puntos fuertes con el propósito de agregarte algo que sólo yo puedo dar; pero es una *oferta*, no un mandato; compartir, no adueñarse; darse, no asumir poder.

"Al someterme a ti no renuncio a mi verdadero ser; más bien, doy de *mí mismo,* sin negar quien soy sino ofreciendo quien soy como acto de amor y confianza. La sumisión verdadera no puede ocurrir si niego mi ser verdadero porque entonces no tengo nada sustancioso para ofrecerte, no una persona real, sino una cáscara vacía."

5

El acoso sexual en los centros académicos

Felipe era el presidente del departamento de sociología en una universidad. Era un hombre atractivo de unos cuarenta años que tenía una personalidad encantadora y era aficionado a la navegación. De hecho, tenía su propio velero.

Su esposa se había divorciado de él recientemente. Al irse, le dijo: "Me harté. Estás enfermo sexualmente y estás usando tu posición en la universidad para satisfacer tu enfermedad."

Felipe enseñaba a nivel de posgrado. Como resultado, sus clases eran pequeñas y pasaba mucho tiempo individualmente con los estudiantes, trabajando en proyectos de investigación, ayudándoles a conseguir becas y asistencias, y supervisando la formulación de sus tesis.

Obviamente era un hombre de mucho poder no sólo a los ojos de sus compañeros de la facultad, sino también de la administración universitaria que lo había nombrado presidente del departamento. Pero Felipe tenía una posición todavía más poderosa con sus estudiantes. Podía ayudarles a triunfar o podía destruir sus sueños académicos para siempre.

Gran parte de los posibles logros del estudiante graduado depende del compromiso personal del profesor con el estudiante individual. El doctorarse es una combinación de tenacidad estudiantil e influencia política dentro del departamento. Típicamente, el 75 por ciento de los estudiantes que entran en un programa para el doctorado nunca lo termina. Tanto los estudiantes como los profesores saben que hace falta un gran compromiso de parte de los profesores, así también como del estudiante, para completar la carrera.

"Escuela de navegación"

Ya que a Felipe le encantaba navegar y muchas de sus clases, seminarios y grupos de estudio eran muy pequeños, frecuentemente invitaba a los estudiantes a navegar con él mientras estudiaban.

Estas excursiones eran momentos animados, significativos mientras navegaban por la costa, echaban el ancla, se sentaban e intercambiaban ideas, disfrutando del sol. Los estudiantes realmente aprendían y recibían ayuda en su doctorado. Pero los estudiantes que iban en estos viajes siempre eran escogidos especialmente.

Felipe ofreció un seminario de navegación a una de sus clases más grandes, pero dijo que estaría limitado a seis estudiantes escogidos por él.

¡Sorpresa! Los seis escogidos eran las mujeres más lindas con los mejores cuerpos. Una de ellas, Laura, reunía todas las "cualidades" del candidato ideal. Halagaba a Felipe con frecuencia y sentía una gran admiración por él.

Felipe se sentía atraído por su apoyo, su voluntad de aprender como estudiante y la comprensión compasiva de su divorcio. Pero también se sentía atraído por ese cuerpo tan bien formado.

El precio de la ayuda

Felipe frecuentemente invitaba a Laura para viajar por la costa solos, a la hora del ocaso, para poder hablar de sus estudios, asistencia y proyecto de investigación. Formulaban estrategias acerca de las medidas que necesitaba tomar durante los próximos tres años para completar su doctorado. Generalmente, hablaban mientras cenaban en el barco. Después Laura se acomodaba en los brazos de Felipe mientras miraban el ocaso y pasaban la tarde haciendo el amor.

Después de un par de años Laura comenzó a presionar a Felipe para que se casara con ella, pero él no estaba dispuesto a comprometerse. Por fin Laura se dio cuenta de que sólo la estaba usando, pero estaba atrapada. "¿Soporto su abuso sexual para conseguir un título? ¿Estoy comprando mi doctorado con favores sexuales? ¿Siempre tendré que preguntarme si lo logré gracias a mis habilidades o al tamaño de mis pechos y lo lindo de mi cara?"

Cuando Laura le hizo estas preguntas a Felipe, él le dijo que sólo podía seguir siendo su consejero si ella seguía teniendo relaciones sexuales con él. Ella decidió soportar la humillación sexual para obtener el título. En su mente tenía la opción de aguantar ocho meses más hasta recibirse, o abandonar el sueño del doctorado.

El poder del profesor

Una práctica alarmante demasiado común en los círculos académicos es el otorgamiento de buenas notas por favores sexuales.

El problema universitario es mucho mayor que conseguir mejores notas acostándose con los profesores. ¡Es un problema de poder! En el ambiente universitario, el profesor no sólo tiene poder sobre las notas del estudiante, sino también sobre la selección de los estudiantes, los comentarios en el archivo permanente del estudiante, los contactos para oportunidades futuras de trabajo o promociones en la carrera, y la aceptación del estudiante por otros profesores en la institución.

Las universidades abundan con ejemplos del acoso sexual. N. T. Truax, directora del Centro Femenil de la Universidad de Minnesota (EE. UU. de A.) dijo: "Algunos profesores causan problemas porque creen que tienen derecho a la libertad académica absoluta.

"He estado en reuniones en las cuales los miembros de la facultad han dicho que la libertad académica les da el derecho de tomar a una mujer y acariciarle los pechos. Para mí, es un sentido pervertido de la libertad académica."

Una estudiante de Yale acusó a su profesor de ciencias políticas de acoso sexual. Dijo que le ofreció una calificación sobresaliente a cambio de favores sexuales. Ella se negó y recibió una calificación mediocre en el curso. Desde entonces ha entablado un juicio en contra de la universidad.

Una estudiante de último año en comunicaciones en una universidad estatal de California testificó ante la Legislatura del Estado de California que conocía a "por lo menos 15 profesores que ofrecían una calificación sobresaliente a cambio de relaciones sexuales".

Una cadete en West Point dejó la academia militar después de acusar al líder de su brigada de avances sexuales impropios. La academia desestimó sus acusaciones cuando el líder las negó.

En la Universidad Berkeley en California un grupo femenil de estudiantes de sociología formaron una organización llamada Mujeres Organizadas en Contra del Acoso Sexual (WOASH) y lanzaron una campaña en contra de los profesores que usaban el "poder de la calificación" para conseguir favores sexuales.

La cabeza en la arena

Sin embargo, hasta ahora poco se ha hecho para reconocer el acoso sexual a las estudiantes. Muchos estudios han documentado el hecho de que las empleadas son vulnerables al abuso sexual de los empleados varones, pero se ha prestado menos atención al problema en el ámbito académico.

Hasta mediados de los años setenta, ni siquiera había una definición de esta zona nebulosa, esos acontecimientos y sentimientos vagos de que estaba ocurriendo algo malo. Todo el mundo podía definir la violación claramente, pero no se sabía cómo calificar a la agresión sexual que no terminaba en la violación, pero que hacía que las mujeres se sintieran inseguras en cuanto a sí mismas y en cuanto a los ofensores sexuales.

Aparentemente el término se definió por primera vez en mayo de 1975, en una encuesta desarrollada por la Sección Femenil del Programa de Asuntos Humanos de la Universidad de Cornell. Una vez que finalmente se les dio nombre a estas insinuaciones sexuales —acoso sexual— muchas instituciones y organizaciones hicieron un esfuerzo por perfeccionar una definición específica: "¿Qué es el acoso sexual?"

El Instituto Unido de Trabajadoras ha definido el acoso sexual como "sugerencias o chistes sexuales verbales; miradas lascivas constantes; roces 'accidentales' contra el cuerpo; una palmada 'amistosa', un apretón o un abrazo; atrapar a una mujer a solas para darle un beso rápido; la proposición explícita apoyada por la amenaza de perder el empleo; y relaciones sexuales forzadas".

El dilema

Aunque algunas definiciones que se usan en el trabajo para el acoso sexual son apropiadas para el ambiente académico, hacen falta definiciones adicionales propias de este último.

En las grandes universidades, especialmente las que enfocan la investigación, es posible que los estudiantes tengan muy poca oportunidad de tener contacto personal con un profesor, y mucho menos de tenerlo como mentor. Además, en la mayor parte de las universidades los profesores son mucho más numerosos que las profesoras, especialmente en las posiciones clave de poder, así que las estudiantes tienen muy poco acceso a profesoras.

Los profesores tienen gran poder debido a la forma en que funciona el mundo académico. Muchísimos estudiantes quieren ayuda y hay muy pocos profesores disponibles para brindarla. El estudiante en el último año necesita un profesor consejero como guía en el laberinto académico y la estructura política de la universidad. Un buen consejero consigue los cursos correctos para el estudiante, le ayuda a ponerse en contacto con los profesores e investigadores correctos, ayuda con la formación y el desarrollo del proyecto de investigación y ayuda a elegir un comité "amistoso" para la tesis para que el estudiante por fin pueda graduarse.

Ahora supongamos que el profesor es una persona como Felipe, el sociólogo navegante. Debido al tiempo limitado con los estudiantes, eligió unas pocas de las estudiantes más inteligentes, específicamente aquellas estudiantes por las cuales sentía el mayor interés sexual.

Una vez que la estudiante que está por graduarse ha comenzado su programa de estudio y se encuentra con un consejero sexualmente acosador, es posible que no pueda cambiar de curso o cambiar miembros del comité sin grandes repercusiones, especialmente si ha invertido años en recopilar los datos para la tesis.

Puede verse forzada a aguantar el acoso sexual por mucho tiempo porque dejar los estudios a medio camino significa perder la carrera académica. El hecho de retirarse también limitará sus opciones económicas y profesionales. Por lo tanto, muchas estudiantes soportan el acoso, sabiendo que algún día se recibirán y no tendrán que aguantarlo más.

Sucede con demasiada frecuencia

Un estudio realizado en una universidad, en el cual participaron 356 estudiantes en el último año de estudios, reveló que el 60 por ciento había experimentado por lo menos un incidente de acoso sexual por los profesores.

Una mujer soltera de 27 años de edad en un departamento de ciencias sociales explicó algo de la presión sicológica que sienten las estudiantes cuando un profesor comienza el proceso de acoso sexual.

"A lo largo de mi primer año experimenté un acoso social y sexual extenso por parte de mi consejero que también era el supervisor de mi investigación, enseñaba dos de mis clases y era miembro de la facultad en la cual yo trabajaba como maestra asistente. Debido principalmente a su acoso y falta de respeto, decidí muy temprano en el año que cambiaría de consejero y trabajaría en el laboratorio de otro profesor.

"Debido a todo el poder que tenía sobre mí y porque tenía miedo de que lo usara en contra mía si se enojaba, esperé hasta el fin del curso, después de haber recibido mis calificaciones, para informarle de mis planes. Mantuve una relación de trabajo formal con él hasta ese momento.

"Cuando le informé (con mucho tacto) que quería trabajar en otro laboratorio, se enfureció, me gritó, me insultó. Poco después habló con el profesor con quien pensaba que yo iba a trabajar, conversación que me fue relatada por un estudiante que la oyó accidentalmente.

"Mi antiguo consejero le dijo al otro profesor que si yo trabajaba con él, sería más difícil que él fuera nombrado nuevamente y que consiguiera una posición permanente.

"Pocos días después, el profesor con quien yo quería trabajar me dijo que debería trabajar con otra persona, sin darme mayores explicaciones.

"Aproximadamente una semana después de este incidente, mi antiguo consejero convocó una reunión de profesores para hablar de mi 'caso'. Les dijo a los otros profesores que yo no estaba interesada en la investigación y que debía ser expulsada del programa inmediatamente. (¡Me había dado notas sobresalientes en todas las clases del primer año!) Afortunadamente, los profesores no siguieron su recomendación y pude, con dificultad, cambiar a otro laboratorio. No puedo describir el trauma que experimenté a lo largo de este episodio. Mi carrera —mi vida entera— peligraba."

Las mujeres temen delatar el acoso

Aunque un alto número de estudiantes experimentan el acoso sexual y tienen sentimientos negativos muy fuertes al respecto, también se sienten intimidadas en cuanto a presentar una queja formal. De hecho, un estudio en la Universidad de Harvard halló que 14 de 15 mujeres con incidentes serios de acoso no presentaron quejas formales porque temían represalias, y el 50 por ciento de las mujeres no creía que la universidad las tomaría en serio.

En un estudio realizado en la Universidad Estatal de Sangamon, las mujeres comentaron acerca de lo que sentían sobre el acoso sexual:

* el 74 por ciento de ellas estaban enojadas
* el 56,4 por ciento sentían vergüenza
* el 28,5 por ciento se sentían intimidadas
* sólo el 1,5 por ciento se sentían halagadas

Estas estadísticas son una clara indicación de que las mujeres no disfrutan estas experiencias.

Típicamente las mujeres sienten una gran inseguridad en cuanto a sí mismas y el valor de su trabajo, así como tocante a los profesores y el ambiente académico.

Una estudiante dijo: "¿Qué hice yo que le hizo pensar que estaba interesada en él más allá de la relación profesor/estudiante? Soy extrovertida y conversadora; ¿se podría mal interpretar eso? Me di cuenta de lo completamente vulnerable que soy en una situación así.

"El es una persona inmensamente poderosa, con muchos contactos, y si lo ofendo me puede dañar a mí y a mi carrera de cien maneras distintas. Si llegara a hacerse público todo lo que pasó, se interpretaría a favor de él. Se diría que yo entendí mal, que él sólo estaba interesado en ayudarme en la carrera.

"Me di cuenta de que si él tratara de perjudicar mi progreso profesional como resultado de este tipo de situación, no habría ninguna persona, ni ningún mecanismo formal a quien pudiera presentar mi agravio, ninguna persona a la cual me pudiera quejar que tuviera poder real para ayudarme. Me dejó con una sensación de frustración e impotencia."

Ayuda para reducir el acoso sexual

Las estudiantes han probado varios métodos para frustrar el acoso sexual, como cambiar la conversación a temas académicos si el profesor comienza a hablar de su vida personal. A algunas mujeres les resultó útil que las acompañara un amigo, o una amiga aunque el amigo se sentara fuera de la oficina del profesor.

Frecuentemente las estudiantes dejaban la puerta abierta a propósito y se sentaban a una distancia segura del profesor.

Las estudiantes también hallaron que era útil mencionar a su novio o esposo por nombre. A veces se referían a un novio aunque no lo tuvieran.

La mención de un esposo o novio parecía ayudar, pero unas cuantas mujeres en el estudio de Berkeley dijeron que sentían que seguían transigiendo. Deseaban haber podido ser más directas y haber hablado con el profesor acerca de su acoso sexual.

Con frecuencia las mujeres intentaban usar la táctica de la evasión. No se quedaban después de clase, nunca asistían a ninguna de las horas de oficina del profesor, nunca hablaban con él a solas. Algunas hasta cambiaron de consejero o de carrera.

Desafortunadamente, los mismos profesores a los que estaban evadiendo eran las personas que tenían el control del patrocinio, el progreso, el aprendizaje informal y el potencial de la carrera. Así que mientras estas mujeres se estaban protegiendo en el momento, también sentían que estaban abandonando algunas posibles oportunidades para el aprendizaje en la actualidad y para la carrera en el futuro.

Las mujeres ya no están en una posición impotente ante el acoso sexual. En la mayoría de las universidades hay políticas claras en contra del acoso sexual con procedimientos para expresar los agravios. Pero es necesario que las mujeres se presenten para detener el problema.

Directrices para las facultades y universidades

Durante la década de los ochenta muchas facultades y universidades comenzaron a instituir pautas para definir el acoso sexual, citando ejemplos de actitudes típicas que no se tolerarían y sugiriendo las consecuencias del acoso sexual.

La Universidad de Wisconsin en Madison (EE. UU. de A.) describió cuatro tipos de acoso sexual en sus directrices.

* El intercambio de favores sexuales por evaluaciones o calificaciones
* Insinuaciones sexuales repetidas o flagrantes
* Comportamiento denigrante por palabra o hecho en un ámbito educacional
* Comportamiento denigrante por palabra o hecho en un ámbito no educacional.

Sin embargo, los estudiantes y los profesores criticaron las directrices de Madison porque no eran específicas y creaban salidas.

La Universidad de Iowa promulgó una norma general acerca de la relación entre los profesores y los estudiantes. La política declara: "La universidad considerará no ética la participación de los profesores en relaciones sexuales con los estudiantes registrados en sus clases o sujetos a su supervisión, aun cuando parezca que ambas partes hayan consentido en la relación."

Otras instituciones están divulgando los nombres de las personas disciplinadas por acoso sexual. En algunas universidades donde los estudiantes piensan que el tema ha sido demasiado secreto, creen que es injusto exponer a las estudiantes al posible maltrato cuando se conoce que un profesor es un acosador sexual. Argumentan que la universidad debería hacer conocer esta información para que las estudiantes puedan escoger otras clases u otros profesores antes de verse implicadas en la práctica sexual de la educación.

Una nueva ley de documentación pública en Hawai está produciendo mucha presión en el tema del acoso. El fiscal del estado mandó que la universidad estatal hiciera saber los nombres de todos los empleados estatales previamente acusados de acoso sexual, aun los casos pendientes o considerados improcedentes.

La situación se volvió tan volátil en Hawai que las asociaciones de profesores y empleados hicieron juicio y obtuvieron un mandato judicial ordenando que la universidad no revelara los nombres de las personas acusadas de acoso sexual, especialmente de aquellas cuyos casos estaban pendientes o habían sido considerados improcedentes. Esta acción enfureció tanto a algunos de los estudiantes que fijaron carteles identificando a cuatro profesores que eran acosadores sexuales.

Es evidente que la situación se está poniendo candente en muchas universidades. Los administradores se verán obligados a luchar para mantener el equilibrio: evitar el acoso sexual en todas sus manifestaciones, proteger el derecho a la privacidad y proteger a las personas de acusaciones sin fundamento.

El alto costo del acoso de las mujeres

Un estudio realizado en la Clínica Laboral del Hospital de la Universidad de California en San Francisco muestra que las mujeres que han sido acosadas sexualmente presentan un cuadro incapacitante. Algunos de los síntomas incluyen: "Fatiga crónica, pérdida de vitalidad, diversas molestias, debilidades y dolores. Otras reaccionan con depresión y síntomas de depresión, como insomnio y bajo nivel de motivación. Aun otras reaccionan con síntomas psicológicos: nerviosismo, hipersensibilidad, hostilidad, pérdida de memoria y sentimientos de persecución."

Al igual que las mujeres violadas, las mujeres acosadas sexualmente se sienten humilladas, envilecidas, deshonradas, avergonzadas, rebajadas y enojadas. Sienten con justicia que los profesores que hacen esto y las universidades que se lo permiten están procediendo en forma impropia.

Las mujeres también llevan la carga de la autoduda con pensamientos tales como:

* "Tal vez yo haya sido la causa de que sucediera."
* "Si no hubiese usado ese vestido rojo no me habría molestado."
* "A lo mejor, después de todo, realmente es culpa mía."

El costo para la institución

La pérdida obvia de la universidad es que las estudiantes ven a algunos profesores de forma negativa y sienten que a la administración no le importan las situaciones de acoso. Si las situaciones se vuelven intolerables, las estudiantes abandonarán los estudios o se irán a otras instituciones. Así que el costo para la institución es la retención de estudiantes y la desmoralización general, aparte del daño al propósito principal de la universidad: la enseñanza. Si no puede haber enseñanza, fomento y aprendizaje debido al acoso sexual, la institución ha pagado un precio demasiado alto por no enfrentarse al problema del acoso.

El costo para los hombres

Un costo adicional del acoso que muchas veces se pasa por alto es el costo para el culpable. Con frecuencia el acoso es una indicación de un problema más profundo. Es posible que la persona tenga una adicción sexual, se sienta inseguro sexualmente, esté experimentando problemas matrimoniales, esté pasando por una crisis de la media vida, esté teniendo problemas con hijos adolescentes o se esté sintiendo insatisfecho con su carrera.

Cuando no se frena al acosador, como Felipe el profesor navegante, se ignoran los problemas reales y se bloquea la oportunidad de ayuda emocional y espiritual para esa persona. A veces es útil ver el acoso como un pedido de ayuda: "Por favor, atrápenme." "Por favor deténganme." A veces es muy difícil para los hombres pedir ayuda; a veces una acción necia de acoso sexual pone en movimiento los cambios que no puede o no quiere hacer por cuenta propia.

¿Cuál es la respuesta?

La solución para la universidad tiene que venir de muchos lugares:

* Establecimiento de pautas cuidadosamente elaboradas.
* Procedimientos claros para tratar las quejas.
* Castigo de los culpables.
* Conciencia estudiantil de las cuestiones del acoso.
* Empleo y promoción de más profesoras.

El cambio en el equilibrio de los sexos entre los profesores tiende a hacer elevar el respeto de los hombres por las mujeres y frenar las incidencias de acoso.

Estelle Ramey habla acerca de su propia experiencia académica. Consiguió un trabajo selecto como profesora en una gran universidad después de terminar sus estudios médicos. Pero cuarenta años más tarde en una reunión de ex alumnos le preguntó a su antiguo mentor, que era el presidente del departamento, por qué la había escogido a ella en preferencia a cientos de graduados varones.

Le dijo que ella era la más inteligente de la clase y que tenía ambición y trabajaba fuerte. "Además agregó, eras linda."

La profesora Ramey le sonrió a su antiguo profesor y mentor y le agradeció. Pero para sus adentros se preguntó: *¿Y si me hubiera dicho esto en aquel momento?*

"Hubiera reforzado mi intranquilidad por ser la única mujer en el departamento de ciencias", dice ella. "A los diecinueve, veinte o veinticinco años mi autoimagen era tan frágil. Necesitaba ser reforzada todo el tiempo."

El acoso sexual en los centros educativos es demasiado costoso para todos los involucrados; hay que buscar y lograr buenas soluciones.

6

El acoso sexual en la religión

Marcos Torres había sido ministro por más de quince años. Había aconsejado a cientos de personas y podía analizarlas muy bien. Cuando Silvia entró en su oficina para la primera cita, él sintió dos impresiones opuestas. Su primera evaluación superficial era la de una imagen de depresión. Tenía la cara cansada con grandes ojeras. Caminaba lentamente, cabizbaja, con los hombros caídos. Se había peinado, pero nada más. Sólo tenía un poco de maquillaje; el vestido no era de un color favorecedor ni le quedaba bien.

La segunda impresión fuerte que recibió el pastor Torres fue que debajo de toda esa depresión había una mujer muy hermosa. El desaliento no escondía del todo la estructura perfecta de la cara, los ojos celestes, los dientes brillantes, la nariz pequeña y los labios suaves. Y no podía menos que notar que el resto del cuerpo era muy atractivo bajo la ropa desaliñada.

Silvia, una mujer que todavía no había cumplido los treinta años, era técnica en un laboratorio dental y vivía sola. Asistía a las reuniones de la iglesia frecuentemente, pero siempre estaba al margen de las actividades. No parecía poder establecer relaciones con la gente, aunque el pastor había notado que algunos de los jóvenes del grupo de solteros estaban interesados en ella.

El pastor invitó a Silvia a que tomara asiento mientras él se sentaba en la silla detrás del escritorio.

—¿Qué puedo hacer por ti?

Ella esperó, mirando el piso. Por fin, después de varios minutos de silencio incómodo, dijo:

—Me cuesta llevarme bien con la gente.

Poco a poco fue revelando la angustiante historia. Para los doce años tenía el cuerpo plenamente desarrollado de una mujer. Los muchachos, especialmente los mayores, le prestaban mucha atención. Le gustaba estar con ellos para mostrarles a las muchachas de su edad que alguien la quería como amiga.

Pero no era la amistad sola lo que querían los muchachos. En poco tiempo se estaba aprovechando de ella un muchacho tras otro. Odiaba que se la usara así; sabía que todos los muchachos del equipo deportivo hablaban de ella. Pero por lo menos le estaban prestando atención.

No había estabilidad para Silvia en el hogar. Sus padres se peleaban constantemente. Su padre era alcohólico, llevando el matrimonio al borde del divorcio.

Justo antes de que Silvia cumpliera los catorce años, el padre llegó a casa borracho una noche. La casa estaba vacía ya que su esposa estaba trabajando y los dos hijos mayores habían salido.

El padre de Silvia empezó a llorar, diciendo lo mal que se sentía porque las cosas no le iban bien en el trabajo y porque la esposa no lo quería. En realidad, nadie lo quería.

En su estupor abrazó a Silvia preguntándole:

"Tú me quieres, ¿no? ¿Me quieres?"

Ella le comenzó a asegurar que lo quería cuando de repente él cambió de tono. Dejó de llorar y empezó a hablarle ásperamente:

"Entonces muéstrame que me quieres. Por todo el pueblo oigo decir que le muestras a los muchachos cuánto los quieres a ellos. ¡Muéstramelo a mí!"

La empujó al piso de la sala, le arrancó la ropa y la violó.

Vestidos de ovejas

El pastor Torres sintió una profunda compasión por la joven que estaba sentada frente a él. Cuando comenzó a llorar, se levantó casi sin querer, se acercó a ella y la abrazó.

Mientras la consolaba, un pensamiento malvado cruzó por su mente. "Si todos esos hombres han tenido relaciones sexuales con Silvia, ¿por qué no yo? Después de todo, yo puedo amarla de verdad."

Sonó el intercomunicador; era la secretaria del pastor, avisándole que era hora de la próxima cita. El pastor le dijo a Silvia:

—Tienes que irte ahora, pero quiero verte de nuevo.

Ella respondió:

—Usted es tan bueno y compasivo. Sé que está ocupado y estoy muy agradecida por el tiempo que me dedica.

El pastor Torres consultó su agenda y sugirió que se reunieran el próximo miércoles para una sesión más larga. No le dijo a Silvia que el miércoles por la tarde la secretaria no estaría trabajando. Tampoco le dijo lo que por su mente ya había cruzado. A lo largo de los próximos meses iba a usar su confianza y el poder de su posición repetidamente para tener relaciones sexuales con ella.

El poder de él/el poder de ella

Silvia es un caso clásico del acoso sexual en el ámbito religioso. Estaban todos los ingredientes para que sucediera.

Uno de los temas principales en esta situación es el abuso del poder. Silvia no tenía ningún poder, porque tenía un problema con los límites. Se había sentido desprovista de poder desde que era niña. Los hombres habían usado su poder constantemente para aprovecharse de ella sexualmente. Ella esperaba que los hombres fueran benefactores, personas que la ayudaran en la vida. Pero descubrió que para conseguir ayuda tenía que ceder al acoso sexual.

El pastor Torres tenía mucho poder. Se había establecido como una persona respetada en la comunidad, un líder de la iglesia y un portavoz de Dios. Era un hombre sabio y compasivo en los ojos de muchas personas y especialmente de Silvia.

Aunque le contó a su pastor las terribles historias de cómo había sido abusada sexualmente por su padre, los muchachos del vecindario y hombre tras hombre en su vida adulta, él no oyó el dolor en su historia. Su aspecto compasivo no impidió que cediera a sus deseos primitivos y se uniera a la explotación.

No estoy acosando

El pastor Torres vio a una mujer que podía manipular para su propio placer sexual. Usó su posición de poder para controlar a Silvia y prepararla para tener relaciones sexuales.

El hacía las preguntas y guiaba la dirección de las charlas. El la obligaba a darle información detallada acerca de cada una de sus experiencias sexuales. El le preguntaba lo que le hacían los hombres, cómo la tocaban, lo que ella sentía, cómo reaccionaba, lo que le daba placer aun en medio del dolor.

Cuanto más hablaba Silvia de sus experiencias sexuales, tanto más se enardecía él sexualmente. Lo extraño es que él empezó a creer que Silvia hablaba acerca de su vida sexual porque ella lo deseaba. Bloqueó totalmente de su mente el hecho de que él, con su poder como consejero pastoral, estaba dirigiendo las discusiones hacia esas gráficas zonas sexuales.

La mayoría de los acosadores sexuales no creen que están acosando a nadie. El pastor Torres no creía que lo estaba haciendo. De habérselo preguntado, habría dicho que sencillamente estaba tratando de comprender su historia plenamente para poder ayudarla.

Los acosadores sexuales tampoco entienden que su percepción está distorsionada. En la mente torcida del pastor Torres, creía sinceramente que ella estaba hablando con él acerca del sexo porque, en el fondo, ella quería tener relaciones sexuales con él.

Comenzó un engañoso círculo vicioso con Silvia en una situación de "poder descendiente" y el pastor Torres en una situación de "poder ascendiente". El le hizo hablar acerca del sexo, lo cual a su vez alimentaba y distorsionaba su razonamiento hasta que realmente llegó a creer que ella quería tener relaciones sexuales con él. Lo que Silvia realmente quería era que este hombre sabio y compasivo le ayudara a convertirse en una persona íntegra y a recuperar su sentido de dignidad. Necesitaba que él la guiara en la senda de la autoimagen positiva y el sentimiento de limpieza ante Dios. Pero no recibió nada de eso.

La trampa fácil

En *The Problem Clergymen Don't Talk About* (El problema que no discuten los clérigos), el autor cita a Gordon Legge, ministro local y consejero para varios centros que informa que los problemas sexuales entre los ministros y sus congregaciones no son nada fuera de lo común.

Cita a un siquiatra: "Cuando dos personas trabajan muy estrechamente hacia una meta común con relativo éxito, como lo hace un ministro con su feligrés, o un médico con su paciente, es casi inevitable que surjan sentimientos de camaradería y cariño entre ellos. Cuando las dos personas son del sexo opuesto y sus antecedentes no son demasiado diferentes, estos sentimientos cálidos casi siempre asumirán un tinte sexual."

Una tesis doctoral realizada en el Seminario Teológico Fuller, titulado *The Hazards of the Ministry* (Los peligros del ministerio), reveló que el 37 por ciento de los ministros entrevistados confesaron haber tenido un comportamiento sexual inapropiado con una persona de su congregación. Además, el 12 por ciento confesó haber tenido una aventura sexual con por lo menos una de sus feligresas durante sus años de ministerio.

Estas estadísticas se basan en información dada por los ministros. Además, el 5 por ciento no contestó la sección sexual. Por lo tanto, los números podrían ser mayores, tal vez con un 40 por ciento de los ministros con un comportamiento sexual inapropiado. También, como hemos visto en el capítulo anterior, los hombres tienen una apreciación muy errónea acerca de si lo que están haciendo es acoso sexual. Así que, nuevamente, es probable que las estadísticas sean mucho más altas.

Cómo han caído los valientes

A fines de la década de los ochenta y a principios de la de los noventa, hubo escándalo tras escándalo en los círculos religiosos con personas tan famosas como Jim Bakker y Jimmy Swaggart, ambos de fama en la televisión norteamericana, y muchos más. Cada uno de ellos usaba sexualmente a las mujeres para su propia satisfacción.

En los últimos años parece que casi todas las semanas nos enteramos de otro pastor destacado que ha renunciado al ministerio por haber estado involucrado sexualmente con las feligresas. Un programa de radio nacional se desplomó y se canceló cuando se supo que los dos oradores previos en el programa, ambos ministros altamente respetados, habían estado involucrados sexualmente con sus feligresas y habían tenido que renunciar.

Un sacerdote católico, James R. Porter, alcanzó una horrible fama nacional cuando se divulgó que había abusado sexualmente de docenas de niños en varios estados a lo largo de su ministerio. Hay otros sacerdotes y obispos acusados de mala conducta sexual.

La renuncia de Robert Sánchez, Arzobispo de la diócesis de Santa Fe en Albuquerque, Nuevo México, EE. UU. de A. sacudió a la iglesia católica. Admitió que había tenido aventuras sexuales con varias feligresas y que había protegido a varios de sus sacerdotes que tenían una historia de abuso sexual de niños.

La Iglesia Unida de Canadá tiene un equipo interno que recomendó que la iglesia desarrollara un código ético para sus ministros debido a las "terribles proporciones" del acoso sexual en la iglesia.

Gordon Legge cita a John White al hablar acerca de lo que es un verdadero hombre: "Un hombre (espiritual y emocionalmente sano) controla su sexualidad." White cree que la sexualidad les está creando muchos problemas a los hombres en la actualidad. No están viviendo de acuerdo con sus propias normas de moralidad sexual y de acuerdo con las nuevas definiciones de los hombres y las mujeres. Las hormonas y la confusión son más de lo que pueden manejar.

Legge dice: "Cuando White les pide a los hombres que asisten a su taller que pasen adelante si les cuesta manejar su pecado sexual, desde un tercio hasta la mitad pasa al frente pidiendo oración." White dice: "Me muestra que es hora de tratar el asunto entre los líderes cristianos."

El poder cambia la situación

Las personas que ocupan lugares de poder religioso, como pastores, sacerdotes y consejeros, necesitan tener en mente dos factores:

* Las propuestas sexuales iniciadas por ellos están mal legal y moralmente.
* Aunque no haya contacto sexual, cualquier comportamiento sexual —verbal o físico— se considera acoso.

A veces los clérigos se han disculpado diciendo: "No la estaba acosando o explotando sexualmente, estábamos enamorados."

La situación del poder cambia la dinámica del "por qué" tuvieron una relación romántica esas dos personas. No eran dos personas en igualdad de condición que se conocieron en una fiesta y comenzaron a salir. Más bien, una persona que está en una posición de poder está usando el poder para su placer sexual personal.

Con frecuencia los pastores y los líderes de iglesias que confiesan haber tenido pensamientos sexuales acerca de las feligresas piensan que está bien con tal de que no hayan tenido contacto sexual.

Por ejemplo, Rafael ha sido diácono en varias iglesias, ha sido miembro de consejos de iglesias, ha enseñado varias clases, ha dirigido programas musicales, y es un líder poderoso en su denominación así como en su iglesia local. Cree inflexiblemente que las relaciones sexuales fuera del matrimonio están mal. Se ha expresado frecuentemente en contra de la liberalidad (o relajamiento) de la sociedad. Sin embargo, usa su posición de poder y el ambiente de la iglesia para acosar a las mujeres.

Su truco favorito es saludar a las mujeres con un "beso y abrazo santo". La iglesia a la cual asiste es muy cálida y compasiva. Así que Rafael se aprovecha de esa característica saludando a mujer tras mujer con un abrazo de cuerpo entero, apretándole los pechos firmemente contra el suyo y besándola en el cuello.

Otro de sus trucos es acercarse a una mujer desde atrás y pasar las manos por debajo de sus brazos para abrazarla justo debajo de los pechos. Es interesante que Rafael nunca abraza a los hombres. Sólo les da la mano. Lo justifica diciendo que no querría que nadie pensara que es homosexual.

¿Sería "cristiano" quejarse?

Las mujeres tienen miedo de Rafael. Quieren quejarse pero sienten que no sería "cristiano" hacerlo. Las mujeres deciden no decir nada porque "después de todo, Rafael es un diácono importante y probablemente no tiene malas intenciones".

Pero esto es acoso sexual patente y la verdad es que Rafael sí tiene malas intenciones. Siempre está buscando "blancos" sexuales. Usa su poder para satisfacer su propia adicción. Con los pocos que le han hecho frente se justifica diciendo: "Lo que pasa es que tengo un fuerte temperamento sexual y mi esposa no me presta suficiente atención."

Rafael cree que lo que hace es inofensivo porque no participa en relaciones sexuales. ¡Está completamente equivocado! Los líderes de la iglesia deberían delatar esta conducta y enfrentarse específicamente con él. Se define el acoso sexual del mismo modo en el ámbito religioso que en cualquier otro. Si una persona usa el poder, las palabras o el contacto físico para su propia gratificación sexual, ha habido acoso sexual.

En *Sex in the Forbidden Zone* (El sexo en la zona prohibida), Peter Rutter señala el mal uso del poder sobre las mujeres en el liderazgo. Uno de sus ejemplos es el de una asistente personal de un decano de seminario.

El decano de seminario, el reverendo Clifton, le dijo a su asistente, Rut, que su relación sexual era parte de su entrenamiento. Y debía ser secreta como prueba de su desarrollo espiritual y su compromiso con la iglesia.

Rut había comenzado a estudiar en un pequeño seminario cuando tenía veintiún años, mientras que el reverendo Clifton era un hombre casado con cinco hijos.

Ella dijo: "Cuando me ofreció trabajo como su asistente personal, lo cual requería un contacto diario íntimo, recuerdo haber sentido una sensación fea en el estómago acerca de darle tanto poder sobre mi vida. Pero me estaba ofreciendo el cumplimiento del sueño que siempre había tenido de un reconocimiento muy especial, así que descarté mi sentimiento de que estaba mal."

Rut comenzó una relación sexual de cinco años. Ya que el reverendo Clifton era un educador religioso destacado, exigía el secreto absoluto y estaba preocupado por su reputación.

Aunque Rut quería servir a la iglesia, la aventura la alejó de sus metas. "Me sentí completamente aislada", dijo, "porque no podía hablarle a nadie acerca de esta relación. Si sólo hubiese tenido más autoconfianza."

Finalmente cortó la relación cuando él comenzó a tener relaciones sexuales con otras mujeres, pero siguió guardando silencio acerca de sus aventuras sexuales. Finalmente fue ordenada por él, pero fue una experiencia vacía. Rut ahora tiene treinta años y se siente aislada emocionalmente de la comunidad religiosa a la cual se sintió llamada.

Dijo: "La razón principal por la cual mi relación con el reverendo Clifton fue tan destructora no fue mi esclavitud sexual, sino porque él diezmó mi confianza en mí misma y ahondó mi odio por mí misma. Me violé a mí misma tratando de tener más confianza en él que en mí. No puedo expresar lo doloroso que es reflexionar sobre la cantidad de años de mi vida sumidos en ese negro pantano y saber que no me he recuperado."

El doctor Rutter explica por qué las mujeres como Rut se rinden a la parálisis síquica cuando un momento de contacto sexual cruza sus límites sexuales:

> El resultado es la parálisis: de acción, juicio, sentimiento y voz. Los mensajes culturales que fomentan la pasividad, y las heridas personales de la familia que le han mostrado que no hay un muro de protección, la esperanza de que alguien la trate de otro modo se unen en un torrente abrumador en cuanto el hombre la toca. Esta

parálisis puede durar minutos, horas, días y a veces hasta años. Mientras tanto, el hombre ha seguido con su programa sexual.

A esta altura, la mujer puede apagar sus sentimientos totalmente, desasociándose del cuerpo que está actuando sexualmente. Esta división causa un estado llamado "entumecimiento síquico", un término que en un principio se usó para describir el efecto en las personas completamente impotentes ante una catástrofe abrumadora, como la reclusión en un campo de concentración.

Cosas para recordar en el ambiente religioso

En la mayoría de los grupos religiosos hay una condición de intimidad, compasión, oración y apoyo mutuo. Este tipo de ambiente puede ser una invitación abierta para el acosador sexual bajo el pretexto de la piedad religiosa.

Si a usted le molesta la forma en que alguien la mira, la toca, hace comentarios o chistes; o si se pregunta acerca del apretón de brazo o un abrazo, una palmada o un beso incómodo, no desestime ese sentimiento. Es la señal de alarma interior que Dios le ha dado para avisarle que algo está mal.

No disculpe la acción, la mirada o el comentario sencillamente porque está en un ambiente religioso o la persona es una persona religiosa. Con frecuencia toleramos en el ambiente de la iglesia algo que no toleraríamos en el ambiente de trabajo, pero no debería ser así.

Hace poco Sally y yo estábamos en el templo sentados, y yo estaba en uno de los extremos del banco. La reunión estaba por comenzar cuando se acercó una pareja para saludarnos. Su matrimonio no es bueno y la mujer frecuentemente ha traspasado los límites con sus hijos adultos.

Le dijo a Sally que estaba contenta de que se viera tan bien y de que pudiera estar en el templo. (Sally ha estado luchando contra el cáncer.) Después, justo cuando estaba por irse, con el esposo parado sumisamente detrás de ella, se inclinó y me dio un beso húmedo y sensual en el cuello.

Me sentí sorprendido y disgustado.

Se dio vuelta rápidamente y se fue mientras el órgano empezaba a tocar el primer himno. A lo mejor sabía que no me levantaría para reclamarle en el momento en que empezaba la reunión. ¡Me sentí asqueado! Por buen rato estuve limpiándome el cuello, esperando poder borrar la sensación.

Varias veces durante la tarde le comenté a Sally lo horrible que había sido que la mujer me besara de esa forma. Pudo violar mis límites bajo el pretexto del ambiente piadoso de la iglesia.

Medidas a ser consideradas en un ambiente religioso

Todas las directivas que hemos dado para hacerle frente al acoso sexual en el trabajo también se aplican al ambiente religioso. Queremos animarle a escuchar sus propios sentimientos atentamente y seguir las pautas que se encuentran en el capítulo ocho. Es posible que experimente un acoso de bajo nivel en las reuniones de la iglesia porque es un ambiente en el cual la gente es más abierta.

Si sus sentimientos están enviando una señal de peligro —si siente vergüenza o temor, por ejemplo, o si siente que brota la ira— deje que esos sentimientos le ayuden a tomar medidas. No hay que sentir vergüenza por hacerle frente a alguien porque está en un templo.

Dígale a la persona en el momento o después de la reunión: "Preferiría que no me volviera a abrazar. Me siento muy incómoda." Si las acciones continúan, necesita advertirle a la persona que le va a avisar a un oficial de la iglesia. Hoy en día las iglesias están cada vez más sensibilizadas a la necesidad de proteger a su gente de los acosadores sexuales.

Otra medida importante es compartir sus sentimientos con un amigo. Escoja a una persona que le creerá y validará sus sentimientos en vez de alguien que dirá: "Ideas tuyas" o "¿Cómo podría pasar eso? ¡Esto es un templo!" Hágale saber a su amigo o a su grupo lo enojada que se sintió. También comparta los demás sentimientos que pudo haber experimentado: vergüenza, temor o sentido de culpabilidad.

Cuando otra persona valida su experiencia, eso le ayudará a disipar su emoción negativa. Y le ayudará a ver que el problema no es de usted sino del acosador sexual.

La bicicleta perdida

En la película *The Coward of the County* (El cobarde del condado), Kenny Rogers desempeñaba el papel de un predicador de pueblo a comienzos de la Segunda Guerra Mundial. Un domingo por la mañana predicó un sermón sobre los Diez Mandamientos. Al caminar alrededor del púlpito, contó una historia humorística de un viejo predicador a quien le habían robado la bicicleta. El predicador quedó sin un medio de transporte para hacer sus visitas.

Se quejó con uno de los diáconos de la iglesia y el diácono sugirió que predicara sobre los Diez Mandamientos. "Cuando llegue a la parte de 'no robarás', péguele un golpe al púlpito y déle con todo. El ladrón se sentirá culpable y le devolverá la bicicleta."

Así que el próximo domingo el predicador predicó sobre los Diez Mandamientos. Cuando había terminado el sermón, el diácono le dijo: "Pastor, predicó sobre los Diez Mandamiento pero no enfatizó 'no robarás'. ¿Por qué no? ¿No quiere que le devuelvan la bicicleta?"

El pastor miró avergonzado al diácono y dijo: "Sabe, es raro, cuando estaba preparando ese mensaje sobre los Diez Mandamientos, llegué a la sección de 'no cometerás adulterio' y me acordé dónde había dejado la bicicleta."

En la película, la congregación se rió de la historia. Pero no es un asunto risible. El acoso sexual es un hecho trágico en la vida, y no se vuelve bueno porque el que lo hace sea una persona religiosa. Tanto los hombres como las mujeres necesitan tomar medidas para eliminar el acoso sexual de las iglesias, las sinagogas y otras instituciones y actividades religiosas.

7

¿Por qué lo aceptan las mujeres?

Usted podrá preguntarse por qué aceptan las mujeres estos comportamientos despreciables. Por supuesto que hay tantos motivos por los que se tolera el acoso sexual como hay mujeres.

Tal vez algunas mujeres fueron criadas en hogares o están sujetas a matrimonios donde no se respetan los límites. Ni siquiera se dan cuenta de que alguien se está entremetiendo en su espacio. Lo único que sienten es una molestia sorda y un deseo de evitar a esa persona.

Muchas mujeres no están seguras de cuál es el comportamiento apropiado. El acoso sexual de bajo nivel, como un cumplido dudoso o una palmada en la espalda, confunde tanto a los hombres como a las mujeres. Con frecuencia la mujer sigue el liderazgo del hombre, especialmente de un hombre más poderoso, dejando que él decida lo que está bien y lo que está mal.

A muchas mujeres se les ha enseñado que la Biblia dice que sean sumisas a todos los hombres. Como resultado, les es difícil decirle que no a cualquier hombre.

Un número asombroso de mujeres soporta el acoso sexual en el trabajo, en las citas, en el matrimonio, en los estudios, en las fuerzas armadas, en la religión, porque la sociedad las ha convencido de que lo merecen. La mujer piensa para sí: "A lo mejor mi blusa está muy apretada, o mi falda está muy corta, o a lo mejor sonreí demasiado. Sea lo que fuere, debo haber hecho algo para alentarlo."

Las cuatro razones más comunes que hemos oído por las cuales las mujeres toleran la humillación del acoso sexual son:

* Necesito el dinero de este trabajo.
* Los hombres tienen el poder.
* Espero que no vuelva a suceder.
* Es peor quejarse que no decir nada.

"Necesito el dinero"

María aceptó un empleo como ejecutiva en la Asociación Financiera de Comercio. Explicó: "Me había separado recientemente de mi esposo, él no tenía trabajo y el mayor de nuestros cinco hijos estaba comenzando la carrera universitaria. Necesitaba el dinero."

Continuó: "Durante la segunda semana de trabajo una mujer fue violada en el estacionamiento que usábamos, y estábamos hablando de la necesidad de tomar precauciones. Un vicepresidente de la compañía se paró en medio de la oficina y dijo, sonriendo: 'El acoso sexual me encanta.' Recuerdo el escalofrío que sentí cuando todos se rieron. El comentario se había hecho en presencia de otros ejecutivos varones, rodeados por las empleadas y por mí. Supe entonces que el ambiente iba a ser hostil."

María siguió diciendo: "Las mujeres en esa oficina tenían que ser lindas y amables. Las aventuras sexuales eran cosa de rutina y se hacían comentarios sobre el cuerpo de las mujeres todos los días."

Muchas mujeres no cambian de trabajo porque creen que hay acoso en todas partes, y necesitan los ingresos.

"Los hombres tienen el poder"

Desde entonces María ha conseguido otro empleo, pero habla acerca de su antiguo empleador, que era un acosador: "Nuestro mundo es pequeño y él todavía está en una parte de mi mundo: un hombre poderoso que controla recursos, que tiene organizaciones nacionales con posible influencia sobre mi trabajo."

Continúa: "Sólo los hombres que tienen poder podrían ser tan ingenuos como para preguntar por qué una mujer sigue en contacto con un hombre o un lugar donde ha sido sometida al acoso verbal. Las mujeres no pueden darse el lujo de aislarse de los hombres que tienen poder en nuestras profesiones, y no conozco a ninguna mujer con el poder profesional de mi ex empleador."

Explica que entiende por qué Anita Hill no hizo una denuncia antes y por qué toleró el acoso en primer lugar. Dice: "La desestimación de la historia de Anita Hill por el Comité Judicial tiene que ver con los hombres que no entienden lo que es no tener poder. Clarence Thomas es un hombre que tuvo y sigue teniendo poder en la profesión de la profesora Hill. Hasta esta semana, era seguro que iba a ocupar uno de los puestos más poderosos en su mundo."

Podemos entender mejor lo que significa el acoso sexual si entendemos los asuntos de poder involucrados. Típicamente, el acosador es alguien que tiene más poder que la persona acosada. En la situación de poder desigual la persona con menos poder debe complacer al supervisor o administrador que controla la situación del empleo.

Cuando hay acoso, el poder naturalmente se inclina hacia el que tiene el liderazgo. El subibaja está inclinado para que la persona sin poder acepte la irritación y el tormento sexual casi automáticamente.

Otra parte del cuadro es la "intoxicación de poder" que siente el acosador. Gana una victoria sutil si no se rechaza el acoso. Para muchos hombres, el comentario o el contacto sugestivo no rechazado es tan estimulante como conseguir un gran negocio comercial. Es como el vendedor que concreta su primera venta con una compañía que probablemente se convierta en cliente. El acosador no sólo siente la emoción de la primera "victoria", sino que sabe que habrá muchas más.

"Espero que no vuelva a suceder"

La mujer que experimenta el primer acoso de bajo nivel del supervisor —un comentario acerca de su ropa, un brazo alrededor de los hombros, un guiño o una mirada sugestiva— comienza a pasar grabaciones por la cabeza que generalmente le ayudan a pasar por alto sus sentimientos. Estos mensajes mentales reconocen claramente su situación de menor poder. Espera que no vuelva a suceder. Se dice cosas tales como:

* Sólo está tratando de ser amigable.
* Recién estoy comenzando con este trabajo. Nadie ha dicho nada malo acerca de este hombre.
* Su comentario de que soy linda y que le gustaba mi conjunto sólo era una expresión de que apreciaba el hecho de que me vista bien para el trabajo.

La mujer que empieza a pasar mensajes mentales como estos por la cabeza se está preparando para el próximo acoso. Pero dice: "El tiene poder sobre mi trabajo y necesito el dinero." Así que sueña: "Probablemente no vuelva a suceder."

"Es peor quejarse que no decir nada"

Parte de la respuesta a la pregunta de por qué las mujeres aceptan el acoso es el antiguo patrón de que no se hace nada cuando se delata el acoso sexual. Con frecuencia, sólo se reconoce la acusación de palabra.

O, como el caso de los policías de Newport Beach, el castigo del acosador no es más que una burla. Después de que se les dio una pequeña compensación, fuera del juzgado, a las cuatro mujeres que acusaron a los oficales, se les permitió a los dos oficiales varones acusados de los crímenes jubilarse con el sueldo completo y otros beneficios lucrativos, incluyendo el pago de los emolumentos de los abogados. Se ha quitado todo registro de las acusaciones de sus archivos. Muchos ciudadanos de la zona están furiosos de que estos dos hombres hayan eludido que su caso llegara ante los tribunales, donde probablemente habrían sido hallados culpables. Además, pudieron retirarse con los mismos beneficios económicos como si hubieran servido honrosamente a la ciudad hasta la edad de jubilarse.

En una encuesta realizada por las Trabajadoras Unidas, el 70 por ciento de las mujeres que habían sido acosadas ignoraron el acoso. Sin embargo, éste no dejó de existir porque ellas no hicieran nada. En más de la mitad de los casos, las mujeres que se quejaron por medio de los canales establecidos informaron que no había resultado en ninguna medida. Un tercio de las mujeres que se quejaron dijeron que habían experimentado repercusiones negativas como más tarea, quejas acerca de la calidad de su trabajo, reprimendas y malos informes del departamento de personal.

Entender el asunto del poder nos ayuda a ver por qué varían tanto los números entre las acusaciones y las medidas disciplinarias. Por ejemplo, la Oficina de Manejo del Personal de los Estados Unidos halló que en un período de dos años, cuatro de doce agencias federales habían disciplinado a un total de sólo catorce trabajadores por participar del acoso sexual. En el mismo estudio habían encuestado a 23.000 empleados federales y hallaron que el 42 por ciento de las mujeres informaban haber sido víctimas del acoso sexual durante ese mismo período de dos años. *Sin embargo, sólo catorce personas recibieron reprimendas o castigos.*

El estudio también proyectó, usando la cifra del 42 por ciento, que era probable que durante ese período de dos años más de 300.000 empleadas federales hayan sido víctimas del acoso sexual. Además, es probable que 9.000 hayan experimentado la violación o el asalto sexual. Sin embargo, los casos delatados representan un porcentaje extremadamente pequeño de las mujeres que realmente sufren del acoso.

En *Sexual Harassment of Working Women: A Case of Sex Discrimination* (El acoso sexual de las trabajadoras: un caso de descriminación sexual), Catherine MacKinnon dijo que todos los estudios sobre el acoso sexual que ella había examinado indicaban que la mayoría de las mujeres se oponen al acoso. Las mujeres no quieren que se las acose en el trabajo ni les parece halagador. "Decir que las mujeres quieren que se las acose es tan tonto como decir que quieren que se las viole", declara MacKinnon.

Las responsabilidades de los empleadores

Las antiguas maneras en que se relacionaban los hombres y las mujeres en el lugar de trabajo son completamente obsoletas. Los comportamientos que solían aceptarse hoy día se consideran brutos o rebajadores y legalmente se consideran un "ambiente de trabajo hostil". Hasta las cosas tan sencillas como decirle "querida" a una empleada o una palmada amistosa en el brazo de la mujer en vez de darle la mano son insinuaciones sexuales para muchas mujeres.

En un artículo llamado *Employers Urged to Enact Sex Harassment Policies* (Se anima a los empleadores a formular pautas sobre el acoso sexual), el autor presentó una entrevista con Laurie J. Bilik, una profesora asociada del Colegio de Seguros de Nueva York. Bilik dijo que la Ley de Derechos Civiles de 1991 ha concedido compensación monetaria para el acoso sexual que antes no se podía conseguir.

La ley ahora permite daños punitivos como resultado del acoso y la discriminación sexual. Los empresarios con 15 a 100 empleados pueden enfrentar penalizaciones de 15.000 dólares. Los empleadores con 101 a 200 empleados se les puede imponer una multa hasta de 100.000 dólares en daños. Las compañías con 201 a 500 empleados se les puede imponer una multa hasta de 200.000 dólares.

Según la señorita Bilik, los daños punitivos no son las únicas pérdidas que pueden ocurrir como resultado del acoso sexual. Otras pérdidas pueden incluir la desmoralización, la baja productividad y la alta frecuencia de cambios de empleados.

Dijo: "Ya que lo que constituye el acoso sexual con frecuencia depende del que lo mira, los empleadores debería tomar las quejas en serio. Todavía se están discutiendo las cuestiones legales acerca de lo que deberían ser las normas de comportamiento aceptables y según cuál punto de vista (se han de juzgar)."

Acosador perenne

Daniel era un adicto al trabajo que fue ascendiendo hasta llegar a vicepresidente del personal en una compañía nacional de seguros. Su tarea era la supervisión de las necesidades de aproximadamente 300 personas en la oficina central donde estaba ubicado, así como la supervisión de otros administradores de personal en varias otras ciudades.

Daniel había comenzado como vendedor de seguros. Era agresivo, le seguía la pista a los interesados y hacía contactos frecuentes en los hogares de los clientes.

Fue durante esa etapa de su carrera en el campo de los seguros que Daniel primero tuvo dificultades. Empezó a visitar a algunas clientas frecuentemente en el hogar cuando los esposos no estaban.

A primera vista parecía que sólo estaba pasando para cobrar el pago del seguro. Pero a Daniel le gustaba tocar a la gente. Tenía una escala programada de tocar a las mujeres, desde darles la mano hasta tocarles el brazo o la rodilla, hasta ponerles un brazo alrededor de los hombros y, finalmente, abrazos de cuerpo completo cuando decía: "Eres una de mis clientas muy especiales."

Estaba buscando una mujer vulnerable que le abriera la puerta. Entonces se encontró con Rita. Ella le dio la mano cortésmente, pero cuando él inició sus tácticas para llegar al abrazo, ella se enojó mucho.

No dijo nada, pero llamó a la oficina de seguros en cuanto él se fue. El gerente de la oficina escuchó su queja y cuando Daniel volvió a la oficina el gerente le dijo: "Vas a tener que cuidarte con Rita. Está muy enojada. De hecho, piensa que le estás haciendo insinuaciones sexuales." El gerente y Daniel se rieron y el asunto quedó ahí.

Distorsión de la edad media

Para cuando Daniel cumplió los cuarenta, era gerente de zona y estaba viviendo una crisis de edad media. No sentía que la compañía de seguros reconociera su habilidad. Su matrimonio parecía aburrido y monótono. Y comenzó a sentirse "viejo".

Desafortunadamente, empezó a compartir sus sentimientos con Hilda, una soltera de veintiocho años que trabajaba como secretaria en la oficina. A Hilda le gustaba ayudar a la gente, así que escuchó a Daniel con la esperanza de poder animarlo.

Mientras Hilda lo ayudaba, él lo interpretó como una señal de que estaba interesada en él románticamente. Así que empezó a preparar el terreno: tomar café juntos, invitarla a almorzar y preguntarle si podía quedarse más tarde para trabajar en un proyecto en la oficina. Daniel trataba de seguir "enganchándola" contándole una o dos cosas jugosas cada vez que hablaban, acerca de lo deprimido que estaba.

Una tarde, después de haberse quedado tarde en la oficina, Daniel le ayudó a Hilda a ponerse el abrigo. Al ponérselo, la volvió hacia él y empezó a abrocharle los botones. Cuando llegó al segundo botón tomó a la sorprendida Hilda en sus brazos y la besó en los labios.

Hilda dio un paso atrás y se quedó con la boca abierta. No entendía lo que estaba pasando. No tenía ningún interés romántico en ese hombre, en realidad ni siquiera como amigo. Su única preocupación era ser de ayuda, del mismo modo que con un gato perdido. Estaba aturdida. Se preguntaba qué hacer. Cuando se lo contó a su compañera María, ésta le dijo: "Parece que puedes hacer una de dos cosas. Puedes hablar con el gerente regional o con Daniel mismo y probablemente te despidan de cualquier modo. O puedes renunciar calladamente al empleo y buscar otra cosa." Hilda decidió renunciar.

Al día siguiente le dijo a Daniel que se iba. Daniel se sintió sacudido al ver salir a Hilda con una caja con sus pertenencias. La siguió y le preguntó: "¿Qué pasó? ¿Por qué cambiaste tanto desde anoche?" Daniel lo veía como problema de Hilda, no de él.

En aprietos

Ahora Daniel está por los cincuenta y cinco años y hace poco su compañía estableció directrices en contra del acoso sexual. Se enteró de que su tarea sería la de asegurar un lugar de trabajo libre del acoso.

Durante los dos días de entrenamiento acerca de la manera de eliminar el acoso sexual, se dio cuenta de que muchas de las formas en las cuales él había tocado y hablado con las mujeres legalmente eran acoso sexual.

Ahora estaba en aprietos. Tenía que asegurar que nadie acosara; sin embargo, había un montón de cuestiones sin resolver en su propia vida. Si no hacía cumplir las normas de la compañía perdería su empleo. Si las hacía cumplir, podía perder a sus amigos o le podrían decir: "¡Tú haces lo mismo!"

¿Y si por alguna de esas extrañas coincidencias, Rita o Hilda o alguien que estaba trabajando en la oficina lo acusara? Por primera vez se dio cuenta de que durante toda su carrera en el campo de los seguros "legalmente" había sido un acosador sexual.

El estilo de vida del gerente mismo

A veces la razón por la cual los supervisores no tratan eficazmente los casos de acoso sexual es por la confrontación con su propio comportamiento acosador. Sus problemas personales de acoso obstruyen la resolución de estos casos y la eliminación de la falta de propiedad sexual.

Frecuentemente el gerente que tiene sus propios conflictos con el acoso sexual proyecta la culpa en la víctima. A continuación se encuentran algunas de las malas razones que dan los gerentes por permitir la continuación del acoso sexual.

* No es más que un conflicto de personalidades causado por una persona pudorosa y desdichada.
* Tal vez sea un problema social fuera de la oficina.
* Parece ser un juego de poder para socavar la administración.
* Si la dejo pasar, la situación se resolverá sola.
* Las empleadas disgustadas presentan estas quejas para desviar la atención de su pobre rendimiento.
* He hecho algo parecido, ¡no es tan malo!
* Me da vergüenza hablar del sexo.
* No me gusta el conflicto.
* Podría empeorar las cosas si me meto.
* La administración no me va a apoyar.
* Estoy por jubilarme o el acosador está por jubilarse.
* Es más fácil dejar pasar esta instancia de acoso sexual que tomar medidas correctivas.

El personal administrativo debe comprender que si se le hiciera juicio por no haber tomado medidas para detener el acoso sexual, es dudoso que alguna de las susodichas razones fuera una defensa adecuada.

Si las mujeres saben que se las protegerá —o por lo menos se las vindicará cuando se las acosa sexualmente— no lo aceptarán más. Los hombres tendrán que cambiar.

¿Y si la están acosando? No quiere perder el trabajo y tiene miedo de decirle algo al acosador. ¡Se siente atrapada!

¿Cuál es la respuesta? El próximo capítulo ofrece la preparación práctica para lograr que el acosador deje de molestarla.

8
Pautas para la persona acosada

Amanda era una muchacha tierna e ingenua que todavía estaba buscando su lugar en el mundo del trabajo cuando uno de los vendedores de la pequeña compañía en la cual trabajaba comenzó a prestarle atención especial.

Amanda sabía que Francisco estaba casado. Así que, ¿por qué le traería flores a ella? Pensó: "A lo mejor se las regala por turnos a todas las mujeres de la oficina." Pero después de varias semanas se dio cuenta de que era la única que estaba recibiendo regalos especiales. Francisco siempre estaba cerca de su escritorio; ella trataba de no ofenderlo mientras seguía trabajando.

Entonces comenzó a ofrecer llevarla a su casa en auto. Siempre contestaba pacientemente: "Tengo mi auto aquí."

Amanda se sentía confundida e insegura. Algo le decía que el comportamiento de Francisco estaba mal, pero no quería herir sus sentimientos. Cuando estaba sola en la cama se sentía avergonzada y no sabía por qué. Nunca había estado sola con Francisco, salvo una vez cuando la atrapó en el pasillo y trató de besarla.

Antes de que pasara mucho tiempo, Teresa y algunas de las otras mujeres en la oficina comenzaron a hacerle advertencias a Amanda. Teresa había sido la víctima de Francisco antes de que Amanda llegara a la compañía. Había comenzado con la misma insistencia con Teresa, pero ella no era insegura ni tímida en relación con sus insinuaciones. No le importaba si lo avergonzaba. El nunca se daba por aludido con las señales sutiles de rechazo así que se volvió muy brusca, diciéndole que presentaría una queja ante la administración si no dejaba de molestarla. Finalmente se dio por vencido.

Cuando Teresa notó que Francisco había comenzado a molestar a Amanda, observó la situación en silencio por varios días. Podía ver que Amanda no sabía cómo manejar la situación; así que tomó medidas. Le explicó a Amanda lo que estaba pasando. Con tacto le hizo preguntas que le ayudaron a ver que el comportamiento de Francisco estaba equivocado. Teresa y las demás mujeres ofrecieron protegerla si él la seguía en la hora del almuerzo o al final del día. Amanda empezó a darse cuenta de que estas mujeres eran sus aliadas y de que no estaría equivocada en defenderse en contra de Francisco.

Principios decisivos

Si Amanda hubiera tenido una autoestima saludable y límites apropiados, podría haber evitado los problemas con Francisco desde el principio.

A continuación hay cinco pautas para cualquier situación de acoso:

1. En general, hay que tratar el acoso *cuando ocurre* o muy poco después de la experiencia. Callarse le comunica al acosador que usted es presa fácil. Amanda experimentó trauma emocional innecesario e insinuaciones sexuales repetidas de Francisco porque no había considerado sus propios sentimientos acerca del acoso. Como no estaba segura, no podía decir que no claramente cuando Francisco primero comenzó con sus intenciones románticas.

Está bien decir inmediatamente: "Eso no me gusta." No hace falta que se la acose varias veces antes de tomar medidas.

2. *Tome medidas pequeñas y claras* al comienzo para corregir el acoso. Aumente la intensidad de las respuestas si el acosador no cambia de comportamiento.

Por ejemplo, es posible que un supervisor le diga a una mujer: "Eres una gran adquisición para esta oficina; me gusta tu trabajo, y también me gusta la manera en que llenas ese vestido." Inmediatamente, la mujer necesita contestar suavemente pero con firmeza: "Su comentario acerca de mi ropa me hace sentir muy incómoda. Me gusta que exprese aprobación por mi trabajo, pero no por mi cuerpo." Entonces necesita anotar en un expediente propio la fecha y la hora en que ocurrió esto, exactamente lo que dijo el supervisor y lo que ella respondió.

Si vuelve a suceder, necesita preparar un memorándum escrito y quedarse con una copia. Debería entregarle el memorándum personalmente al acosador, explicándole que es la segunda vez que le ha hecho un comentario sexual, que eso no le gusta y no quiere que este tipo de comentario se interponga en su relación de trabajo.

Si ocurre un tercer incidente, podría pedir una intervención informal del departamento de personal o del oficial de Igualdad de Oportunidad Laboral. No debería pedir una investigación formal todavía. Que una tercera persona lleve el mensaje informalmente al perpetrador de que el acoso es desagradable y está en contra de las normas de la compañía. También debería anotarse la advertencia, tanto en el expediente de la mujer como en el de la tercera persona que interviene.

3. Si todo esto es incapaz de frenar el acoso, se debería pedir *información y acción formal.* La mujer acosada está ante una persona con un problema serio que o no puede o no quiere cambiar. Es probable que la investigación formal tenga éxito porque tiene un registro escrito de los acontecimientos acosadores y los procedimientos seguidos después de cada suceso.

4. Es importante que la mujer acosada *exprese sus temores acerca de futuras represalias* en el momento de pedir la ayuda de una tercera persona o la investigación formal.

5. Seis meses a un año después de que ha cesado el acoso, un observador de afuera debería hacer una *evaluación* para ver si ha habido represalias, como informes negativos o discriminación en el trabajo.

Las víctimas

Las mujeres deben apoyarse mutuamente cuando comienza el acoso. Las periodistas del *Washington Post* hablaron acerca de sus experiencias con el acoso sexual en un artículo titulado *Between the Sexes, Confusion at Work: Harassment is Widespread and Its Effects Are Long-Lasting* (Confusión en el trabajo entre los sexos: el acoso está ampliamente difundido y sus efectos son duraderos). La franca discusión del acoso que experimentaron en el periodismo fue resultado directo de las audiencias sobre Clarence Thomas.

La evaluación combinada fue: "El acoso sexual es una experiencia que liga instantáneamente a las trabajadoras y las separa de los colegas varones."

Abigail Trafford, la autora del artículo, dijo: "Aunque hay confusión acerca de lo que es exactamente el acoso sexual, no hay ninguna confusión acerca de lo que se siente. Los recuerdos son vivos; también lo son la vergüenza, el temor y la desesperación."

La mayoría de las mujeres que experimentan el acoso sexual son mujeres jóvenes cuyas carreras no están establecidas, y cuyas autoimágenes tal vez no están plenamente desarrolladas. Están en una posición vulnerable si un supervisor inicia un juego de poder.

Trafford advierte: "El acoso sexual, ya sea un comentario del portero sobre los pechos, o una mirada insinuadora del vicepresidente de ventas, refuerza la autoduda con la idea de que las mujeres realmente no deberían estar en el trabajo."

Las mujeres del *Washington Post* compartieron varias experiencias. Una de las mujeres trabajó con un hombre que constantemente ejercía presión sobre ella para que salieran y se acostara con él. Ella lo rechazó. Entonces él le dio una mala evaluación anual. Ella nunca lo delató.

Otra trabajadora del *Post* ilustró el acoso. Un compañero de trabajo, con más antigüedad que ella, le hacía constantemente propuestas deshonestas y comentarios sexuales. Ella le pidió que dejara de hacerlo, pero él siguió molestándola. Descubrió que él estaba haciendo lo mismo con otra empleada. Ambas fueron al supervisor para quejarse. El supervisor llevó aparte al compañero y le dijo que dejara de molestar a las dos mujeres. Las acciones abiertas cesaron, pero aumentó la tensión y una de las mujeres se cambió a otro departamento.

Otra empleada dijo que estaba "en medio de la sala de noticias cuando un editor, que había estado tomando, se le acercó y metió la cabeza entre sus pechos. Pasmada, lo empujó e hizo de cuenta que no había pasado nada. El supervisor, que había visto el incidente, comentó sobre lo bien que había manejado el asunto; el editor no recibió ninguna reprimenda oficial".

¿Buen trabajo o buen cuerpo?

Un gran problema para la mujer acosada sexualmente por un mentor o por una persona con posibilidades de ayudarle en la carrera es que no está segura de si él piensa que su trabajo es bueno o su cuerpo.

Una mujer, hablando de su primer jefe y lo contenta que estaba de trabajar en proyectos especiales con él, dijo que era común que salieran a almorzar. Un día él se acercó, la tomó de la mano y dijo: "Tengamos una aventura."

Se sintió humillada. Le dijo claramente que no, pero, ¿qué hacer con las dudas que ahora llenaban su mente? "¿Qué pasaba con el sueldo extra que le dio, con la evaluación entusiasta? ¿Se debían a su competencia o a su aspecto?"

Un problema espinoso

Es complicado tratar el acoso. A veces la mejor forma de entendernos a nosotros mismos o a otras personas y el acoso sexual es tomar una situación específica e imaginar que somos una de las personas y que necesitamos tomar una decisión. En la siguiente historia póngase en el lugar de José Tarkwell, gerente de préstamos para bienes raíces. Después póngase en el lugar de Julieta McNair, una asociada en la misma organización; José es su jefe.

José Tarkwell llamó a la oficina de Julieta porque necesitaba un documento inmediatamente. Pero Julieta no estaba en el escritorio, así que él decidió ir a la oficina y buscarlo personalmente. Cuando llegó, Julieta todavía no había vuelto, así que entró para ver si podía hallar el documento. Lo encontró encima de una pila de carpetas.

Al levantarlo, José vio un mensaje interno que Julieta había escrito en la computadora, que decía:

"¿Puedes caminar conmigo hasta al auto otra vez esta tarde? El vino hoy y estoy segura de que me va a estar esperando. Se apoyó encima de mí cuando estaba junto a la máquina de café esta mañana y me susurró unas cosas realmente asquerosas acerca de lo fantástico que es él en la cama."

José se sintió escandalizado y asqueado. Decidió corregir la situación llamando al departamento encargado de los agravios sexuales dentro de la compañía.

Cuando Julieta volvió, su secretaria le dijo que José había venido a por el documento. Cuando se sentó enfrente del escritorio se estremeció al darse cuenta de que había dejado el mensaje en la pantalla de la computadora.

Justo entonces sonó el teléfono. José la quería ver. Al ir hacia la oficina, sentía un malestar físico sólo de imaginarse que él le iba a preguntar por el mensaje.

José fue directamente al grano.

—No pude evitar ver el mensaje en su computadora, Julieta. Es terrible. Llamé a la oficina de igualdad laboral. Detengámoslo.

Furiosa, Julieta atacó.

—No tenía ningún derecho de leer mi correo electrónico personal y no tenía ningún derecho de llamar a la oficina de igualdad laboral antes de hablarme. Este es mi problema personal, no suyo, y no quiero que se sepa. ¿Tiene la menor idea de lo que me puede pasar a mí y a mi carrera si la gente se entera de esto?

José trató de calmar a Julieta explicándole que nadie tendría que enterarse: podía escribir una carta y la oficina de igualdad laboral se encargaría de todo.

—¿No entiende? —explotó ella—. Sería la palabra de él contra la mía y él tiene antigüedad. (Se arrepintió de haber permitido que se le escaparan esas palabras.) Yo soy la que va a salir perjudicada. Si la oficina de igualdad laboral investiga esto, pueden interrogar a todo el mundo en el edificio. Probablemente me transfieran y entonces no tendré la oportunidad de que me asciendan. ¿Y quién querría trabajar conmigo? Todos los hombres en la compañía tendrían miedo de que los delatara si tan sólo me abrieran la puerta.

José trató de explicarse otra vez, pero Julieta contestó enojada:

—No permitiré que se invada mi vida privada. No hay nada que pueda hacer.

José le rogó:

—¡Pero es la ley! No tienes que soportar ese tipo de trato. Además, tengo la obligación de presentar un informe sobre esto. Es la norma de la compañía.

Julieta volvió a explotar al irse por la puerta.

—Hay demasiado en juego. Así que no se meta, José. Puedo cuidarme sola.

¿Qué haría usted?

¿Qué sentiría usted si fuera una de estas dos personas? ¿Habría hecho algo distinto? ¿Se equivocó José en lo que hizo o en el modo de hacerlo? ¿Y Julieta? ¿Fue exagerada su reacción?

Generalmente los casos de acoso son complejos. Los incidentes pueden incluir acciones o palabras concretas o pueden ser muy subjetivos. La respuesta a la pregunta: "¿Ha habido acoso?"

en gran medida es emotiva, dada no por el perpetrador sino por la persona que ha sido acosada.

Es importante tener en cuenta varios factores:

* Los acosadores sexuales generalmente siguen acosando hasta que se les hace frente.
* Con frecuencia, si no se toman medidas lo suficientemente fuertes en cuanto al acoso, el acosador sencillamente se concentra en otra persona.
* A veces la investigación obligatoria hace que la gente tenga miedo de delatar a los acosadores. Temen que la investigación se convierta en un trauma más grande que el acoso inicial.
* El 90 por ciento de todas las quejas sobre el acoso sexual involucran a personas que no están conscientes de que su comportamiento es ofensivo o indeseado.
* Debemos considerar cómo será el ambiente de trabajo después de que se haya resuelto el problema del acoso.

¿Podemos ayudar a esta gente a trabajar juntos eficazmente? ¿Hay lugares nuevos para las personas acosadas dentro de la compañía para que puedan tener un nuevo comienzo?

Pautas para los empleadores

La modificación continuada de la legislación sobre los derechos civiles claramente está poniendo a los empleadores en mayor riesgo. Así que es esencial que los empresarios establezcan normas, comiencen a entrenar a los empleados e implementen procedimientos para satisfacer cualquier queja referente al acoso sexual.

Las compañías deben comprender que les conviene educar a la gente, y la educación debe comenzar con el director de la junta. "El cambio en las actitudes es resultado del cambio obligatorio en el comportamiento. Las actitudes no son asunto de la compañía, pero el comportamiento sí lo es."

El empresario es responsable por los actos de acoso sexual en el lugar de trabajo, haya estado consciente de ellos o no. La protección del empleador es haber implementado una norma y un procedimiento, y haber tomado medidas ante cualquier incidencia de acoso.

En un artículo titulado *Sexual Harrassment: A Growing Problem in the Workplace* (El acoso sexual: un problema en aumento en el lugar de trabajo), el autor sugiere cinco pasos que podrían tomar las compañías para crear un lugar de trabajo libre de acoso.

1. Obtener el entendimiento y el apoyo pleno de la administración.
2. Adoptar una normativa formal escrita para tratar el acoso.
3. Dar a conocer las normas ampliamente.
4. Adoptar sanciones para casos probados de acoso sexual.
5. Adoptar un procedimiento formal de queja.

Cuando la compañía formula las sanciones en contra del acoso sexual, sería útil especificar el castigo para cada ofensa importante. Por ejemplo, la violación o el intento de violación resultaría en el despido inmediato. Una ofensa menor podría resultar en una reprimenda escrita que quedaría en el archivo permanente del empleado. O se podría suspender al empleado.

Los empresarios también deberían ponderar bien el procedimiento de queja. Muchas compañías usan la estructura de la cadena de mando; un empleado que ha sido acosado sexualmente debe ir a su superior inmediato. Pero en muchos casos esa persona es la culpable. Por lo tanto, las compañías deberían establecer una persona independiente para tratar las quejas relacionadas con el acoso sexual.

Sugerencias específicas para la administración

Steven Anderson, presidente de su propia compañía y autor de *How to Effectively Manage Sexual Harassment* (Cómo tratar eficazmente el acoso sexual), ofrece ayudas prácticas para los empresarios y gerentes en la eliminación del acoso sexual.

Anderson menciona los errores principales cometidos por los gerentes al conducir investigaciones sobre el acoso sexual:

1. Creer que los chistes sexuales son parte natural del ambiente del lugar de trabajo y que cualquier empleado al que no le gustan es un santurrón.

2. Tratar de resolver las quejas personalmente, sin consultar con el personal apropiado y los recursos legales de la organización antes de tratar la situación.

3. Decidir que la mejor manera de solucionar el problema es deshacerse del empleado que presentó la queja.

4. Tratar de disuadir al empleado de quejarse por el acoso sexual (por ejemplo, decirle a la víctima del acoso sexual: "El es así... solo estaba bromeando.").

5. Actuar antes de que se complete la investigación (por ejemplo, decir: "¡Voy a despedir al acosador sexual!", antes de tener todos los datos).

6. Hacer una evaluación de la seriedad de la situación en base sólo al rumor o a información parcial o después de hablar sólo con el supuesto agraviado.

7. No tomarlo en serio a no ser que sea una queja formal.

8. Estorbar la investigación sobre el acoso sexual porque (a) esa persona nunca se comportaría de ese modo; (b) debe ser una acusación falsa; (c) el supuesto agraviado está tratando de sacarle dinero a la organización; o (d) el supuesto agraviado está tratando de arruinar la carrera del supuesto acosador.

9. No tomar en serio la queja por suponer que la supuesta víctima mereció el comportamiento por usar ropa provocativa, coquetear, salir con varios hombres al mismo tiempo, contar chistes verdes, etc.

10. No tomar medidas al recibir quejas de un empleado de otro departamento. Todos los gerentes de la organización tienen la responsabilidad ante la organización y los empleados de detener el acoso sexual dondequiera que ocurra.

11. Pasar por alto una queja porque el supuesto acoso sexual ocurrió varios años atrás.

12. Tratar de influir en los resultados de una investigación acerca de la administración superior.

13. No tomar medidas porque el empleado que se quejó del acoso le pidió a su supervisor(a) que no hiciera nada.

Cada uno de nosotros debe detener el acoso. La mayoría de las mujeres ha llegado a aceptar la humillación del acoso como parte de la experiencia normal del trabajo. Se han visto forzadas a soportarlo desde la escuela primaria.

¿Cómo salimos de esta terrible maraña? La próxima sección se enfoca en la manera de ayudar a los hombres a comprender el terrible dolor del acoso, así como de alentar a las mujeres a ayudarles a comprenderlo.

SEGUNDA PARTE:

Ideas para los hombres y para las mujeres que quieren ayudarlos

9

¿Por qué acosan los hombres?

El titular rezaba: *Los muchachos son así*. El artículo comenzaba: "Es difícil ser niña e ir a la escuela todas las mañanas con muchachos que están convencidos de que las niñas son odiosas." El periódico continuaba:

> Era especialmente difícil para Cheltzie Hentz, de siete años, que tenía que ir a la escuela en Eden Prairie, Minnesota, en un colectivo escolar con chicos que le decían palabras soeces y un conductor a quien esto le causaba gracia.
>
> "¡Esos varones se estaban burlando de las niñas porque ellas no tenían pene!", recuerda escandalizada su madre, Sue Muttziger. En el transcurso de cinco meses Sue envió veintidós páginas de quejas a los oficiales de la escuela, quienes reprendieron a los chicos y suspendieron brevemente a varios alborotadores del colectivo.
>
> Ese año, con la llegada de un nuevo chofer, se acabaron las burlas, pero Sue seguía pensando que las escuelas no estaban haciendo lo suficiente para proteger a su hija. Así que tomó medidas más fuertes: presentó una queja al Departamento de Derechos Humanos del Estado.

Muchos padres están convencidos de que nuestras escuelas primarias públicas permiten el acoso sexual de sus hijas. Piensan que las burlas verbales de los muchachos, los pellizcos en los pechos, levantar las faldas, tirar el elástico de los sostenes y las repetidas insinuaciones sexuales en los pasillos, patios de recreo, clases y funciones escolares son completamente inaceptables y deben ser eliminados.

Los padres en los Estados Unidos de Norteamérica están comenzando a descubrir que la Ley de Educación de 1972 es un arma poderosa en contra de la discriminación sexual en el sistema escolar público. Los padres están presentando demandas contra las escuelas sobre la misma base que las mujeres han estado haciendo contra los empresarios por el ambiente hostil.

Y sólo estamos viendo la punta del témpano, porque muchas escuelas llegan a acuerdos fuera de los tribunales. Sin embargo, no es probable que estos juicios y acuerdos cambien la actitud de que "los muchachos son así", o sea que "cualquier cosa debe aceptarse en la explotación de las niñas porque los varones son así".

El pelotón

El titular declaraba: "Sexo con puntuación: un grupo de estudiantes de secundaria que llevaban la cuenta de sus conquistas enciende el debate sobre los valores de los adolescentes." La nación se asombró al enterarse de las andanzas del Pelotón. Una estudiante de quince años había conocido a un muchacho que le gustaba mucho, así que tuvo relaciones sexuales con él. Después él le dijo que ella tenía que tener relaciones con sus amigos también. Ella no quería, pero pensó que tal vez sería la única forma de ser bien recibida en la escuela secundaria. Así que accedió.

Estos incidentes se llegaron a conocer en el suburbio de clase media de Lakewood en Los Angeles, California y causaron un gran alboroto en cuanto a los valores de los adolescentes. Los muchachos negaron las acusaciones que variaban desde la vejación sexual hasta la violación. El Pelotón, un grupo de veinte a treinta muchachos, hacía alarde de su competencia en la cual obtenían puntos por cada conquista sexual.

El artículo informaba:

> La policía arrestó a ocho adolescentes y a un joven por más de 17 cargos de delitos de violación, contacto sexual ilegal y acusaciones relacionadas.
>
> Los miembros del Pelotón describieron sus andanzas con fanfarria. Dana Belman, miembro fundador, de 20 años, explicó que los miembros recibían un punto cada vez que lograban un orgasmo con una muchacha diferente y se jactó de haber llegado a 63 puntos. Billy Shehan, de 19 años, fanfarroneó que tenía el puntaje más alto, con 66 puntos. "Mis padres estaban un poco sorprendidos", dijo, "pensaban que era algo así como 50." Shehan dijo que

> aunque muchos de los muchachos no usaban condones para el contacto sexual, él sí lo hacía. "Los compro por docenas", explicó.
>
> Algunos padres estaban impasibles. En el hogar de los Belman, donde había vuelto el hijo Kristopher, de 18 años, después de haber salido de la cárcel, el padre Donald dijo: "Nada de lo que hizo mi hijo es algo que no habría hecho cualquier otro muchacho viril a su edad." El padre de Billy Shehan, Billy también, ofreció una perspectiva histórica: "Tengo 40 años. Solíamos hablar de lograr puntos en la secundaria", dijo. "¿Dónde está la diferencia?" Billy hijo no veía motivo de arrepentimiento. "Mi papá solía jactarse con todos sus amigos. Todos los padres lo hacían."
>
> Diana Hurse, cuyo hijo era miembro original del Pelotón, pensó que era "triste que las muchachas tuvieran una autoestima tan pobre que hicieran esto". No veía ningún problema de autoestima en el comportamiento de su hijo. "¿Qué se le va a hacer? Es cuestión de testosterona."

Para las muchachas involucradas, sigue siendo algo muy grave. Algunas de las que se quejaron ahora tienen que soportar que se las llame "prostitutas". Mientras tanto, los varones fueron aclamados cuando volvieron a clase al poco tiempo. La escuela está planeando varias conferencias sobre la violación en las citas y el acoso sexual... para mujeres únicamente.

Es importante que no nos demos por vencidos. Hay que educar a los varones para que respeten a las mujeres y no las vean como objetos de placer. Los padres, las escuelas y las iglesias deben dejar de perdonar estas acciones y verlas como violaciones serias de acoso sexual.

"Todavía hay demasiada gente que dice que 'los muchachos son así'", advierte Leslie Wolfe del Centro de Estudios de Asuntos Femeniles en Washington, D.C. "Si nadie les está enseñando a los varones que el acoso está mal, ¿por qué van a dejar de acosar a las mujeres cuando sean adultos?"

Nota: "Los expertos también creen que el varón que le tira bolitas de papel con saliva a las niñas en la escuela se convertirá en el hombre que trata de tirar maníes por el escote de las mujeres en los bares."

¿Por qué lo hacen?

Se podría decir que hay tantos motivos por los cuales los hombres acosan como hay hombres que lo hacen. Quizá sea cierto, pero necesitamos reconocer algunas razones generales por las cuales acosan los hombres.

Tanto Jim como yo hemos oído historias acerca del maltrato contadas por mujeres heridas por sus experiencias que, sin embargo, no entendían las razones por las cuales habían ocurrido. Queremos que cada lector sepa claramente que entender por qué acosan algunos hombres *no justifica* el acoso ni exime a los hombres que lo hacen. Sin embargo, comprender los motivos por el acoso ayudará a las mujeres a tratar con ellos. Y esperamos que a medida que los hombres entiendan la motivación del acoso, tendrán el valor de cambiar.

Varias tendencias han cambiado las definiciones tradicionales de los papeles de cada sexo, creando confusión y resentimiento. A veces estos cambios han llevado a los hombres y a las mujeres a relaciones ásperas de trabajo. Algunas de estas situaciones han aumentado la posibilidad de que se acose a las mujeres.

Una tendencia que ha influenciado a los hombres en las últimas décadas es el mayor nivel de educación. Después de la Segunda Guerra Mundial, nuestro país experimentó una gran explosión de hombres y mujeres con mayor educación. Ahora los hombres no son los únicos con títulos médicos ni que son abogados, pilotos, plomeros u operadores de maquinaria pesada. La educación ha cambiado los estereotipos del trabajo.

Una segunda tendencia surgió durante la Segunda Guerra Mundial cuando las mujeres entraron a trabajar para ayudar con la guerra. Tomaron los empleos de los hombres para que éstos pudieran estar libres para el combate. Todos pensaron que sería temporario. Pero las mujeres nunca volvieron a casa. Siguieron trabajando para cubrir los gastos mientras los esposos fueron a estudiar con becas militares. Hoy las mujeres trabajan en gran número.

Una tercera tendencia fue el movimiento de los derechos humanos que explotó en el mundo en general en las últimas décadas. Todos nos volvimos más sensibles a los derechos de cada ser humano. Así como nos dimos cuenta de lo malo que es usar nombres denigrantes para las personas de otras razas, también nos dimos cuenta de que está mal denigrar o acosar sexualmente a una mujer en el trabajo.

La década de los sesenta y setenta proveyeron otra tendencia: El surgimiento del movimiento femenil. La liberación de la mujer era una nueva y poderosa fuerza en cada área de la sociedad. Las mujeres ya no tolerarían ser tratadas como esclavas: querían consideración y pago iguales.

Después, la década de los ochenta expresó el movimiento varonil, que enfocaba a ayudar a los hombres a conocerse a sí mismos, sus raíces y sus padres.

Una agresión animal indomada

Todos estos movimientos son claramente positivos y deberían haber tenido un efecto humanizador en los varones. Pero de algún modo fallaron. La sociedad doma a muchísimos hombres de algunas maneras, pero hay muchos que no han podido dominar sus instintos biológicos agresivos y frecuentemente éstos se expresan en el acoso sexual.

Por ejemplo, aunque la sociedad está hablando del "nuevo hombre", la agresión y la violencia de los varones está aumentando en los Estados Unidos. Hay un mayor número de violaciones. La violencia de las pandillas también está aumentando. Hay paredes pintadas por todas partes, donde los jóvenes marcan su territorio muy a la manera del perro que levanta la pata para marcar su zona de dominio.

Además, las películas y la televisión son cada vez más violentas. Los héroes de las películas: James Bond, Arnold Schwartzenegger, Rocky, Bruce Lee, Chuck Norris, Clint Eastwood y John Wayne, son ídolos rudos y violentos. Millones de hombres viven siguiendo este tipo de modelo.

Millones de mujeres también se sienten atraídas por este tipo fuerte, violento, macho. Sin embargo, muchas de estas mismas mujeres experimentan una ambivalencia, diciendo que quieren que los hombres sean tiernos, vulnerables, orientados hacia los sentimientos y que les pertenezcan exclusivamente.

Algunas mujeres han tratado de descartar todo el problema del acoso por ser imposible de cambiar. Muchas de estas mujeres llegan a la conclusión de que los hombres son animales que no piensan en nada que no sea sexo. "Los hombres", dicen ellas, "planean su vida y sus relaciones según lo que dictan sus impulsos sexuales."

Estos contraataques no son productivos. En su lugar necesitamos comprender por qué acosan los hombres y qué podemos hacer para detener el acoso. Sí, ciertas tendencias sociales han resultado en que algunos hombres acosen a las mujeres, pero hay que considerar otras razones aún más básicas.

La diferencia varonil

A esta altura es importante marcar un equilibrio. Los movimientos igualitarios que comenzaron después de la Segunda Guerra Mundial han hecho que algunas mujeres crean que los hombres en realidad son iguales a las mujeres. Hemos tenido la tendencia a oscurecer los datos científicos sobre la diferencia real entre los varones y las mujeres desde el momento de la concepción.

George Gilder, en un libro originalmente titulado *Sexual Suicide* (El suicidio sexual), cita extensamente estudios, usando datos neuroendocrinológicos, que muestran que "desde la concepción hasta la madurez, los hombres y las mujeres están sujetos a influencias hormonales diferentes que forman su cuerpo, cerebro y temperamento en forma diferente.

"El hombre se vuelve más agresivo, explorador, volátil, competitivo y dominante, más visual, abstracto e impulsivo, más musculoso y alto. Es menos dado a la crianza, es menos moral, doméstico, estable y pacífico, menos auditivo, verbal y simpático, menos estable, saludable y fiable, menos equilibrado y menos práctico. Es más compulsivo sexualmente y más inseguro. Dentro de su propio sexo, se inclina más a afiliarse hacia arriba, hacia la autoridad, y se inclina menos a afiliarse hacia abajo, hacia los niños y hacia los débiles y necesitados."

Pensemos en las diferentes sendas que toman los varones y las niñas desde que nacen. La niña experimenta una línea ininterrumpida conectada con su sexualidad femenina. Primero está en el vientre de su madre, después en los brazos de su madre; de su madre aprende a ser mujer, y finalmente se convierte ella misma en mujer y madre.

¿Se puede hacer el doble cambio?

El varón también experimenta el vientre, el contacto con los pechos y los brazos acariciadores de la madre. Pero aun así, las madres no tocan tanto a los varones como a las niñas.

Entonces el varón —nacido de una mujer y nutrido en los primeros años por una mujer— debe hacer el cambio de esa mujer nutridora para identificarse con un hombre, su padre. Es probable que el padre no haya aprendido a nutrir, así que el varón deja la calidez de la madre para seguir el distanciamiento del padre.

Tristemente no puede conectarse con otra mujer y su calidez hasta que prueba que es todo un hombre. Por siglos el guerrero zulú africano tenía que matar a otro hombre para establecerse como hombre. Hoy, muchos hombres prueban su virilidad intentando hacer una conquista sexual o acosando a las mujeres con palabras sexuales y contactos inapropiados.

En la mayoría de las culturas del mundo, cuando un joven quiere casarse, los padres de las mujeres preguntan: "¿Cómo cuidarás a nuestra hija?" En realidad están diciendo: "Muéstranos la evidencia de que tienes éxito." Tiene que probarse como guerrero de valor según las normas de la sociedad para poder volver a experimentar la calidez de los brazos y los pechos de una mujer.

Los hombres siguen sorprendiendo a las mujeres

Debemos volver a enfatizar que el sencillo hecho de comprender los instintos biológicos del hombre no excusa el acoso. No podemos decir: "¡Pobrecito! Te ha costado cambiar de modelo sexual, así que está bien que acoses."

Pero podemos sentir esperanza. Todos los hombres tienen instintos agresivos; algunos han sido domesticados y socializados. Sus instintos agresivos se han dirigido al enriquecimiento de la gente y al mejoramiento de la sociedad, en vez de la explotación de la mujer y el engrandecimiento del hombre.

Típicamente, las mujeres se sienten confundidas por la agresividad de los hombres. Las mujeres también se sienten confundidas por la habilidad del hombre de separar el sexo del amor y el compromiso. Además, las mujeres se sienten sorprendidas de que los hombres estén tan incómodos consigo mismos. "¿Por qué siempre tratan de probarse por algún tipo de conquista, ya sea en los negocios, las profesiones, los deportes o el sexo?", se preguntan las mujeres.

Para comprender el acoso masculino, tenemos que reconocer la agresividad masculina. Las mujeres también deben comprender que pueden ser una influencia poderosa para cambiar la manera de pensar de los hombres.

Ya que el hombre ha estado buscando restablecer la calidez de la madre desde la temprana infancia, puede tratar de suplir la necesidad equivocadamente por medio de la agresión sexual. Si la mujer cede a su agresión, el hombre no cambiará su manera de pensar sino que se reforzará su conducta.

Lo mismo ocurre con el acoso. El tormento no desaparecerá hasta que la mujer diga: "¡No!" Las mujeres tienen una influencia poderosa en la domesticación del hombre acosador. Deben decir que no y mantenerlo. Los hombres tienen que darse cuenta de que sólo es posible la calidez y la ternura en la mujer cuando el amor y el compromiso reemplazan la agresividad sexual del hombre.

La historia de la familia dañada

En *Adult Children of Legal or Emotional Divorce* (Los hijos adultos del divorcio legal o emocional) hablamos de la devastación que sienten los adultos que han sido criados en familias desajustadas. Nos sorprendió descubrir que las personas de hogares dañados seguían luchando con los efectos secundarios de la turbulencia de sus padres después de muchos años de ser adultos.

En algunos casos los que contestaron a la encuesta tenían más de cuarenta años, con padres divorciados más de veinte años atrás. A continuación aparecen los porcentajes de las personas que todavía estaban luchando con antiguos conflictos muchos años después. Las estadísticas fueron chocantes.

* el 58 por ciento busca aprobación constantemente
* el 54 por ciento bloquea parte del pasado
* el 53 por ciento se juzga con demasiada severidad
* el 51 por ciento siente que es diferente de los demás debido al conflicto y divorcio de sus padres
* el 50 por ciento siente que su crecimiento personal ha sido truncado
* el 47 por ciento se toma demasiado en serio
* el 45 por ciento todavía está tratando de averiguar lo que es una familia normal
* el 42 por ciento reacciona excesivamente en situaciones sobre las cuales no tiene ningún control
* el 40 por ciento todavía tiene problemas con las relaciones
* al 35 por ciento le resulta difícil relajarse o divertirse
* al 21 por ciento le resulta difícil terminar los proyectos.

Estas estadísticas muestran un cuadro continuado de desajuste que nos da una idea de por qué los hombres acosan a las mujeres. De las zonas dañadas en la vida de los adultos de hogares desintegrados, dos parecen estar fuertemente conectadas con el hombre que se convierte en acosador sexual: una pobre autoestima y una falta de límites.

El ego encogido

Para empezar, tiene una autoestima baja. Frecuentemente tapa el sentimiento propio dañado comportándose *como un macho*. Si puede hacer una conquista aun en la forma más pequeña —mirar el cuerpo de una mujer de arriba a abajo, rozar contra sus pechos en el ascensor, decirle un chiste verde o que tiene lindas piernas— siente que ha triunfado en algo. Estas pequeñas invasiones sostienen temporalmente la autoestima caída.

Típicamente, la persona con pobre autoestima también es perfeccionista. Su madre no lo quiso adecuadamente y nunca se relacionó bien con el padre, así que está buscando que alguien lo quiera incondicionalmente, que le diga que es de valor.

Si el hombre inseguro trata de conseguir el amor por medio del acoso, puede ser rechazado o cuanto mucho recibir una sonrisa tolerante o compasiva de la mujer. En cualquiera de los casos, no es lo que quería. Así que el encuentro refuerza su sentimiento de inseguridad y falta de valor. Además, no entiende el motivo de su fracaso o de sus sentimientos.

Es importante que la mujer no se sienta responsable por la pobre autoestima del hombre, o puede llegar a permitir que se la acose sexualmente, pensando que lo puede ayudar. Permitir el acoso sexual nunca está bien.

El hombre con una autoestima pobre tiene miedo de arriesgar una relación a largo plazo, pero sigue teniendo un impulso tremendo por conectarse con la calidez y la compasión de la mujer. Por lo tanto, usa el acoso sexual para conseguir esa dosis de adrenalina sin tener que comprometerse con la mujer. Sin embargo, la experiencia es siempre un refuerzo deprimente de su falta de valor.

El acosador también lucha con el síndrome de que "nunca es suficiente". Debido a su inhabilidad de conectarse con las mujeres de una manera significativa a largo plazo, se vuelve al método instantáneo. Al soñar con la mujer en la foto de la revista pornográfica o masturbarse durante una película prohibida alquilada, entra en un estado mental anormal en cuanto a la realización sexual.

Después mira a la joven en la oficina, repasando en su mente fantasías de la película distorsionada o la revista pornográfica. Se imagina que esta mujer de carne y hueso con la cual trabaja responderá en la misma manera pervertida en que lo hicieron las mujeres en la película o la revista.

Es fácil ver por qué un hombre con una pobre autoestima pueda tratar de compensarla con el acoso. Pero sólo se vuelve un ciclo vicioso que lo aleja cada vez más del amor que realmente desea, produciendo ira y culpabilidad en el camino. Necesita ayuda profesional para ayudarle a romper el ciclo.

¿Dónde termina mi espacio y comienza el tuyo?

Una segunda zona problemática para el hombre del hogar dañado es comprender los límites personales. En muchas situaciones de acoso, el hombre no sabe cuándo o dónde parar. No respeta el espacio ajeno, física o sicológicamente.

El hombre cuenta un chiste verde y nunca se pregunta si ella querrá ese chiste en su espacio sicológico. El mismo hombre puede poner el brazo alrededor de la secretaria que le hace una pregunta inocente acerca de un proyecto. No piensa ni por un instante si esa mujer quiere que esté tan cerca de ella físicamente o si le gusta que la toque.

Su hogar desajustado no le ha enseñado los límites personales apropiados. Viola los territorios ajenos porque las líneas estaban confundidas dentro de su familia al criarse. Por supuesto que ni siquiera sabe que tiene una deficiencia.

Por ejemplo, si un padre es alcohólico, no se le permite al hijo seguir madurando dentro de un ambiente seguro. En lugar de ello, el padre (a veces sin saberlo) hace demandas que obligan al niño a ser adulto. Es posible que el hijo tenga que asumir la responsabilidad de acostar al padre borracho, poner el despertador para el día siguiente y preparar el desayuno para él mismo, los otros hijos y el padre alcohólico.

Cuando hay un desastre matrimonial con peleas continuas entre los padres, también se violan los límites de los niños. Típicamente, los padres obligan a los hijos a escoger y, además, pasan por encima de su necesidad de seguridad, amor y cuidado físico.

O puede ser que un hombre haya sido criado en un hogar con una madre o un padre rígido o dominante. El padre se metió en el espacio del hijo repetidamente, no dejando que el hijo pensara por sí mismo, tomara decisiones o tuviera el privilegio del éxito y el fracaso. Como resultado, ese niño entra al mundo adulto sin haber experimentado límites.

Además, es probable que el hombre acosador haya tenido un padre que también era acosador. A todo el mundo le causaba gracia cuando papá contaba chistes obscenos, tocaba a las mujeres inapropiadamente o denigraba a las mujeres constantemente. Si nadie desafía al padre o instruye al hijo, es casi seguro que un niño criado en ese ambiente también se convierta en acosador.

De hecho, es posible que ese hijo hasta considere que el acoso es un derecho del rito de volverse hombre: Contar un chiste verde, forzar un beso o tocar los pechos de una muchacha frente a los amigos. Tal vez lo máximo sea tener relaciones sexuales con ella y quedarse con su ropa interior como símbolo. Es muy parecido a la costumbre de los adolescentes de la tribu elongota del norte de las Filipinas que vuelven triunfantes con la cabeza de un hombre que han matado para demostrar que ellos se han convertido en hombres.

Las mujeres contra los hombres

El movimiento femenil produjo una corrección necesaria en nuestra sociedad. No se le pagaba lo mismo a las mujeres por el mismo trabajo. Las mujeres no recibían promociones debido a su sexo. Desafortunadamente, en cada movimiento la sociedad cambia su modo de pensar sólo cuando los que protestan reaccionan y enfatizan sus problemas y preocupaciones exageradamente.

De repente las mujeres estaban por todas partes exigiendo igualdad de derechos. Muchas veces los pedidos no eran solicitudes calmadas apoyadas por razonamiento lógico. Con frecuencia eran reclamos desagradables y agresivos, deliberadamente formulados con lenguaje y emociones volátiles para conseguir la atención del periodismo y así de la población entera.

Cada vez que un grupo grande de personas hace una demanda enérgica la sociedad cambia para acomodar la nueva demanda. Pero cuando hay un cambio en la sociedad, hay repercusiones y contracambios (o retrocesos).

Un movimiento reaccionario

Vivimos en el sur de California, que es famoso por los terremotos. Durante varias horas, semanas o meses después de un terremoto, sentimos las repercusiones. La tierra tiene que asentarse un poco después del terremoto para fijarse en una nueva posición. Así es que sentimos un montón de pequeñas sacudidas y algunas bastante grandes.

La respuesta de los hombres ante los recientes cambios culturales se ha parecido mucho a las sacudidas de un terremoto. El movimiento varonil es reaccionario, en respuesta a dos grandes fuerzas culturales.

La primera fuerza es el distanciamiento de sus padres. En 1900 el 90 por ciento de la población estadounidense vivía en zonas rurales, principalmente en granjas. Para el año 2000, sólo unos pocos vivirán en zonas rurales.

Cuando las familias se mudaron a las ciudades, se quebró la interconexión entre los miembros de la familia. Como niña y adolescente, yo (Sally) me crié compartiendo el trabajo del campo, cuidando a los animales, recogiendo huevos, cuidando la huerta y preparando verduras y carne. Nuestra familia estaba junta automáticamente mientras trabajábamos en nuestra granja.

Cuando una familia se mudaba a la ciudad, el padre se iba a trabajar fuera de casa. Los niños nunca veían dónde trabajaba, mucho menos compartían el trabajo. Las horas eran largas, y la vinculación entre padre e hijo sólo ocurría durante el fin de semana.

La familia se vio aun más fragmentada cuando la madre tuvo que trabajar durante la Segunda Guerra Mundial. En mi caso (Jim), durante la guerra mi padre trabajaba doce horas por día, siete días por semana y mi madre trabajaba cinco días por semana. Los hijos disfrutamos de muy poca guía de nuestros padres. Muchas veces parecía que éramos huérfanos, criándonos solos.

Pérdida de poder

Hoy el movimiento varonil parece ser un grito en contra de la desintegración de las relaciones familiares, especialmente entre padre e hijo. Pero también es una reacción en contra del movimiento femenil.

A medida que las familias se iban de la granja durante el primer tercio de este siglo, los hombres asumieron un poder misterioso. En la granja toda la familia producía los ingresos. Ahora, como habitantes urbanos, el hombre proveía para la familia. Hay un sentimiento de prestigio y poder asociado con ganarse la vida. Estos hombres no estaban cazando ciervos o búfalos, pero igualmente volvían victoriosos de la lucha con los despojos: un cheque.

Otra fuerza les impactó cuando las mujeres comenzaron a ayudar a "ganarse el pan": los hombres ya no eran los únicos proveedores. El movimiento para los derechos de la mujer ayudó a que las mujeres consiguieran pago y trato más parejos, pero los hombres quedaron con la inquietante sensación de que habían sido suplantados. Muchos hombres quedaron confundidos y trataron de disimularlo con un machismo renovado.

A medida que más mujeres iban obteniendo empleos, los hombres se dieron cuenta con angustia de que estaban compitiendo no sólo con hombres (a quienes entendían), sino con mujeres (a quienes no entendían). Todo negocio relacionado con la gente valora mucho las características femeninas de sensibilidad, intuición y capacidad para conectarse con la gente. Las mujeres tienen una ventaja natural en el manejo de conflictos o en ventas donde primero hay que tratar al cliente como persona para que considere el producto.

Una buena parte de la población masculina se enojó mucho con las mujeres. Se sentían más cómodos cuando las mujeres eran sumisas y se quedaban en casa. Los hombres se sentían más seguros cuando las mujeres eran inferiores académicamente y no estaban tan al tanto de cómo manejarse en la calle y en el trabajo.

Es probable que estos hombres iracundos busquen la compañía de otros hombres asustados o vulgares que también tienen sentimientos negativos con respecto a las mujeres. Se refuerzan mutuamente en la idea de que las mujeres están equivocadas. Y hay una forma en que pueden ejercer poder sobre esas mujeres. Juntos pueden reírse y hablar de sus aventuras sexuales y jactarse de sus trucos acosadores.

Estos hombres, que sienten tanta irritación e ira, frecuentemente no se dan cuenta de que sus emociones desbordan en la maldad del acoso en mil formas sutiles. Inconscientemente tratan de hacerle la vida tan imposible a las mujeres que ellas se ven obligadas a dejar el empleo, la relación o el matrimonio.

Mejor aún, si acosan con suficiente poder, tal vez esa mujer se volverá sumisa. Esto permitiría que los hombres vindicaran su posición de dominio masculino y, según ellos, se rectificaría el error de la sociedad.

Los hombres deben ver que los cambios culturales son permanentes y llegar a valorar a las mujeres y apreciarlas como compañeras en todos los aspectos de la vida. De otro modo, continuará el conflicto.

Al escribirlo, yo (Jim) tengo sentimientos muy fuertes acerca de esta igualdad. Hallo que mi vida se enriquece grandemente con las ideas de Sally. Somos socios a medias en nuestro ministerio y en la vida matrimonial diaria. Compartimos el poder; compartimos las responsabilidades. El uno complementa las debilidades del otro. ¡No quisiera que fuera de ningún otro modo!

10

"El patrón de ignorancia masculina"

La tira cómica muestra una cárcel donde están preparando a unos presos para la libertad condicional por medio de una clase especial. Un pingüino le está diciendo al grupo:

—Me llamo Opus y soy un... acusador sexual.

La maestra del grupo lo corrige firmemente:

—¡Acosador!

Entonces Opus revela su impulso por decir cosas completamente incorrectas a las mujeres. Le explica al grupo que es resultado de "padres abusivos, roncadores, nudistas". Pide clemencia mientras dice:

—Soy una víctima, victimizando a otras víctimas con victimización verbal.

Finalmente golpea el podio y grita cada vez más fuerte:

—Estoy curado. Estoy listo para vivir una vida que muestre sensibilidad a ambos sexos.

Entonces se vuelve hacia la maestra de la clase y le pregunta:

—¿Estoy listo para la libertad condicional?

Ella responde:

—Me parece que está bastante bien.

Opus le mira el cuerpo y contesta:

—Gracias, usted también.

En el último cuadro Opus tiene una cadena en cada brazo y cada pierna y está extendido en una "X" gigante cabeza abajo en una pared de la cárcel.

El pie de la letra

Se está realizando mucho entrenamiento sobre el acoso, pero ¿realmente están cambiando los hombres o se están cuidando? Desafortunadamente, mucho del entrenamiento laboral sobre el acoso no enfoca el comprender a las mujeres o aprender a valorarlas como iguales, sino qué hacer o dejar de hacer para evitar las acusaciones de acoso.

Para algunos hombres el asunto del acoso se parece a evitar una multa por exceso de velocidad. Uno llega a hacerse ducho en algunos procedimientos. Se aprende que la policía en moto generalmente se esconde al pie de ciertas colinas y se sabe que ciertos pueblos son trampas para el conductor. Si se está manejando en la autopista, se evita el carril de la izquierda ya que los autos de policía típicamente suben por la entrada, cruzan todos los carriles hasta el izquierdo y eligen a uno para darle la boleta.

El conductor no se está diciendo: "Debo manejar dentro de los límites." Está diciendo: "Tengo que conseguir un mejor detector de radar y vigilar los espejos con más cuidado." *El enfoque está en evitar que lo pesquen, no en cambiar la conducta.*

La actitud en el campo del acoso es igual. Si sólo hay interés en evitar la acusación de acoso, se sufre de lo que llamamos el "patrón de ignorancia masculina". Sin embargo, si se empieza a valorar y a entender a las mujeres y a ver la vida a través de sus ojos, no habrá problema con el acoso. Además, se descubrirá que las mujeres son aliadas poderosas y amigas de por vida.

El poder de la mujer

Tanto los hombres como las mujeres necesitan ser recíprocos en las actitudes para evitar el acoso. El problema tiene dos lados. Hay hombres honestos y sinceros que preguntan: "¿Qué hacemos o dejamos de hacer los hombres que las vuelve locas? ¿Qué significa el acoso para las mujeres? No nos sigan diciendo que no entendemos. Por favor díganlo con claridad para que *sí* lo podamos entender."

Las mujeres tienen que pensar claramente acerca del tema del acoso, para que cuando se les pregunte, puedan dar una explicación definida. Los hombres trabajan mejor con ideas concretas, no emociones imprecisas.

La mujer puede decir: "Ya sabes... bueno, me siento rara..." O, "No sé. Sencillamente no me gusta."

Eso no es suficiente. Hay que ser más específica. Ayude a los hombres en su vida pensando claramente de antemano, para que cuando surja la cuestión tenga respuestas específicas, no sólo sentimientos vagos.

Jim y yo no estamos diciendo que las emociones imprecisas no sean reales. Tampoco estamos diciendo que el acoso no sea real o no cause daño sicológico en las mujeres. Lo que *sí* estamos diciendo es que para detener el acoso los hombres y las mujeres tienen que hablar claramente el idioma de los otros.

Es fascinante ver cómo una mujer puede cambiar a un soltero descontrolado en un marido y padre compasivo y tierno. Cuando es soltero, se enfoca en sí mismo: *su* auto, *su* estéreo, *su* ropa, *su* dinero, *sus* mujeres, *sus* amigos. Y lo usa todo para su satisfacción personal.

Entonces conoce a la mujer adecuada que es lo suficientemente fuerte como para enfrentarse a él y no jugar sus juegos de satisfacción inmediata. Lo presiona para el compromiso, el matrimonio, una familia, una casa donde vivir, el sacrificio de la satisfacción inmediata por metas a largo plazo para sus hijos y su futuro.

Cuando un hombre conoce a una mujer así, cambia de "bárbaro" en "esposo".

Se queja a viva voz con sus amigos solteros. Parecería que entra al matrimonio a regañadientes. Pero en el fondo sabe que la mujer le está agregando algo bueno a la vida. Y le está ayudando a crear algo que vivirá después de él: sus hijos y sus nietos.

Sin la contribución de esta mujer, estaría atrapado en un remolino interminable de satisfacción inmediata y en una sensación de depresión cada vez mayor porque no entendería cómo escapar a la trampa de la vida centrada en sí mismo.

Actitudes que cambian el patrón de ignorancia masculina

A continuación hay algunas sugerencias que ayudarán a eliminar el acoso:

En primer lugar, *valórense como iguales.* En cuanto usamos la palabra *igual,* se crea un montón de sentimientos en los hombres y las mujeres. Así que hablemos de lo queremos decir por *igual.*

Los hombres y las mujeres no son iguales en muchos sentidos. Los hombres suelen ser físicamente más fuertes; sin embargo, las mujeres pueden soportar más dolor y enfermedad. Los hombres en general tienen un mayor aguante físico para cosas tales como correr y el trabajo manual, mientras que las mujeres tienen reflejos más rápidos. Con frecuencia los hombres manejan bien los conceptos y los aparatos, mientras que muchas mujeres llevan la ventaja en la intuición y la comprensión de los sentimientos y las emociones humanas. ¿Por qué, entonces, decimos que deberíamos valorarnos como iguales?

Igual no significa *lo mismo.* Cuando usamos la palabra *igual,* no estamos diciendo que los hombres y las mujeres hacen las mismas cosas del mismo modo. Es evidente que la experiencia humana y la investigación científica han probado que los hombres y las mujeres son diferentes. Usamos *igual* para significar que tanto los hombres como las mujeres pueden contribuir a la vida de los otros para que todos seamos personas completas. Los dos son de *igual* valor.

Yo (Jim) casi puedo oír a algunos de los hombres decir: "Yo valoro a mi mujer, especialmente si es atractiva y se la puedo mostrar a mis amigos. Y vaya si la valoro cuando nos metemos en la cama."

¿Oyen esa sirena? No, no es la alarma de un auto. Es el grito de todas las mujeres que por siglos han estado gritando que ustedes tienen un sentido muy deformado de lo que significa valorar a una mujer.

Sólo manzanas, ¡qué aburrido!

Pensemos ahora en la situación de trabajo. Con frecuencia se les da menos valor a las mujeres porque piensan en forma distinta a los hombres. Muchas veces ellas no son tan conceptuales. A lo mejor no trabajan tan bien solas. Les gusta estar en equipos y compartir ideas. A lo mejor no están dispuestas a sacrificar tantas horas de sobretiempo al trabajo ni de mudarse a otra parte del país. Así que los hombres dicen: "Es obvio, las mujeres no son iguales a los hombres en la situación de trabajo."

No hay que pensar en la "desigualdad" si las mujeres no reaccionan del mismo modo que los hombres ante los negocios. Si pensamos de ese modo, caemos en la trampa de comparar manzanas con manzanas. Necesitamos darnos cuenta de que si estamos haciendo una ensalada de fruta va a ser mucho más rica si tiene distintos sabores. Qué aburrida sería la ensalada de fruta si sólo tuviera manzanas. Pero si le agregamos piña, duraznos, cerezas, melones, guayabas y papayas, tenemos una combinación maravillosa porque cada fruta contribuye algo especial.

Cuando sólo las manzanas manejan los negocios hay una sola dimensión: un sabor muy aburrido.

Así que si quiere detener el acoso en la oficina o en la vida, empiece a decir: "Las mujeres son distintas, pero son iguales." De hecho, sería apropiado decir: "Son más que iguales a mí en muchas cosas. Necesito sus contribuciones en mi vida para ser una mejor persona, un mejor empleado, un mejor jefe, un mejor esposo, un mejor padre y un mejor amante."

Todos los hombres deberían decir en voz alta: "Las mujeres agregan algo positivo y duradero a mi vida."

En segundo lugar, aprenda de las mujeres. Una de las cosas más poderosas que puede hacer una organización es apartar tiempo para que la gente piense con creatividad acerca de lo que está haciendo, cómo lo está haciendo y cómo se puede hacer con mayor eficacia. Una manera potente de volver más eficaz el proceso de la evaluación es invitar a gente que no pertenece a la organización para participar en las discusiones.

Las personas con perspectivas diferentes aportan enfoques nuevos. Es posible que un gerente de procesamiento de mariscos aprenda algo de la gente que comercia con automóviles o modas, fotografía o buceo marino. Los enfoques de las personas con distintos trasfondos pueden crear formas totalmente diferentes de encarar las funciones de la compañía.

Como resultado de la combinación de ideas creadoras, tal vez la compañía de mariscos deje de llevar la pesca a plantas procesadoras en la costa para poner plantas procesadores en barcos gigantes, produciendo así un alimento de mayor calidad.

Del mismo modo, las mujeres pueden aportar contribuciones creadoras a los negocios, o a la vida personal del hombre. Las mujeres usan el idioma de una manera diferente. Ven los acontecimientos desde otro punto de vista. Tienen una relación de sentimiento con la gente. Muchas procesan las ideas de forma intuitiva, compartiendo ideas. Pueden aportar una nueva perspectiva sobre la forma de manejar una situación, la manera de realizar la producción o lo que deberían ser las metas y la dirección de la organización.

Desafortunadamente, muchos hombres no tienen la seguridad y creatividad suficientes como para permitir que una mujer les enseñe. El ego varonil se interpone. Muchos hombres creen que ellos son la fuente de todo conocimiento. Si una idea no fue pensada por un hombre, debe ser una mala idea. Esta arrogancia del ego también puede crear un problema para algunos hombres al trabajar con otros varones porque son tan difíciles de enseñar.

Si el hombre realmente quiere evitar el acoso, debería permitir que las mujeres le enseñen, que le den nuevas perspectivas sobre la vida y enfoques sobre procesos, personas y decisiones. Entonces se convertirá en una persona más completa. Y un hombre que aprende de las mujeres no es el tipo de hombre que las va a acosar. Valora sus contribuciones demasiado como para explotarlas.

En tercer lugar, trate de forjar amistades genuinas con las mujeres. Puede ser de ayuda saber cuáles son los hombres a quienes las mujeres evitan. Aquí hay algunos:

El egomaníaco: El que siempre habla acerca de sí mismo y que rebaja sutilmente a los demás mientras él se agranda.

El falso: El hombre que nunca revela su verdadero ser. Siempre está fingiendo. Cambia como el camaleón, según el grupo con el cual está.

El patético: El hombre que gime y se queja mucho y trata de conseguir que otros sean responsables por sus problemas.

El criticón: Si no está haciendo "sugerencias útiles" para uno o el trabajo de uno, está criticando a otro. Y siempre da la sensación de que lo critica a uno cuando habla con otros.

Casi todos quieren evitar hombres de este tipo y, sin embargo, muchos pertenecen a una de estas categorías. Por ejemplo, el macho que quiere que las mujeres se sientan impactadas se convierte en un egomaníaco o un falso, y no se da cuenta de que aleja no sólo a las mujeres sino a todos.

En contraste, consideremos algunas características que atraen a la gente.

Aceptación/falta de condenación: Las personas agradables tratan de comprender el punto de vista, las opiniones, las ideas y los sentimientos de los demás. No sólo enfocan su propia vida. El doctor Paul Tournier, el gran siquiatra cristiano suizo que tuvo tanto éxito, dijo que los que iban a estudiar sus métodos de consejo frecuentemente quedaban desilusionados porque les decía: "No tengo métodos, lo único que hago es aceptar a la gente."

Autenticidad: Ser genuino es lo opuesto de ser falso. Las personas agradables son personas auténticas con integridad. Tienen motivos puros sin propósitos escondidos.

Franqueza: La autenticidad se refiere a ser honesto en todas las áreas de la vida; las personas abiertas permiten que los demás las conozcan en sus éxitos y sus fracasos, sus esperanzas, sus sueños y sus temores. A medida que permiten que los amigos conozcan estas cosas acerca de ellas, ellos a su vez se sienten con más libertad de revelarse a sí mismos.

Confianza: Las amistades surgen cuando la gente puede tener la confianza de que no se la va a explotar, lo que se diga en confianza no se usará en contra de ella.

Compasión/amor: Los verdaderos amigos miran a los ojos del amigo. Cuando los ojos de esa persona expresan inseguridad, soledad, duda o temor, el amigo genuino expresa verbalmente el valor de la persona, una perspectiva de la situación o una sencilla declaración: "Quiero ayudarte."

Compromiso: El compromiso con un amigo no es como el dinero que se pone en el banco para retirarlo en el futuro. El compromiso es más parecido a ponerle aceite al motor. Es esencial tener aceite para que opere el motor, pero no lo saca para volver a usarlo. Su único propósito es facilitar la eficiencia del motor.

Habilitación: El amigo debe poder decirle a uno: "Soy mejor persona gracias a lo que has contribuido a mi vida." Habilitar significa ver las cualidades y aptitudes del amigo que a lo mejor él no reconoce claramente. Uno se convierte en el animador, alentándole a tomar las medidas necesarias para usar todos los dones que Dios le ha dado.

Interés espiritual: Las amistades no progresan más allá de lo superficial a menos que comiencen a tocar la dimensión espiritual en la vida de cada uno. Ayudar a alguien a crecer para que pueda manejar valores, culpas, aspiraciones, fracasos y perdón forja un vínculo poderoso entre las personas.

El hombre que quiere desarrollar amistades fuertes con las mujeres desarrollará rasgos positivos que promueven relaciones sanas y recíprocas. Este crecimiento en su personalidad también lo sacará del "patrón de ignorancia masculina" del acoso.

¿Y el movimiento varonil? ¿Servirá de algo golpearse el pecho y golpear tambores en el bosque para solucionar el problema del acoso? Siga leyendo mientras tratamos ese asunto.

11
Lo que los hombres ignoran, les perjudicará

Hay algunos datos básicos relacionados con el acoso sexual cuyo conocimiento puede ayudar y cuya ignorancia puede matar. Camine con nosotros por estas zonas para no estar desprevenido. En la película "Mi bella dama", el profesor Higgins se siente frustrado al tratar de comprender y enseñar a una joven. Finalmente explota con un amigo: "¿Por qué la mujer no puede ser como el hombre?"

Los hombres saben que las mujeres tienen un aspecto distinto al de los hombres, pero la mayoría no sabe que las mujeres piensan, sienten y procesan la vida de una forma muy diferente que ellos. Muchos hombres son aun mucho más ciegos a la manera en que el acoso sexual afecta a las mujeres.

La ignorancia de los hombres en cuanto al acoso se debe en parte a no comprender que en realidad no es cuestión de sexo, es cuestión de poder. Los hombres usan su poder para aprovecharse de las mujeres.

Lo que es todavía más insidioso es que la mayor parte de los hombres no se dan cuenta de que tienen la ventaja del poder, agregando la indiferencia a sus ofensas. Creen equivocadamente que si a las mujeres no les gustara, dirían algo. No entienden el temor que tiene una mujer de tratar de detener a un hombre poderoso o aun de hablar de él con otra persona.

El 2 de abril de 1992, invitada por el decano de la Facultad de Leyes de Yale, Guido Calabresi, Anita Hill volvió por primera vez a su universidad para dar la Conferencia del Decano de 1992. Recibió tres ovaciones de la multitud de estudiantes y profesores, y Calabresi la honró como símbolo de su época, como una persona que "se hizo contar como pocos pueden esperar hacerlo". A continuación aparecen extractos de su discurso:

> Ha terminado la esclavitud legal en los Estados Unidos, pero desafortunadamente hay fuentes documentadas que explican que el acoso sexual y el abuso de los obreros rurales, los obreros industriales, los oficinistas y los obreros domésticos continúan.
>
> Aunque la relación de propiedad y poder involucrada en la esclavitud no existe en la universidad o el trabajo hoy, las relaciones de poder son parte de los ambientes de estudio y trabajo. Los profesores y los administradores tienen poder sobre los estudiantes, los supervisores sobre los empleados y muchas veces los empleados con antigüedad en posiciones no supervisoras tienen poder sobre otros empleados. Desafortunadamente, también existe el abuso del poder en estas relaciones.
>
> Ya que las relaciones de poder no son tan extremas en tiempos modernos como en la esclavitud, podemos anticipar que la mayoría de los abusos sufridos en el presente no son tan extremos como los abusos que se sufrían en la esclavitud. Sin embargo, muchos de los abusos sufridos repugnan a nuestro sentimiento de la decencia y muchos, muchos más violan las normas legales establecidas bajo la ley federal.

Es esencial que las mujeres hablen, que le digan a los hombres en su vida que el acoso sexual es un uso inapropiado del poder. Los hombres necesitan saber que no están mejorando las cosas al decir: "Así es la vida; aguántensela."

Hay varias cosas que el hombre debe hacer:

Primera, *entienda la cuestión del poder desde el punto de vista de la mujer.*

Los hombres necesitan ponerse en el lugar de las mujeres acosadas. Con frecuencia, los hombres mismos están acosados en situaciones laborales, así que si el hombre puede reconocer y sentir su propio acoso, podrá ganar mucha sensibilidad en relación con las mujeres sexualmente acosadas.

Pensemos en Bruno, un joven abogado que empieza a trabajar con una empresa con un sueldo de 30.000 dólares y se le promete que, si va bien, recibirá un buen aumento a fin de año. Como vive en el sur de California y la vivienda es muy cara, necesita ganar alrededor de 40.000 dólares para cubrir los gastos. Como no gana tanto, su esposa, Sara, debe trabajar y los dos están en la trampa acosadora: "Si va bien, recibirá un buen aumento."

No se especifica ninguno de los términos. ¿Qué significa "bien" y qué es un buen aumento? Ahora Bruno es presa fácil. Se le dan trabajos, investigaciones y declaraciones adicionales. En resumen, asume casi cualquier tarea que los demás quieren quitarse de encima para que sus supervisores vean que va "bien". Bruno llega a la oficina temprano, se queda tarde, lleva trabajo a la casa durante el fin de semana y acorta las vacaciones de la familia para poder estar en el juzgado para un caso importante. Su semana de trabajo suma 100 horas fácilmente.

¿Qué hace Bruno? No le gusta quitarle tiempo a su joven familia. Quiere estar con su esposa. Se está perdiendo mucho de sus dos hijitos y sus momentos especiales. Pero no osa decirle nada al jefe. Tiene miedo de causar problemas. Sigue pensando, soñando, esperando que las cosas mejoren.

Cuando termina el primer año, durante su primera evaluación anual, le sonríen y lo palmean. "Bruno, has hecho muy buen trabajo. Estamos muy orgullosos de ti. Eres el tipo de persona que estamos buscando para ser parte del equipo a largo plazo. En algún momento tal vez hasta te haremos socio de esta empresa."

El cebo

Ahora hay un nuevo cebo. No hay ninguna definición de cuándo se le dará una promoción o un aumento, ni de lo que tiene que hacer para ganarlos. No se especifica nada. Más bien, el sentido escondido es: "Trabaja con todo y te recompensaremos de la manera que nos parezca mejor."

Al final de la entrevista, con un gesto algo dramático, el jefe dice: "Bruno, vamos a darte un aumento y una remuneración extra. El próximo año tu sueldo será de 31.000 dólares. Además, te vamos a dar una remuneración adicional de 500 dólares. Has trabajado bien y estamos anticipando mayores aumentos y primas en el futuro, además de esa posición de asociado."

¿Qué dice el joven? "¡Esto es realmente miserable! Estaba esperando un aumento de por lo menos 5.000 dólares. ¡Vamos!, dense cuenta del costo de vida en este lugar."

¿Se atreve a decirle eso a estas personas poderosas que pueden hacer avanzar o destruir su carrera? Es probable que no diga ni una palabra a no ser que tenga mucho valor y alguna alternativa. A lo mejor comienza a buscar otro empleo, pero el señuelo de ser socio a una joven edad es un incentivo muy poderoso para quedarse.

La verdadera historia en este momento es que el joven ha estado trabajando con la empresa cuatro años. Cada año ha recibido un pequeño aumento por el costo de vida. Se le ha asegurado vez tras vez que será socio de la empresa, pero no ha habido nada concreto aparte de sonrisas, palmadas e innumerables promesas.

Si el hombre puede identificarse con Bruno o recordar sus propias experiencias de acoso laboral, es capaz de comprender las cuestiones de poder para las mujeres. A lo mejor puede comenzar a identificarse con los sentimientos de vergüenza, culpa y autoestima empobrecida de ella cuando se la acosa sexualmente.

Segunda, *recuerde que los hombres frecuentemente sobresexualizan lo que dicen y hacen las mujeres.*

Si una mujer en la oficina dice: "Juan, me gusta tu traje nuevo", Juan piensa: *Le gusta mi cuerpo. Quiere acostarse conmigo.* Si Juan ve que la misma mujer se acerca por el pasillo y le sonríe, piensa: *Me desea.*

Como los hombres suelen sexualizar casi todo lo que dice o hace la mujer, el hombre con una tendencia al acoso sexual pensará que la mujer quiere que él le preste atención sexual. Se siente justificado en tocarla, abrazarla, palmearla o contarle chistes obscenos. *Después de todo, ¿no me sonrió en el pasillo y no me dijo que mi nuevo traje me queda bien? Quiere que la toque y que le haga comentarios.*

Si empieza a pensar que una mujer se siente atraída sexualmente hacia usted, divida su evaluación por la mitad, probablemente esto se acerque más a la realidad.

Tercera, *haga preguntas difíciles acerca del movimiento varonil.*

No es suficiente que los hombres se reúnan con otros hombres. Yo (Jim) me pregunto si el movimiento varonil, liderado por Robert Bly, no estará llevando a los hombres a una actitud nueva y represiva hacia las mujeres. Los hombres están en el bosque, golpeándose el pecho y golpeando tambores, tratando de hacer una conexión con sus sentimientos y con sus padres. Y estas actividades pueden ser un paso importante hacia la recuperación. Pero los hombres que sólo se reúnen con hombres no se humanizan del todo.

Se refuerza una sutil imagen machista cuando los hombres se enfrentan unos con otros en una lucha, como ciertos animales que se paran frente a frente y tratan de empujarse mutuamente con los hombros. Parece un juego, pero están reforzando la competencia y la agresividad individual que de no ser canalizada creará mayores problemas entre los sexos.

El apartarse de las mujeres no hará que el hombre sea completamente varonil. Sin embargo, es un concepto fuerte que se enseña en algunas partes del movimiento varonil. Se usan algunas tribus africanas como modelo. En esas tribus, los niños viven con su madre hasta la pubertad. Entonces los hombres de la comunidad, que viven en chozas aparte de las mujeres, van a las chozas de las mujeres donde viven los niños y los llaman. Se los llevan y les enseñan a ser hombres. Nunca volverán con las mujeres salvo para procrear.

Los extremistas en el movimiento varonil parecen estar diciendo: "Si realmente quieres ser hombre, tendrás que abandonar todas esas cosas de mujeres y venir a correr en nuestra manada varonil."

Para que los jóvenes sean personas completas, los niños necesitan aprender de sus padres y de sus madres lo que significa ser hombre. El joven entonces puede desarrollar las cualidades que se encuentran típicamente en los hombres: fuerza, valor, agresión, y las cualidades que se encuentran en las mujeres: sensibilidad, ternura e intuición.

La creación enseña el valor tanto de los hombres como de las mujeres. En este momento nuestra cultura está indecisa en cuanto a los papeles del varón y de la mujer y lucha con el enorme problema del acoso. Necesitamos desesperadamente oír con claridad lo que pasó durante la creación. Después de que Dios creó el mundo como lo conocemos y lo llenó de flores y árboles, aves, animales, peces y otras criaturas vivientes, creó al hombre.

Después de cada uno de sus actos de creación previos, Dios había declarado que era *bueno*. Sin embargo, en Génesis 2:18, después de crear al hombre, Dios dice: "*No es bueno* que el hombre esté solo; le haré ayuda idónea para él" (itálicas del autor).

La declaración clara era que el hombre no estaba completo por sí solo. Necesitaba algo más. Había vacíos emocionales en su personalidad que *sólo* podían ser llenados por otra persona.

Nótese que Dios no creó otro *hombre*. No estableció una "manada" o una "jauría" de hombres; su decisión fue una *mujer*.

Y entonces Dios declaró que era *bueno en gran manera* (itálicas del autor). Pero ella también era un ser incompleto y necesitaba el compañerismo del hombre. Se necesitaban mutuamente para poder ser plenamente humanos.

La historia ha demostrado vez tras vez que cuando los hombres comienzan a andar en manadas, tienden a ser bárbaros. Ya sea que corran en jaurías en el mundo de los negocios, o cuando practican el *surfing* en las playas, o en las pandillas de nuestras ciudades principales o en las organizaciones que manejan el tráfico de cocaína y la mente de millones de personas.

Cada vez que los hombres se aíslan en compañía de otros hombres, tienden a deshumanizarse. Los hombres necesitan a las mujeres para salvarlos del infierno que ellos mismos crearon.

Cuarta, *deshágase de los mitos varoniles del acoso sexual.*

Es obvio lo que los hombres desconocen de las mujeres cuando vemos las cosas que algunos hombres creen acerca del acoso.

Mito: El acoso sexual afecta sólo a unas pocas mujeres.

Realidad: Varias encuestas han documentado la amplia difusión del acoso sexual. En un estudio el 88 por ciento de las personas que respondieron dijo que había experimentado una o más manifestaciones de insinuaciones sexuales indeseables en el trabajo.

Mito: El acoso sexual es raro en las universidades.

Realidad: Hace poco que las mujeres han comenzado a hablar del problema del acoso sexual entre los estudiantes, los empleados y los profesores que ha estado disimulado por tanto tiempo. El temor de hacer el ridículo, un sentimiento de impotencia ante el problema y un sentimiento de que es un dilema "personal" han mantenido la cuestión callada.

Mito: Las mujeres no deberían darle importancia al acoso sexual cuando ocurre.

Realidad: En una encuesta, el 33 por ciento de las personas que delataban el acoso sexual en el trabajo había tratado de no hacer caso a la atención indeseada al principio. En el 75 por ciento de estos casos, el acoso continuó o empeoró. Una cuarta parte de las mujeres que ignoró las proposiciones sexuales recibió reprimendas injustificadas de su jefe o recibió más trabajo.

Mito: Si la mujer realmente quiere detener la atención sexual indeseada, puede hacerlo. Si se la acosa sexualmente, es porque ella lo debe haber querido.

Realidad: Muchos hombres creen que cuando una mujer dice que no realmente significa que sí, así que no aceptan su negativa. Además, cuando el hombre está en una posición de poder, como patrono o profesor, la mujer puede verse forzada o sentirse obligada a someterse.

Mito: La mayoría de las acusaciones de acoso sexual son falsas. Las mujeres usan esas acusaciones para "vengarse" de un hombre con el cual están enojadas.

Realidad: Las mujeres que hacen una acusación abierta de acoso se arriesgan a no ser creídas, a hacer el ridículo, a perder el empleo, a obtener malas calificaciones o a algún otro tipo de maltrato. Las mujeres tienen poco que ganar con las acusaciones falsas.

Mito: El acoso sexual no es acoso. Es un asunto puramente personal entre los hombres y las mujeres. Así es la vida.

Realidad: Cuando un profesor o un empleador acosa a una mujer, ella no siempre está en una posición de poder rechazar fácilmente tales acciones o, si lo hace, puede enfrentar reacciones adversas. Varios tribunales en los Estados Unidos han dictaminado que, según la Ley de Derechos Civiles, el acoso sexual en el trabajo es discriminación sexual y en algunas instancias han conferido compensación por daños y perjuicios a las mujeres.

A lo mejor está pensando: "Está bien. Estoy empezando a comprender que no entiendo todo lo que necesito saber acerca de evitar el acoso. Pero ¿cómo puedo cambiar?" Los próximos capítulos le ayudarán con una guía práctica para la vida diaria.

12

Lo que los hombres necesitan *saber* acerca de las mujeres

Leopoldo es insoportable. Molesta continuamente a las mujeres en la pequeña fábrica donde trabaja. Alrededor del 75 por ciento de los empleados son mujeres, y la mayoría considera que Leopoldo es repugnante pero inofensivo.

El estilo de Leopoldo es lo que llamamos *acoso de bajo nivel*. Probablemente no sea del tipo que haría que la mujer normal presentara una denuncia, pero su actitud y su comportamiento son molestos.

Leopoldo es un caso triste, *ni siquiera está consciente de lo que desconoce acerca de las mujeres.* Piensa que a las mujeres les gusta lo que él hace. Cree que él y las mujeres son buenos amigos. No se da cuenta de que no quieren ser amigas de él. Ninguna *jamás* pensaría en salir con él si fuera soltero. Lo soportan del mismo modo que soportamos una llave que gotea: probablemente deberíamos arreglarla, pero no está tan mal.

El acoso de Leopoldo tiene tres formas. La primera es el uso repugnante de las palabras. Nunca se refiere a ninguna de las mujeres por nombre. Siempre es "querida", "corazón", "sexy" y "hermosa". Leopoldo no entiende que a las mujeres les resulta degradante que se las llame por un atributo físico en vez de por su nombre.

El segundo acoso molesto de Leopoldo es el *contacto físico.* Busca oportunidades de abrazar a las mujeres, palmear el brazo o, si están sentadas, la rodilla. Una de sus costumbres más irritantes es meter el dedo en cualquier abertura de la blusa o del vestido de la mujer donde se ve la piel. Se cuida de no tocar adelante, eso sería ir demasiado lejos. Pero Leopoldo no sabe que a las mujeres no les gusta que se las toque, a no ser que sea el marido o el amante con afecto.

Tercero, a Leopoldo le gusta *contar chistes e historias verdes.* Cuando las mujeres responden con una risita avergonzada, forzada, piensa que él y sus chistes les caen bien. Leopoldo es pesado y no se da cuenta de que las mujeres no lo soportan. Como dijimos antes, Leopoldo no es consciente de lo que *desconoce acerca de las mujeres.*

Se le preguntó a una empleada:

—¿Qué siente acerca de lo que Leopoldo hace y dice?

Contestó:

—Es parte del trabajo. No le presto ninguna atención. Es inofensivo.

Cuando ahondamos más:

—¿Quisiera ser amiga de él?

Contestó:

—¡Ni loca! Le tengo lástima a la esposa. No tiene la menor idea de cómo tratar a una mujer.

Leopoldo está atrapado en la mentalidad del amor libre de la década de los sesenta y setenta. La revolución sexual moldeó su percepción de la mujer. Vio que las mujeres se asemejaban más a los hombres porque iban a trabajar. También pensó que las mujeres, como los hombres, tomarían el amor o el sexo donde pudieran encontrarlo. Dio por sentado que las mujeres también eran sexualmente agresivas y siempre estaban dispuestas.

Es verdad que el movimiento femenil empujó a muchas mujeres más allá de donde se sentían cómodas. Muchas quemaron los sostenes, desdeñaron el matrimonio y se lanzaron en un 100 por ciento en la carrera y las relaciones intrascendentes. Pero durante la década de los ochenta y noventa, las mujeres volvieron a una vida más equilibrada.

Ahora las mujeres quieren más romanticismo, velas, música, regalos, cenas, galanterías y cumplidos. No quieren perder lo que ganaron al convertirse en mujeres independientes, pero tampoco quieren perder las relaciones satisfactorias del matrimonio, la familia y el compromiso de por vida.

La tragedia es que Leopoldo está atrapado. Ni siquiera sabe que las mujeres han cambiado. Se considera un gallo en un gallinero donde todas las gallinas quieren ser fecundadas.

Leopoldo cree que es un semental

Ya hemos dicho que el acoso sexual no sólo es cuestión de sexo sino de poder. Es cierto, pero casi siempre hay una dimensión puramente sexual relacionada con el acoso. En el caso de Leopoldo, le encantaría tener relaciones sexuales con varias de las mujeres que trabajan con él. Como ninguna de ellas responde y porque Leopoldo no es odiosamente agresivo, nunca pasará nada. Sin embargo, Leopoldo siempre tiene el sexo obsesivamente presente en su mente.

Pero Leopoldo no está consciente de lo poco que sabe acerca de la mujer en términos sexuales. No sólo fracasa en concretar su imagen sexual machista en el trabajo, sino que está fracasando con su esposa porque no entiende a las mujeres. Por supuesto que Leopoldo culpa a su esposa por su vida sexual inadecuada y mecánica: "No me casé con el tipo adecuado de mujer."

Cuando dice "el tipo adecuado de mujer" piensa que su mujer es rara y que todas las demás son como las artistas de las revistas o de las películas eróticas. Leopoldo ni siquiera entiende que se les paga a esas mujeres para responder a las fantasías de los hombres. No son mujeres reales.

Si el hombre quiere evitar pensar y actuar como el patético Leopoldo, debe convertirse en amigo de la mujer en vez de limitarse a usarla sexualmente. Para escapar del síndrome de Leopoldo, necesita conocer y actuar en base a información básica.

Lo que los hombres necesitan saber

Primero, *estudie la agenda vital de su esposa o amiga.* La mujer se siente fuertemente atraída hacia el hombre que entiende en qué etapa de la vida se encuentra y no sólo está tratando de acostarse con ella. Por ejemplo, una mujer de veinte años está decidiendo cuáles dones le ha dado Dios. Está tratando de establecerse en el mundo de la educación y/o una carrera. A lo mejor también está considerando el matrimonio y una familia.

Para cuando llegan a los treinta, las mujeres experimentan un período de evaluación cuando se preguntan: "¿Cómo me va?

¿Estoy logrando las cosas que pensé que lograría cuando tenía veintidós años? ¿Qué debería cambiar? ¿Cuáles son los riesgos involucrados en el cambio?"

Al acercarse a los cuarenta, la mujer está experimentando una transición en la vida que puede convertirse en crisis. A lo mejor está luchando con cuestiones de envejecimiento, hijos adolescentes, un matrimonio desilusionante, frustración en la carrera, un sentimiento general de que la vida no está resultando ser lo que ella esperaba. Puede ser un período extremadamente frustrante. El hombre que la comprende puede convertirse en su aliado. Nuestro libro: *La mujer en su etapa de media vida,*[1] le ayudará a comprender a la mujer de esta edad.

Al acercarse a los cincuenta, la mujer experimentará la menopausia, síntomas menores de envejecimiento, el reconocimiento de que la jubilación (previamente algo sólo para "la generación mayor") la afectará a *ella* en pocos años. Y todo esto puede estar combinado con el nido vacío y ser abuela. Pasa por muchos cambios físicos y sus emociones pueden subir y bajar violentamente. Esto le afecta a ella y a todos los que la rodean.

Muchas mujeres experimentan algunos de estos bajones emocionales alrededor de los cuarenta años. A veces se considera que es el síndrome de tensión premestrual, pero los estudios muestran que a veces en realidad son síntomas premenopáusicos.

Si usted como hombre entiende lo que puede pasar en las diversas etapas de la vida de la mujer, estará preparado para ser su amigo. Desafortunadamente, muchos hombres no se esfuerzan por conocer a las mujeres en general o siquiera la esposa; dan por sentado que va a ser igual toda la vida.

Conocer la agenda vital de la mujer ayudará al marido o amante a convertirse en el mejor amigo. No está tratando de explotarla sino de apoyarla, de aconsejar y ser comprensivo. Quiere lo mejor para ella.

Segundo, si quiere ser amigo de una mujer, *comprenda lo que realmente le gusta en el hombre.* Casi todas las revistas femeninas hacen informes periódicos sobre lo que las mujeres buscan en los hombres. Hay algunas características sorprendentes que siguen surgiendo en estos resúmenes de las encuestas de las lectoras acerca de lo que tienen los hombres que atrae a las mujeres.

---

1. Editorial Mundo Hispano. El Paso, Texas.

La inteligencia es una característica que atrae a las mujeres. Un hombre inteligente, penetrante y pensador que tiene también un sentido del humor atrae mucho a las mujeres.

La confianza es una segunda característica mencionada en estas encuestas. Las mujeres se sienten atraídas por los hombres que se entienden a sí mismos y a la gente, y que usan ese conocimiento para lograr cosas en su vida con confianza, además de ayudar a los demás a lograr sus metas.

La voz es otra cualidad en la cual se fijan las mujeres. Si el hombre tiene una voz suave, más bien profunda, y si usa esa voz para comunicar la compasión y la sabiduría, atrae mucho a las mujeres.

El hombre al cual *genuinamente le gustan las mujeres* como personas tiene otra característica preciada por las mujeres. Este tipo de hombre puede relacionarse con una mujer como otro ser humano interesante e inteligente, en vez de ver siempre su sexualidad como la cosa principal. No tendrá ningún problema en encontrar amigas.

La verdadera comprensión y amistad se convierten en fuerzas poderosas que atraen a la mujer hacia el hombre, ya sea en una relación de salidas, matrimonio, estudio o trabajo.

"Pero tengo un buen físico"

Los hombres preguntan: "¿No les interesa mi físico a las mujeres?" Sí. Pero pensemos por un momento en la diferencia entre la primera atracción del hombre y de la mujer. El hombre comienza mirando el cuerpo de la mujer. Si pasa todas sus pruebas, entonces comienza a interesarse en las otras dimensiones de su personalidad. Pero nunca pierde ese fuerte enfoque en el cuerpo.

Sí, a las mujeres les interesa el físico del hombre, pero a lo mejor le sorprenderá conocer la parte del cuerpo del hombre que les resulta más atrayente. En una encuesta reciente de la revista *Esquire*, los ojos figuraron como la parte más sexy del cuerpo del hombre; la espalda estaba en segundo lugar. En la mayoría de las encuestas las manos eran lo tercero. Una mujer dijo: "Lo primero que hago es mirarle los ojos. Con una sola mirada ya sé si me interesa."

Muchas mujeres, atraídas por los ojos del hombre, creen que pueden leer su personalidad en los ojos. Una doctora lo expresó de la siguiente manera: "Es todo cuestión de contacto visual. Si los ojos van de acá para allá y evitan el contacto nerviosamente, es una señal segura de que no se tiene mucha confianza. El hombre que no puede mantener contacto visual con una mujer queda descartado, por lo menos para mí."

¿No es extraño que los hombres pasen tanto tiempo moldeando el cuerpo cuando deberían estar trabajando en el ser interior que se refleja en los ojos? El hombre debe convertirse en una persona completa que se entiende honestamente y usa las habilidades dadas por Dios sinceramente para ayudar a los demás a convertirse en lo que deben ser.

Aunque se debería trabajar en el hombre interior, no significa que no hay que mantener el cuerpo en buen estado, *sí, porque ellas prestan atención a un cuerpo bien proporcionado.* Pero si piensa que la mujer normal se va a sentir atraída porque usted es una masa de músculos, está muy equivocado. De hecho, muchas mujeres sienten repugnancia por demasiado músculo. Manténgase en buen estado, pero también preste atención a su higiene personal. Lávese los dientes, mantenga el cabello bien cuidado y use ropa que no sea ni el extremo de la moda ni esté desaliñada.

Los fundamentos de la vinculación

Si verdaderamente quiere conectarse con una mujer, necesita entender cómo ser amigo. A continuación hay algunas pautas:

Primera, *escúchela.* Esto tiene dos propósitos: entenderla y aliviar su tensión. Dése cuenta en qué etapa de la vida se encuentra y el tipo de cuestiones que está tratando. Necesita comprensión. El poder hablar le da la oportunidad de ventilarse y liberar la tensión acumulada.

Escuchar no es un proceso pasivo. Trate de ahondar. Cuando habla de sus luchas, pregúntele: "¿Cómo te hace sentir eso?"

Escuchar no tiene como meta resolver los problemas. Es para hacer aflorar las emociones. Es mejor hacer el tipo de preguntas que la hacen hablar más. No sugiera soluciones. Déle la oportunidad de aliviar las ansiedades.

Segunda, *exprese el aspecto afectivo.* Cuando habla de su trabajo, comparta lo que siente, no sólo lo que piensa. Si están hablando de los niños, un pasatiempo, el futuro, comprar un auto, ropa nueva, dígale lo que siente. Es más probable que desarrolle un vínculo fuerte con una mujer al comunicarse en el nivel de los sentimientos.

Tercera, *anímela a cambiar y a crecer.* Si expresa ansiedad acerca del trabajo, si siente que no está llegando a ningún lado, dígale que usted la apoya. Hágale saber que tiene mucho más para ofrecerle al mundo de lo que permite ese empleo. Dígale que no tiene que soportar las experiencias humillantes que está viviendo.

A lo mejor necesita aliento para volver a estudiar. Tal vez tenga miedo de que no pueda mantenerse al tanto. Si usted es el esposo, tal vez ella pregunte: "¿Cómo podremos pagarlo?" o "¿Quién hará el resto del trabajo?" Ayúdele a ver que usted realmente quiere que crezca y que hará todo lo posible para ayudarle a hacerlo.

Tal vez necesite una aventura, una nueva experiencia. ¿Ha hablado de la pintura, el buceo, vacaciones, viajes? Aliente la parte aventurera de su vida.

Si usted hace todas estas cosas, ella comenzará a pensar en usted como su mejor amigo. Sentirá que usted es alguien que quiere ayudarla a lograr todas las posibilidades en su vida.

Cuarta, *afírmela.* La afirmación tiene muchas expresiones. Típicamente, pensamos en la afirmación como *palabras* y las palabras son muy importantes. Cuando usted pronuncie palabras de afirmación, mírela de frente y alabe algo específico.

Enfoque las cualidades de su vida, no sólo las actividades o las cosas que hace por usted. Las cualidades, como la compasión por las personas o la generosidad, son atributos que continúan toda la vida. Puede llegar un momento cuando ella no pueda practicar, por ejemplo, el buceo. Está bien afirmar esa habilidad ahora, pero acepte la posibilidad que no va a durar toda la vida. Sin embargo siempre puede ser una persona compasiva y generosa.

Otra manera de afirmar es el *contacto físico* cálido. Un abrazo, una palmada en el hombro o un buen masaje de espalda le ayudará a su esposa o novia a saber que usted realmente la quiere. Aprenda la manera especial en la cual la mujer en su vida le gusta que la toque en formas no sexuales. El contacto físico sin tener el sexo en mente afirma mucho a las mujeres.

La ofrenda de *pequeños regalos* también le ayudará a saber que usted piensa que ella es especial. Puede ser algo tan sencillo como una tarjeta, una planta, una rosa o algún recuerdo que trae de un viaje. Le gusta saber que usted ha estado pensando en ella y que eligió algo especialmente para ella.

A veces ayuda *afirmar en el momento de ansiedad.* Por ejemplo, a medida que los dos vamos envejeciendo, nos van saliendo arrugas en la cara. Sally me dice que las arrugas me dan una calidez madura. Y Jim me dice que esas patas de gallo alrededor de mis ojos en realidad son las marcas de las sonrisas que hacen que mis ojos sean cálidos y amistosos. Es lindo sentir aceptación por algo que realmente nos molesta.

Anímese. Puede ir mucho más lejos que el pobre Leopoldo. Puede aprender a triunfar en las relaciones con las mujeres, tanto aquellas con las cuales tiene una relación intrascendente como con esa mujer especial que lo enriquecerá toda la vida.

13
Qué hacer y qué no hacer

Raúl tiene sesenta y dos años. Es una persona amable, simpática, que maneja una sucursal para una agencia de obreros temporarios. Su respuesta en cuanto a la cuestión del acoso probablemente sea típica de la mayoría de los hombres mayores de cincuenta años: "Es un gran alboroto por nada. No significa nada cuando alguien dice querida a una mujer. Yo no estoy acosando a nadie si le digo a una mujer que le queda bien lo que tiene puesto." Después Raúl hizo una pausa, miró alrededor de la sala y dijo: "Pero las cosas han cambiado. No quiero que nadie me acuse de acoso así que me dirijo a todo el mundo por nombre.

"Trato de tener mucho cuidado", continúa Raúl. "No hago ningún comentario acerca del aspecto de una mujer o de la ropa que lleva puesta. No le pregunto acerca de su vida personal ni de su familia, aunque vea una foto en el escritorio. No digo nada. A lo mejor estoy reaccionando de más; pero soy el gerente de la sucursal y no quiero ningún pleito. Le puedo decir algo, la cuestión del acoso ha hecho que la gente casi tenga miedo de hablarse. Ya no es tan divertido venir al trabajo como antes."

Los hombres tratan la cuestión del acoso de diferentes maneras. Un tipo de hombre está convencido de que las mujeres han sido acosadas y es hora que la sociedad responda a sus inquietudes legítimas. Estos hombres quieren programas de entrenamiento y procedimientos preventivos para evitar el acoso.

Un segundo grupo, frecuentemente compuesto por hombres con poco o nada de poder en las organizaciones, siente que las acusaciones de acoso están completamente equivocadas. Estos hombres creen que tienen el derecho de hacer lo que quieran, y punto. Creen que las mujeres quieren "hombres de verdad". Según su modo de pensar, eso significa hombres que persiguen a las mujeres, hablan maliciosamente sobre el sexo y las palmean en el trasero. Creen que en el fondo a las mujeres les gusta que se las persiga y se las toque. Para ellos todo el asunto del acoso es falso. Lo ven como una forma de distinguir a los "hombres" de los "muchachos".

Una tontería

Posiblemente algunas personas que usted conoce sientan que el debate sobre el acoso sexual ha ido demasiado lejos y no es más que una tontería. En un artículo de fondo titulado *We Don't Need This Nonsense* (No necesitamos esta tontería) la escritora, comentando sobre el perfeccionamiento continuado de la definición del acoso, dice: "En otras palabras, ahora es ilegal causarle vergüenza a alguien en el trabajo. Es ilegal ser insensible. Es ilegal la mala educación.

"¿De qué otros actos impronunciables se nos protegerá? Bueno, las miradas de reojo, por ejemplo. Sí, las peores pesadillas de Orwell se han vuelto realidad. Los gobernantes ahora quieren controlar por ley las expresiones que la gente puede tener en la cara.

"¿Qué más? También se prohíbe la exhibición de material sexualmente ofensivo. Para publicar un artículo sobre los implantes de pecho, la portada de una conocida revista mostraba a una joven desnuda de la cintura para arriba con los brazos cruzados sobre pechos claramente abundantes. ¿Y si eso incomodaba a alguien de mi personal? ¿Debería haber quitado la revista de mi sala de espera? ¿Debería haber arrancado la portada?

"¿Qué pasó con la antigua máxima legal, de *minims non curat lex* (la ley no trata nimiedades)? ¿No sería mejor que los que sienten vergüenza por chistes, miradas o fotografías machistas no groseros ni vulgares tomaran un curso sobre la manera de imponerse y practicaran sus propias respuestas y miradas fulminantes?"

La autora continúa: "La peor parte de esta persecución es la ley que hace que los empresarios sean indirectamente responsables por los actos de acoso sexual de los empleados si no dan pasos para evitarlo o corregirlo.

"Pero ¿qué medidas son suficientes? ¿Debe exponerse el empleador a un juicio por despido injustificado de parte del supuesto acosador para evitar un juicio por acoso sexual de parte de la supuesta víctima? ¿Qué podría ser más manipulador que esta política? ¿Cómo socavar mejor la imagen profesional de las trabajadoras que hacerles creer a nuestros colegas varones que necesitamos o queremos esta tontería para protegernos de ellos?"

Sin embargo, a las víctimas del acoso no les parece una tontería cambiar el ambiente que las degrada y avergüenza. Se identifican con las definiciones de acosar dadas por el diccionario: molestar o irritar persistentemente; cansar, agotar; debilitar con incursiones repetidas; perseguir; importunar, fastidiar, plagar, hostigar o atormentar.

Un tercer grupo consiste de hombres como Raúl que están confundidos y necesitan dirección. Se han dado cuenta de que hay un problema, pero no están seguros de cómo responder.

Estos hombres sinceramente no tienen ningún deseo de ofender a las mujeres. Pero tampoco se dan cuenta de lo condicionados que están a acosarlas.

Muchos de estos hombres se criaron en hogares donde se trató a la madre con poco o nada de respeto, donde el padre exigía relaciones sexuales como parte del acuerdo matrimonial, donde había una violencia flagrante de abuso verbal o físico.

Es posible que los hombres de estos hogares tengan un punto de vista muy explotador de las mujeres que les permite cruzar la barrera del acoso repetidamente sin darse cuenta de ello.

Las cosas están cambiando

A fines de la década de los ochenta comenzó una transición gradual en la manera en la cual los tribunales consideraban el acoso. Antes de esa época, cuando se presentaba una acusación de acoso ante un juzgado, la decisión se hacía en base a lo que un "hombre razonable" pensaría del ambiente de trabajo.

En varios casos desde 1986 hasta 1989, la defensa admitió que había habido conducta ofensiva, incluyendo palabras, gestos, contacto, carteles explícitos y lenguaje vulgar y sugestivo. Sin embargo, se perdieron todos esos casos porque la base para decidir el caso era lo que un "hombre razonable" en ese ambiente laboral pensaría acerca de esas cosas o comportamiento.

Durante este período, Damon J. Keith un juez federal estadounidense presentó una opinión que manifestaba que no estaba de acuerdo con esto, en la cual dijo que la prueba del acoso no debería ser lo que pensaba un "hombre razonable" sino más bien lo que pensaría una "mujer razonable" en esta situación. Su opinión fue rechazada, pero de todos modos quedó registrada.

En 1991 un caso conocido como Ellison contra Brady se volvió decisivo en la prueba de conducta y de la existencia de un ambiente hostil. El juicio se hizo en base a la "mujer razonable" y no al "hombre razonable".

Desde que se ganó el caso Ellison en base a lo que pensaría una "mujer razonable", se han ganado muchos casos con ese enfoque. Nuestro sistema legal ya no permitirá que el acosador o el grupo de sus compañeros decida lo que es el comportamiento razonable.

La lista de cosas que no se deben hacer

Seamos muy específicos acerca de lo que no se debe hacer. Recuerde que estos comentarios están destinados no a salvarlo de un juicio sino a ayudarle a aprender las formas correctas de relacionarse con las mujeres.

No toque. Limite el contacto físico a su esposa o novia. Las palmadas y los abrazos generales se consideran una violación y están claramente en la lista de cosas que no se deben hacer. Además, casi todas las mujeres consideran que los pellizcos, las palmadas en el trasero o tocar los pechos de ellas son una ofensa digna de un juicio por acoso. Se están ganando juicios por este tipo de contacto. El contacto puede ser una de esas zonas nebulosas, pero es mejor tocar sólo en formas mutuamente aceptables, como dar la mano.

No hable inapropiadamente. Muchas mujeres interpretarán la charla sexual sugestiva como chistes verdes, la discusión de escenas sexuales de películas o la descripción de la vida sexual personal como violaciones de su espacio psicológico. Si va todavía más allá y le dice a una mujer lo lindas que son sus piernas o lo bien que le queda el vestido, o hasta le dice que quisiera acostarse con ella, está estableciendo una base para un juicio de acoso sexual que usted puede perder.

Además, si usted aun insinúa que ella podría recibir una promoción, un aumento o algún otro beneficio o favor por estar dispuesta a tener relaciones sexuales con usted, usted está en serias dificultades. Su situación es la de un juicio que está esperando el momento de presentarse.

Recuerde que si ella presenta un informe a un supervisor de su compañía, es probable que pasen dos cosas. Primera, según la severidad del caso, usted puede ser suspendido o perder su empleo, y segunda, el abogado de ella le hará una demanda monetaria a la compañía. Y con toda seguridad también presentará una demanda en contra de usted.

Es probable que afecte sus posibilidades de empleo y capacidad de ganarse el sustento para el resto de su vida. Así que el lenguaje sugestivo también está en la lista de cosas que no se deben hacer y es algo serio.

Tenga cuidado con los ojos. Hay una diferencia entre mirar a una mujer y "recorrerla" con la mirada con descaro. Una ojeada no es más que eso. Dura una milésima de segundo. Es un momento de reconocimiento de la existencia de la otra persona, y nada más.

Se puede aplicar una buena regla en las relaciones interpersonales cuando se conocen dos personas. Si una persona mira a la otra por más de medio segundo, está expresando interés en ella. Si la persona mira por dos o tres segundos, está definitivamente mostrando atracción.

Es importante saber eso si se está saliendo con alguien. Pero si se mira a las mujeres en la oficina, el ascensor o la fiesta de la empresa por más de un segundo, se empieza a entrar en campo peligroso. Si una mujer a un par de escritorios de distancia se da cuenta de que usted la está mirando repetidamente por más de un segundo, se va a poner nerviosa. Puede irritarla lo suficiente como para que ella presente un informe en contra de usted.

Así que si se está preguntando: "¿Y si quiero salir con alguien? Me atrae y quiero mirarla. Quiero comunicarle que me interesa", entonces es mejor no limitarse a mirar a la persona de lejos. Es mejor acercarse, mirarla a los ojos y decirle: "Veo que tenemos un descanso a la misma hora. Me gustaría saber si podríamos charlar alguna vez."

Ahora es apropiado que usted la mire. Ella espera que la mire cuando le habla. Es el mirar *sin comunicación verbal lo que lo meterá en problemas.*

No abuse de su poder. Usted tiene más poder si es el jefe o el supervisor, si ha estado más tiempo con la compañía, si gana más dinero, si tiene un título superior o más estudios. El solo hecho de ser hombre confiere poder.

Es esencial que las evaluaciones o las discusiones sobre promociones o aumentos no tengan ninguna base en la atracción de la mujer. Estas decisiones deben basarse sólo en los requerimientos de la compañía y el récord de trabajo y la capacidad de las personas consideradas.

Si no ha sido sensibilizado a la cuestión del acoso, debe darse cuenta de que su posición de poder lo vuelve vulnerable. Hay que agregar el uso del poder sobre la mujer a la lista de cosas que no se hacen. Su posición es muy distinta a la del jovencito que trabaja medio día. Usted tiene más para ofrecerle a una mujer menos poderosa en la compañía; también tiene mucho más que perder que el jovencito.

Abuso del poder en el hogar

El poder también es un tema de muchos matrimonios. Hay hombres que se cuidan de no abusar del poder en el trabajo, pero lo hacen en el hogar. Si usted considera que su esposa es su sirvienta, o alguien que le debe cierta cantidad del dinero que ella gana en su trabajo para la familia, más el cuidado de la casa, el cuidado de los niños y relaciones sexuales con usted, usted está abusando de su poder en la relación matrimonial.

Las parejas de matrimonios sólidos tienen un fuerte compromiso mutuo. Pero ese compromiso es *voluntario*. Cada cónyuge decide servir y satisfacer al otro en lugar de sentirse presionado a hacerlo por los votos del matrimonio o el estado legal. Si necesita ayuda para enriquecer su matrimonio, tal vez le venga bien leer *Traits of a Lasting Marriage* (Características de un matrimonio duradero).

El protocolo de las citas

"¿Qué acerca de salir con gente del trabajo?", pregunta usted. Hay muchos puntos de vista diferentes. Algunos hombres dicen: "No salgo con nadie del trabajo, tengo miedo." No tienen miedo de las salidas en sí sino de una acusación de acoso sexual al pasar por las etapas de pedir una cita a alguien.

Nuestro consejo acerca de salir con alguien del trabajo se encuentra en medio de los dos extremos de no salir nunca y de hacer de cuenta que la cuestión del acoso no existe. Si le interesa alguien, piense bien en todo lo que hemos dicho acerca de lo que los hombres necesitan saber de las mujeres. Esfuércese por ser el tipo correcto de persona: amistoso, apoyador, alentador. En otras palabras, construya una amistad.

Durante el proceso de construir una amistad puede comenzar a recibir señales de que la mujer lo aprecia y valora su amistad. Estas señales no significan automáticamente que quiere salir con usted; posiblemente sólo disfrute de su amistad. Así que siga avanzando lentamente.

Después de varias semanas o meses de construir una amistad, sugiera salir a almorzar juntos. Durante el almuerzo, use todas las herramientas para ahondar la amistad a las cuales nos referimos en un capítulo anterior. También se examinan estas herramientas en forma muy práctica en *Making Real Friends in a Phony World* (Hacer amistades genuinas en un mundo falso).

Si el almuerzo tiene éxito, espere un par de semanas. Entonces pregúntele si le gustaría salir a cenar. Ahora está en camino a una relación normal de salidas que puede triunfar o fracasar. Pero por lo menos no es probable que se lo acuse de acoso si procede lentamente.

Una palabra de advertencia

Sin embargo, hay una situación que está definitivamente prohibida. No salga con una persona que tiene menos poder que usted en la compañía. Nunca salga con una clienta si usted es consejero o médico.

Si le interesa alguien con menos poder en el trabajo y siente que tiene que considerar salir con ella seriamente, tal vez usted o la mujer podrían transferirse a otro departamento para que no haya una cuestión de poder involucrada. Si su relación con la persona es profesional, por ejemplo, si es su paciente o clienta, refiérala profesionalmente a otra persona. Sólo cuando es claro que no ha habido una relación profesional por algún tiempo debería considerar acercarse a ella para una relación de amistad o salidas. (Algunas leyes estatales exigen que los consejeros dejen un período de dos años antes de empezar a salir, mientras que otros estados lo prohíben del todo.)

La lista de cosas que *sí* se deben hacer

Mucho del entrenamiento en contra del acoso enfoca cómo evitar ser demandado por acoso. Aunque es importante defenderse, recuerde que los grandes partidos de fútbol no los ganan los equipos que sólo saben defenderse bien. Hay que marcar algunos goles. Hay que lanzarse a la ofensiva. Hay que tomar la iniciativa.

Es igual en la relación con la mujer. No es suficiente cuidarse de no hacer lo equivocado. Entonces se vive con temor constantemente. Es mejor ir a la ofensiva. Deje que su agresividad varonil lo ayude. Empiece a hacer cosas *positivas* que no sólo lo alejarán de la posibilidad de que lo acusen de acoso, sino que harán que sea más querido como compañero, esposo y amigo.

Alabanza. Nunca se le acusará de acoso si felicita a una mujer por el excelente trabajo que ha cumplido. También puede felicitarla por actitudes positivas en la oficina, y por estar dispuesta a ayudar. Dé ejemplos específicos: "Gracias por el esfuerzo y el tiempo que puso para terminar ese último proyecto. Era esencial para todos y el jefe estaba realmente contento. Nos hizo quedar bien a todos."

Respeto. Use palabras respetuosas, no expresiones humillantes como: "Esta reunión es para hombres solamente, ustedes las chicas no entenderían estos problemas de la compañía." (Note que a las mujeres no les gusta que se las llame "chicas", un término que implica menor estatura e infantilismo.) Piense en las mujeres con las cuales trabaja como parte de un equipo. Escuche sus ideas e incorpórelas en la base de información para tomar decisiones.

La cuestión del acoso ha tenido la tendencia de enfocar la atención en los logros del trabajo. Ese enfoque estrecho puede hacer que terminemos por perder el respeto por las personas y comencemos por verlas sencillamente como productoras: máquinas sin sentimientos. Pida la opinión de la persona específicamente. Pregunte: "¿Cómo se podrían mejorar las cosas?" Les hará bien a sus compañeras saber que personas como usted las respetan y valoran.

Igualdad. No estamos tratando de hacer que todos piensen igual o tengan las mismas habilidades. Es importante valorar las diferencias entre las personas ya que cada una tiene una contribución importante para aportar al conjunto. Por lo tanto, la igualdad es ver la importancia de cada persona y recompensar ese valor por medio de la afirmación verbal en privado o delante del grupo. Una promoción en el puesto o un aumento de sueldo también muestra que son merecedoras e iguales.

Trato justo. Ayude a su gente —mujeres y hombres— a mejorar sus habilidades y a avanzar en su trabajo. Déle oportunidades para asumir nuevas responsabilidades, trabajar con equipo más avanzado y enfocar su energía en las áreas donde siente que tienen más habilidad.

Una manera fácil de ayudar a cambiar el ambiente potencialmente acosador en una oficina es promover a más mujeres a posiciones altas. Eso causa un cambio automático en el ambiente. Esas promociones muestran que se está valorando a las mujeres.

No todos los cambios tienen que ser permanentes. Ponga a una mujer como presidenta de un comité. Póngala a cargo de recoger datos para una reunión futura. Pídale que informe a las otras personas que participarán de una reunión futura. Aun las tareas temporarias son transferencias importantes de poder. Se comunica merecimiento y valor a la mujer específica, a las otras empleadas en la oficina y a los hombres. Después, cuando se la promueve a vice presidente, todo el mundo la respetará en su nueva posición.

Hace unos años yo (Jim) era director de un programa doctoral en la Universidad Biola de California. El programa era bastante nuevo y previamente sólo había tenido liderazgo de tiempo parcial. Ya que se anticipaba que el programa crecería rápidamente, se me dio una secretaria de tiempo completo. Era una mujer joven que todavía no había llegado a los treinta años y que había sido secretaria por unos cinco años.

Durante nuestra primera semana de trabajo tuvimos una larga charla. Le expliqué que yo no podría hacer mi trabajo sin su ayuda y sus aportes. "No pienso en usted como una secretaria que hace lo que yo le indico", dije. "Pienso en usted como miembro de un equipo. De hecho, quiero cambiar su título de secretaria a 'asistente administrativa'.

"Sí, seré su jefe, pero en esencia quiero que usted maneje las cosas. Mi papel será el de guiarla, apoyarla y alentarla. Juntos desarrollaremos un manual de orientación que contestará las preguntas que hagan los estudiantes o los profesores. Entonces no tendremos que estar adivinando lo que decidimos la vez pasada o lo que necesitamos decirle a un nuevo profesor o estudiante."

Fue divertido ver su reacción. Estaba sorprendida, contenta y un poco asustada de la nueva responsabilidad, pero le agradaba por el desafío. También era interesante ver cómo se relacionaba con las demás mujeres en la universidad que sólo tenían puestos de secretaria. Ya no era sólo una secretaria. Ahora era "asistente administrativa".

Al principio de cada nueva clase, como director del programa aproveché la oportunidad para dar la bienvenida a los estudiantes y asegurarles que estábamos muy interesados en su éxito en el programa. Luego solicitaba que la asistente administrativa les explicara los detalles del funcionamiento de la universidad, de trabajar en el programa y de trabajar con ella.

Hubo un cambio marcado en las actitudes de los estudiantes y de los profesores hacia esta nueva asistente administrativa. La vieron como una persona de verdadero poder, una persona que era un vínculo clave en su éxito. Terminó siendo una situación en la cual todos ganamos: para los estudiantes y los profesores, que recibieron buena ayuda, para la joven, que llegó a ocupar un puesto de mucha responsabilidad, y para mí, que le pude delegar mucho de mi trabajo con confianza.

A lo mejor usted no es un jefe que puede dar títulos y ampliar las responsabilidades pero sí puede respetar y afirmar a las mujeres en cada relación que tiene. No permita que la cuestión del acoso le haga temer a las mujeres. Es una gran oportunidad para que usted se una a la vanguardia para fortalecer a nuestro mundo de negocios y educación, profesiones y matrimonios gracias a la contribución poderosa e intuitiva de las mujeres.

TERCERA PARTE:

Ideas para las mujeres que les pueden ayudar a reducir el acoso

14
Lo que las mujeres necesitan *saber* para reducir el acoso

Desafortunadamente, muchas mujeres son víctimas pasivas del acoso en el trabajo, en las profesiones y en la educación. Esperan que desaperezca de un momento a otro. Siguen diciéndose que en realidad no es nada.

Las mujeres acosadas por el esposo siguen pensando que la situación mejorará; de algún modo él cambiará. Y la mujer que está saliendo con un hombre espera que él no lo vuelva a hacer, o que aparezca otro hombre en su vida que automáticamente sepa lo que ella quiere y cuáles son sus límites.

Se les ha enseñado a las mujeres que sean agradables y serviciales. Estas características que normalmente son positivas pueden obrar en contra de ellas y traducirse en una pasividad que las convierte en víctimas.

Algunas mujeres se comportan como nuestra gata, Mon Amie. Cuando un gato más poderoso entra en nuestro jardín, ella se queda paralizada. Si el gato se le acerca más, se acuesta de espaldas para indicar su sumisión. Es triste que algunas mujeres han sido condicionadas para tener miedo y su única reacción ante el acoso sexual es la sumisión.

Las mujeres pasivas seguirán siendo acosadas. Una forma de salir del acoso es eliminar la pasividad, y la pasividad puede ser eliminada en parte ampliando el conocimiento.

Esperamos que usted esté logrando un entendimiento más amplio de los hombres, de sí misma y de la cuestión del acoso a esta altura del libro. Ahora enfoquemos algunas pautas adicionales que le ayudarán a ir de la pasividad y el temor a un equilibrio sano de cooperación y seguridad en sus relaciones con los hombres.

Lo que excita a los hombres

Algunas mujeres se exponen tontamente al acoso sexual porque ignoran lo que excita a los hombres. ¿Qué les enciende el fuego? ¿Cuáles son las cosas que lo hacen más agresivo y lo convierten en un posible acosador sexual?

Empecemos con el concepto de que el acoso tiene dos caras. ¡Los hombres se sienten acosados por las mujeres! Dicen que las mujeres los incitan por la forma de vestirse, de mirar y de hablar.

Un ejemplo vivo

Yo (Jim) estaba en una tienda local que hace fotocopias, buscando un trabajo que nos habían hecho. Recientemente había entrado en vigencia un código de vestir. Todos los empleados estaban bastante bien vestidos: es decir, los hombres llevaban corbata y pantalón de vestir y las mujeres llevaban vestidos o faldas, nada de pantalones ceñidos.

La joven que me estaba atendiendo todavía no había cumplido los treinta. Como todavía no habían terminado con mi pedido, yo estaba esperando cerca del mostrador. Entonces comencé a notar las interacciones entre esta joven y los demás empleados que estaban trabajando en las diversas máquinas.

Llevaba puesto un vestido negro con mucho encaje con un ruedo desigual que iba desde las rodillas hasta los tobillos. Era una joven muy bonita y tenía muy buen cuerpo. Sé que tenía buen físico porque al pararse junto a una máquina de costado hacia mí, podía ver que no tenía enaguas. Se traslucían las piernas bien formadas y su ropa interior. El busto y el sostén también eran fáciles de ver a través de la tela diáfana.

Me di cuenta de que estaba luchando con el deseo de mirarla. Volví mi atención a los otros hombres en la tienda. Dos de los empleados que estaban más cerca de ella estaban hablando muy rápidamente entre ellos y con ella. Yo había visto a esos dos muchachos en muchas otras ocasiones y normalmente eran muy tranquilos y eficientes.

Hoy sus rostros estaban muy animados. Uno estaba hablando de su esposa y su reciente matrimonio y el otro estaba hablando de su novia. Tuve la fuerte impresión de que con los comentarios acerca de sus mujeres tenían el propósito de protegerse de la fascinación comprensible con el cuerpo de esta joven mujer.

Sin ser demasiado obvio, me di vuelta lentamente y miré por la tienda a los otros empleados y clientes varones. Había unos doce hombres en la tienda. Algunos estaban trabajando, mientras que otros estaban esperando que se les atendiera. Sin excepción, cada uno de ellos se había ubicado de tal modo que podía mirar más allá de su propio trabajo y ver a esta linda mujer en su transparente vestido negro.

Miré la cara de la joven, especialmente los ojos. No tenían una expresión dura, ni eran los ojos provocadores de una prostituta. Pensé: lo más probable es que se haya criado en el campo.

Entonces me di cuenta de que esta mujer atractiva estaba tratando de cumplir con el código de vestir de la organización a su propia manera. Pero no tenía la más vaga idea de que estaba llamando a todos los ojos y acelerando todos los corazones de los hombres que estaban en esa tienda.

No eche leña al fuego

Sí, los hombres deben asumir la responsabilidad, pero las mujeres no deben causar incendios innecesariamente. Se puede evitar algo del acoso sexual sabiendo que los hombres se excitan de otro modo que las mujeres. Los hombres son muy visuales y tienen mechas muy cortas. Cuide la manera en que se viste.

Vayamos al grano. No deje de usar ropa interior. No use ropa muy ajustada. Si puede elegir, use una falda más bien larga que corta. Y no use ropa transparente o con escotes bajos por los cuales pueden ver los hombres cuando usted se inclina.

No hable acerca de escenas sexuales en las películas ni diga chistes con orientación sexual. Está mal para los hombres y está mal para las mujeres. A veces las mujeres tratan de demostrar que son iguales diciendo palabrotas como los hombres. Esta actitud sólo rebaja a la mujer y provoca a los hombres.

Los comentarios y los movimientos sensuales incitan a los hombres. Recuerde que ya están sobresexualizando todo lo que usted dice y hace. No se siente en el borde del escritorio de un hombre con las piernas cruzadas. El piensa que usted le está pidiendo que responda.

Recuerde la forma en la cual han sido condicionados los hombres. No se les enseña a triunfar en el mundo por medio de las relaciones como a las mujeres. Han sido preparados para competir, triunfar y ser agresivos.

Además, los hombres no sólo tienen la tendencia de sexualizar todas las cosas en la vida, sino que (según los estudios) muchos hombres piensan en el sexo o en cosas relacionadas con el sexo con una frecuencia contada por minutos.

También recuerde que usted no debe concederle poder al hombre en una relación amorosa. Su amor y entrega mutua deben crecer en incrementos pequeños y parejos. Si uno de ustedes ama más al otro, existe la posibilidad de que el que ama menos manipule al que ama más.

Recuerde el hecho de que Dios la ha creado con habilidades especiales. Y Dios tiene planes a largo plazo para usted, si usted coopera con su dirección amante. No haga un cortocircuito en los dones de Dios en su vida dándole poder desigual a un hombre porque usted lo quiere más a él de lo que él la quiere a usted.

La debilidad es un señuelo para él

Usted necesita comprender que si una mujer actúa débilmente, tiende a invitar el acoso. Esto se ve con frecuencia en el trabajo donde un hombre con más poder se puede ver tentado a acosar a una mujer con menos poder. Si la posición de poder estuviera invertida, sería menos probable que el hombre acosara a la mujer. Tal vez usted no tenga una posición de poder, pero sí puede tener control sobre sí misma y sobre el resultado de un incidente de acoso.

Es triste que a medida que la mujer va asumiendo poder y prestigio probablemente se la trate de "odiosa". Recuerde, este es el problema del hombre, a no ser que la mujer se haya vuelto explotadora, haciendo alarde de su nueva posición de poder.

La debilidad de la mujer también es destructiva en el matrimonio. Si ella no le habla al marido acerca de lo que le gusta o no le gusta, si no le ayuda a volverse adulto, si sigue cediendo a su acoso, entonces, aunque parezca extraño, él seguirá maltratándola cada vez más.

Es probable que la mujer casada y explotada, que hace todas las tareas de sirvienta sin decir nada acerca de la desigualdad siga siendo acosada constantemente. Es casi como que el hombre la estuviera castigando por no ser una mujer completa o estar a la par de él, aunque él es parte del motivo por el cual ella no lo es.

Lo hemos visto

Sally y yo habíamos ido en avión a la costa oriental para dirigir una conferencia sobre el enriquecimiento del matrimonio en una iglesia muy grande. Llegamos la tarde antes de la conferencia y el pastor y su secretaria nos recibieron en el aeropuerto. Ella era una mujer muy inteligente y atractiva que tenía unos quince años menos que él.

Mientras los cuatro esperábamos que llegara el equipaje del avión, Sally y yo no pudimos menos que notar la aprobación mutua del pastor y la secretaria. La mirada de Sally se cruzó con la mía. Yo sabía lo que estaba pensando ella, y ella también conocía mis pensamientos.

Este pastor explicó el papel importante de su secretaria en la iglesia. Dijo: "Es mi imprescindible mano derecha. Parece que siempre supiera lo que hay que hacer. Me hace quedar bien."

Después se volvió hacia Sally y empezó a felicitarla por el impacto que estaba teniendo en el mundo. "Usted está en la radio y en la televisión. Viaja por todo el país. Escribe libros y artículos. Y, sin embargo, todavía se mantiene al tanto con todas las responsabilidades de ser esposa y madre. Tiene una vida maravillosa", susurró encantadoramente.

Después de que nos dejaron en el hotel, mientras estábamos acomodándonos, le dije a Sally: "Ya vas a ver. Cuando veamos a la esposa de este pastor, va a ser una mujercita abatida, acosada, marchitada. Seguro que la ha explotado y maltratado. Sin embargo, aprecia profundamente a las mujeres poderosas como su secretaria y tú."

No vimos a la esposa del pastor en todo el fin de semana hasta el domingo por la mañana cuando se nos acercó mansamente después del culto. En efecto, tenía un aspecto poco elegante y aparentaba tener quince años más que su verdadera edad. Su apariencia y sus palabras mostraban que era una persona marchita que no tenía un átomo de seguridad propia. No tenía nada que decir aparte de un suave: "Gracias por venir."

Nos preguntamos lo que sentiría esta mujer acerca de la alabanza continua que su esposo dirigía hacia otras mujeres. Tal vez ella haya sido el producto de dos fuerzas: un esposo acosador que le negaba su amor, y su propia pasividad. Tristemente, parecía que cuanto más lograba que ella se marchitara, tanto más la despreciaba.

Aproximadamente un año después oímos que este "pastor triunfador" (pero esposo perdedor) se había divorciado de su esposa y dejado el ministerio.

Como mujer, usted no debe ser pasiva en el trabajo, en su profesión, en las salidas o en su matrimonio. No estamos sugiriendo que sea odiosamente agresiva. No hay que ser hostil para convencer a la gente de que usted es una persona confiada e inteligente que puede hacer una contribución. ¡Y vaya que no hace falta hacer comentarios sexuales para mostrar que puede estar a la par de los hombres! Se verá su personalidad completa si usted se hace valer cuando es necesario pero no es agresiva constantemente. Usted le caerá mejor a la gente y los hombres la respetarán más.

Aproveche la diferencia

La mayoría de los hombres procesan la vida desde el punto de vista de las *tareas,* mientras que las mujeres procesan la vida desde el punto de vista de las *relaciones.* Comprender esa diferencia le ayudará a ver tanto la limitación como la importancia de los hombres.

Ver la forma diferente en que los dos sexos procesan la vida y la información debería ayudarle a comprender que como mujer usted tiene algo importante para darle al mundo en general y a los hombres en particular. Muchos hombres ven *sólo* los hechos. Usted puede ofrecer la orientación de las relaciones que necesita tal hombre, ¡aunque él no lo sepa! Sin embargo, recuerde que usted también tiende a tener una limitación; a lo mejor usted ve *sólo* las relaciones y nunca llega a los hechos o la tarea.

Los hombres no nacen superiores. Sí, hacen algunas cosas mejor que las mujeres, pero las mujeres hacen algunas cosas mejor que los hombres. Los hombres necesitan sus evaluaciones y contribuciones para mantener el equilibrio. No trate de ser hombre. Siga ofreciendo sus evaluaciones y perspectivas femeniles para completar a los hombres y el mundo.

Valórelo

Los hombres necesitan una cosa básica por encima de todas las demás. No, ¡no es el sexo! Si se les pregunta, a lo mejor los hombres dirían que el sexo es su necesidad básica, ¡pero no lo es! *La necesidad básica del hombre es ser respetado.*

Dentro de cada hombre hay un niño inseguro que se pregunta si es lo suficientemente bueno, si está cumpliendo bien su trabajo, si la gente lo quiere. Cuando usted entiende esta necesidad básica del hombre, puede tomar medidas positivas apoyando su autoimagen.

Al principio, en una situación de trabajo, es posible que interprete su respeto y admiración como un deseo de proximidad sexual. Pero usted también puede iniciar una "ofensiva positiva" haciéndole saber que lo valora como persona y amigo, pero no tiene ningún interés en una aventura romántica.

Los hombres necesitan la afirmación de las mujeres. Reciben cierta afirmación de otros hombres, pero hay una honestidad refrescante en la afirmación de la mujer. Unas pocas relaciones íntimas entre los hombres se basan en la honestidad, pero con demasiada frecuencia se afirma a los hombres para ventaja de la persona afirmadora. En otras palabras, un jefe puede expresar su aprobación por un administrador de mediano nivel, sabiendo que la alabanza va a conseguir mayor producción, no porque sea su amigo o quiera lo mejor para él.

La mujer tiene una gran oportunidad para fortalecer a los hombres en su vida: esposo, hijos, jefe, compañeros de trabajo, amigos. Creerán en su afirmación si ella no los manipula sino que busca ayudarlos sinceramente.

Una combinación de diversión y respeto

El equilibrio es la meta de todas las relaciones con los hombres. Puede hacerles chistes, pero no se olvide de afirmarlos. Debe ayudarles a reírse de sí mismos, pero también necesita admirar sus puntos fuertes.

Los chistes actuales muestran la continua falta de comprensión y explotación tanto de hombres como de mujeres. Pero tal vez el reírse de las diferencias sea un buen paso hacia entenderse mejor.

Los chistes de "hombres tontos" que han estado de moda recientemente ilustran la forma en que la mujer puede burlarse, suavemente, de las debilidades del hombre. Disfrute los siguientes:

"¿En qué se diferencian los bonos del gobierno y los hombres? En que los bonos maduran."

"¿Cómo se puede obligar al hombre para que haga ejercicios abdominales? Poniéndole el control remoto del televisor entre los dedos del pie."

"¿Por qué es bueno que haya mujeres astronautas? Para que cuando la tripulación se pierda en el espacio, alguien pida indicaciones."

"¿Sabe por qué los chistes sobre las rubias tontas son de una sola línea? Para que los hombres los puedan entender."

Pero sobre todo recuerde la importancia que tienen la afirmación y el aprecio. No deje que los chistes la atrapen en una arrogancia que se convierta en venganza contra los hombres. No se convierta en una detractora de hombres. Más bien, aprenda todo lo que pueda acerca de ellos para que puedan ser buenos amigos, buenos amantes, buenos cónyuges, buenos compañeros de trabajo y buenos colegas profesionales.

15
Lo que las mujeres necesitan *ser* para reducir el acoso

Hace unos meses, una de las mujeres de mi grupo (de Sally) pequeño de estudio bíblico preguntó en qué proyecto estábamos trabajando Jim y yo. "Estamos escribiendo un libro acerca del acoso sexual", respondí. Después de una pausa, les pregunté si alguna de ellas había experimentado el acoso.

Me contaron algunas historias y finalmente una de mis amigas dijo: "Me parece que mucho depende de la mujer. Si tiene confianza y está dispuesta a decir que no, los hombres respetan eso. Pero si es insegura, los hombres parecen tener una habilidad asombrosa para darse cuenta. Así que la clave es ser confiada y presentarse como una persona que está en control." Las demás estaban de acuerdo con ella.

Las mujeres que se sienten *seguras*, que tienen *límites* bien establecidos y que no llevan un montón de "bagaje emocional" del pasado parece que son las mujeres menos acosadas.

La confianza: el triunfo interior

Las mujeres con autoestima pobre sienten una urgencia por hacer más, esforzarse más y complacer más. Cada mujer que se siente insuficiente en el fondo quiere ser perfecta y que todo lo que la rodea sea perfecto para que la gente la quiera y la respete. Por supuesto que fracasa, porque nadie es perfecto y toda situación tiene sus fallas. Intelectualmente lo comprende, pero sigue tratando de hacer lo imposible. Como resultado, lucha con muchas de las siguientes cuestiones al tratar de mejorar, de ser perfecta.

Inseguridad. El tema permanente de las perfeccionistas es la inseguridad. "¿Quién soy? ¿Soy digna de ser amada? Si me esfuerzo un poco más o soy un poco más perfecta, ¿me aceptarán por fin?" La inseguridad persigue a la mujer, obligándola a hacer un mayor esfuerzo para agradar. A los jefes, esposos y novios les encanta esta cualidad. Y es más probable que los hombres la acosen debido a su inseguridad.

Control. La inseguridad también lleva a la mujer a tratar de controlar toda la vida. Inconscientemente la mente le está diciendo: "Si puedo controlar mi ambiente, mis relaciones y mis responsabilidades perfectamente, entonces podré estar en una posición de poder y me sentiré más segura."

A primera vista este deseo de tener todo perfectamente bajo control parece una idea maravillosa, pero tiene un aspecto negativo. Una mujer lo ilustró muy bien cuando dijo: "No intento hacer nada si no estoy segura de que lo haré en forma excelente."

Temor a arriesgarse. La mujer insegura o perfeccionista no está dispuesta a arriesgarse. Todo tiene que estar garantizado de antemano. Opta por no formar relaciones nuevas porque podrían desbaratarse. Así que decide estar sola antes que arriesgar el fracaso. Es fácil que se acose a la mujer que tiene miedo de perder. Piensa: "Si digo algo, podría perder el empleo."

Con frecuencia la mujer insegura se queda en una carrera donde está segura, antes que aceptar el riesgo de oportunidades nuevas. Una mujer nos dijo: "Soy muy exigente conmigo misma y con los demás. Como resultado, con frecuencia me desilusionan las acciones ajenas y me alejo rápidamente por temor a repetir la desilusión. Mi temor me mantiene a la distancia de la gente, y eso daña todas mis relaciones, con mis colegas y amigos."

Nunca es suficiente. Para la mujer insegura lo suficiente nunca es suficiente. Nunca está satisfecha con ser la primera o la mejor. No importa cuáles hayan sido los logros, todavía se siente vacía por dentro. Piensa: "A lo mejor si me esfuerzo un poquito más, estaré más contenta conmigo misma." Pero "más" nunca es lo suficiente. La inseguridad es un problema interior que en última instancia no puede curarse por la acumulación de triunfos.

Miedo de la intimidad. A la mujer insegura le cuesta estar en intimidad y ser vulnerable. Tiene miedo de que no va a gustar si alguien la conoce muy bien.

Yo (Jim) conozco por experiencia propia el temor de revelar las debilidades. A veces le digo a un grupo: "Me voy a presentar primero contándoles acerca de mis títulos, mis libros y artículos, mis viajes por el mundo y otros triunfos." Después les cuento acerca de mi niñez problemática y lo inadecuado e inseguro que me siento como resultado de ella.

Finalmente pregunto: "¿Con cuál de los dos sería más fácil compartir un problema: con el triunfador o con el que se siente débil?" La gente casi siempre se ha sentido más cerca del Jim débil.

Sin embargo, mi primera tendencia es impactarlos con mis triunfos, con el resultado de que no pueden acercarse a mí. Finalmente he aprendido que es más fácil que la gente se relacione conmigo cuando revelo alguna de mis fallas, en vez de limitarme a mis éxitos. Me ven como alguien más humano.

Ira. Otra característica de las mujeres con una autoestima pobre es la ira. La ira está conectada con la *insuficiencia* ("¿Por qué tengo que ser tan inferior y tan incapaz de ser lo que quiero ser?") y la *inhabilidad de controlar la vida* ("¿Por qué no puedo hacer que la vida y la gente sean como deben ser?") La mujer iracunda puede esconderse detrás de una mentalidad de víctima y tener siempre motivos interminables por su ira. Se siente estafada; envidia a los demás.

Pero la vida nunca puede ser perfecta. Nadie tiene todo. Si usted se siente enojada, sugerimos que permita que su ira le dé energía para tomar medidas de crecimiento personal, como volver a estudiar para prepararse para un empleo mejor, leer libros sobre la autoimagen, pasar tiempo en un grupo pequeño o invertir en consejo profesional.

Culpa. Además, las mujeres con autoestima pobre frecuentemente se sienten culpables por no ser perfectas y por no poder controlar los acontecimientos para que la vida salga bien. Encima de la culpa que sienten por ser imperfectas, también se sienten culpables por estar enojadas consigo mismas, con los demás y con Dios.

Mejorar la autoimagen

Pensemos juntos en el proceso de mejorar la autoimagen para reducir la probabilidad del acoso. Los siguientes pasos se convertirán en los ladrillos prácticos para edificar este proceso.

Para lograr una buena autoimagen hay que convertirse en una persona reflexiva. El doctor Alan Knox tiene sugerencias acerca de cómo ser reflexivo: "Dedique tiempo a la soledad no estructurada... esté dispuesto a soñar despierto y especule, sea reflexivo, considere los puntos fuertes y débiles, junto con los problemas (y) las oportunidades... esté dispuesto a expresar los sentimientos. Permita que su mente haga asociaciones libres con frases como 'me gustaría', 'opto por', 'tengo que', 'tengo miedo de' o 'no puedo'."

Al convertirse en una mujer reflexiva, comprenderá más precisamente quién es. Entonces podrá modificar aquellas cosas que se pueden cambiar y aprenderá a trabajar dentro de sus limitaciones, dándose cuenta de que su mayor amigo —Dios— la conoce totalmente y la ama profundamente.

Permítanos sugerir un pequeño proyecto que hemos usado con cientos de personas mientras luchan por desarrollar una mayor autoestima. Comience haciendo listas en las siguientes áreas:

1. *Todas las cosas que me gusta hacer.* Haga una lista de las cosas que le resultan placenteras y divertidas. Recuerde, nadie más tiene que ver esta lista, así que sea lo más honesta posible. Trate de incluir de cincuenta a cien cosas. Desarrolle la lista a lo largo de varios días. A lo mejor su lista incluye cosas como caminar en la lluvia, escuchar música folklórica, andar en bicicleta, correr descalza por el parque. No tenga miedo de incluir cosas tontas que sólo usted conoce.

2. *Todas las cosas que puedo hacer.* Haga una lista de todas las áreas en las cuales tiene destreza y habilidad, aunque recién esté desarrollándolas. Podría mencionar cosas acerca de las cuales conoce mucho que podría compartir con otras personas, como la manera de trasplantar un árbol, esquiar, nadar, hacer una comida estupenda. Ponga todo, aunque parezca pequeño o sin importancia. Recuerde, no tiene que mostrarle la lista a nadie.

3. *Las influencias, los acontecimientos o las personas más negativos en mi vida.* Haga una lista de las cosas que le han hecho mal. Recuerde que no puede perdonar a nadie, ni siquiera a Dios, antes de reconocer que el incidente o la situación es un problema para usted. No lo encubra. Recuerde nuevamente que es su lista privada.

4. *Las influencias, los acontecimientos o las personas más positivas en mi vida.* Haga una lista de la gente o los aconte-

cimientos que han hecho contribuciones favorables en su vida. Después anote una palabra o dos acerca de cómo le influenciaron.

5. *Estoy más enojada con...* Esta lista puede incluir acontecimientos mundiales, personas, situaciones o estilos de vida. Haga una lista de las cosas que realmente le causan ira.

6. *Lo que más me hace feliz...* Ahora haga una lista de las cosas que le producen felicidad y gozo.

7. *Antes de morir quiero...* Haga una lista de las cosas que espera lograr antes de morir.

Nos damos cuenta de que no va a completar estas listas en un solo intento. De hecho, no es la mejor forma de hacerlo. Hacen falta varios días para completar este proyecto.

Notará que empiezan a surgir patrones. Verá los factores dominantes, tanto negativos como positivos, que han formado su vida. También empezará a encontrar fuerzas y gente que infunden energía en su vida en formas positivas o negativas. Estas cosas le darán información importante acerca de quién es.

Al estudiar las listas, note que algunas cosas son muy parecidas e indican tendencias fuertes en su personalidad. Asegúrese de que realmente incorpora estos deseos, habilidades y sueños en su estilo de vida general y en sus relaciones. Debe vivir los sueños y patrones que aparecen en sus listas o experimentará un malestar consigo mismo que hasta puede llevarla al borde de la hostilidad, la ira o la depresión.

Cuando empiece a valorarse a sí misma, a ver la creación singular de Dios en usted y a darse cuenta de su contribución singular para el mundo, usted tendría que decirse a sí misma las siguientes cinco cosas:

* Soy una parte significativa; hago falta; tengo un lugar en el mundo y con la gente.
* Tengo valor; importo; puedo respetarme a mí misma.
* Soy capaz; puedo hacer ciertas cosas, tal vez no todas, pero soy capaz de hacer algunas cosas.
* Tengo valores morales y éticos; sé lo que está bien; tengo valores internos; no soy una víctima ni una marioneta.
* Hago un impacto; puedo influenciar y cambiar a personas y situaciones.

Defina sus límites cuidadosamente

La autoestima pobre está directamente vinculada con su comprensión de dónde termina el territorio suyo y comienza el ajeno.

Esto se llama una cuestión de límites. Las mujeres acosadas no sólo tienen una autoestima pobre; no saben cómo establecer sus propios límites u honrar los límites ajenos. Esto las convierte en presa fácil para los acosadores.

Una de las mejores discusiones acerca de los límites se encuentra en el libro *Facing Co-dependence* (Haciéndole frente a la codependencia.) La autora, Pia Mellody, dice que: "Los sistemas de fronteras son cercos invisibles y simbólicos." Estos cercos tienen tres propósitos:

1. Evitar que la gente entre a nuestro espacio y abuse de nosotros.
2. Evitar que nosotros entremos a su espacio y abusemos de ellos.
3. Dar a cada uno una forma de identificar quiénes somos.

Después habla de dos tipos de límites, los externos y los internos. Nuestro límite externo es una combinación de distancia física y sexual. Nuestro límite externo controla la proximidad que le permitimos a otras personas y si pueden tocarnos o no.

Nuestro límite interno protege nuestro pensamiento, nuestros sentimientos y nuestro comportamiento, y separa nuestros pensamientos, nuestros sentimientos y nuestras acciones de los de los demás.

Pia Mellody dice: "Nuestro límite interno también nos prohíbe controlar a los que nos rodean."

Los problemas limítrofes tienen que ver con el poder

Otros escritores han descrito la cuestión limítrofe imaginándose dentro de una carpa con un cierre alrededor de la puerta. Se hace la pregunta: "¿El control del cierre está por adentro o afuera de la carpa?" Las personas con problemas limítrofes tienden a permitir que otras persones controlen el cierre.

Los límites ideales no son paredes rígidas, sino que son flexibles como tabiques movibles. Aun en las relaciones más íntimas debería haber límites flexibles a medida que la gente cambia.

Jim y yo estamos casados, pero yo sigo siendo Sally y él es Jim. Tenemos tres hijas, tres yernos y varios nietos. Cada persona tiene su propia definición de sus límites. No podemos vivir la vida de nuestros hijos o nietos. Si nos entrometemos en su vida o ellos en la nuestra, hay frustración, ¡y tal vez explosiones! Por suerte, seguimos aprendiendo maneras nuevas y mejores de respetar los límites del otro. Al hacerlo, hallamos más libertad y realización en nuestras relaciones.

El desajuste y la autoestima

En *Adult Children: The Secrets of Dysfunctional Families* (Hijos adultos: los secretos de las familias desajustadas), Johan y Linda Frill dicen:

> En una familia sana se cumplen las necesidades de los niños de seguridad, calor, nutrición y guía la mayor parte del tiempo. Estos niños se convierten en adultos con un sentimiento de seguridad y confianza que está *dentro* de ellos.
>
> En las familias desajustadas estos requerimientos se cumplen poco o nada, y esos niños se convierten en adultos con un sentimiento de estar incompletos, con desconfianza y temor *dentro* de sí, junto con una fuerte necesidad de algún tipo de seguridad *fuera* de sí mismos.
>
> Como adultos que fuimos criados en hogares problemáticos, constantemente tratamos de llenar los vacíos dentro de nosotros que nunca se llenaron cuando nos estábamos criando, y es la búsqueda *exterior* por nuestras necesidades básicas que nos convierte en adictos a ciertos estilos de vida.

¿Y ahora qué?

Su sentido propio de seguridad y control es muy importante en la protección del acoso sexual. Si usted está insegura, consiga ayuda. Lea libros que le ayudarán a desarrollar su autoimagen. Asóciese con personas que la afirman en vez de aquellas que la rebajan.

Puede ser de ayuda hacerse parte de un pequeño grupo. Practique el hacerse valer. Tal vez necesite ver un consejero o terapeuta sabio. No tenga miedo de hacer lo que haga falta. Parte de poder controlar la vida es conseguir la ayuda que necesita.

16
Lo que las mujeres necesitan *hacer* para reducir el acoso

Edgardo es el gerente de una pequeña librería cristiana que es parte de una cadena nacional de librerías. Edgardo es cincuentón y es un hombre muy agradable y amigable. Pero al igual que muchos hombres de su edad piensa que las mujeres son objetos útiles, pero que no son iguales a los hombres y que este asunto del acoso es ridículo.

Judit, una mujer que todavía no ha cumplido los cincuenta, es una de las varias empleadas que tiene la librería. Fue secretaria ejecutiva por muchos años en otros negocios y es la secretaria y tenedora de libros de esta tienda. Tanto Edgardo como Judit han trabajado en el negocio por menos de tres años. Para Judit, Edgardo se ha convertido en un enorme dolor de cabeza.

Edgardo rechazaría completamente la idea de que es acosador. Se considera amigable. "Sólo quiero conocer a mis empleados para que tengamos una relación de trabajo y para saber mejor cómo orar por ellos."

A primera vista, el comentario de Edgardo parece bastante inofensivo. Sin embargo, Judit empezó a notar que la mitad de las conversaciones de Edgardo con ella se centraban en asuntos que no tenían nada que ver con el trabajo.

Al principio Judit pensó que sencillamente era curioso. Después reconoció un patrón inquietante en las conversaciones. Por ejemplo, cuando nació uno de los nietos de Judit, Edgardo preguntó si la madre iba a amamantar al bebé. Judit se sintió rara.

"¿Qué tiene que ver el amamantamiento con mi trabajo en el negocio?", se preguntó.

Aunque se sentía rara, contestó rápidamente que sí, esperando que sería el fin del tema. Pero él siguió: "Los niños necesitan ser amamantados. Necesitan sentir el pecho de la madre contra la cara, chupar el pezón y sentir sus brazos alrededor de ellos."

Judit estaba que hervía de enojo por dentro. "Este tipo está fantaseando. No es asunto de él. No quiero compartir la vida personal de mi familia con él. ¿Cómo puedo lograr que deje de molestarme?"

Edgardo siguió mencionando otras cosas personales. Preguntó lo que hacían ella y su esposo por la noche, dónde pasaban las vacaciones, cuáles eran sus restaurantes favoritos y qué hacía su esposo por ella que la hacía sentir que la quería.

Cada vez que surgían estas cosas, Judit se ponía furiosa. Tenía la sensación de que en realidad Edgardo no estaba preguntando acerca de su esposo sino que estaba tratando de averiguar más acerca de sus gustos y sentimientos personales. Sospechaba que si ella permitía que se abriera su puerta emocional tan sólo un poco, Edgardo entraría con más preguntas y sugerencias personales. Se sentía muy incómoda. Le parecía que Edgardo siempre estaba tratando de crear un ambiente sexual, esperando que Judit respondiera.

Las cosas empeoran

Normalmente Edgardo comía un almuerzo rápido que traía de casa para poder seguir trabajando. Pero pronto comenzó a ir al mismo café donde almorzaba Judit. La sorprendió la primera vez que apareció. Su excusa fue: "Me olvidé el almuerzo hoy y a veces me canso de traer cosas. ¿Te molesta si me siento contigo?"

"Sí me molesta", dijo Judit para sus adentros. Pero su segunda reacción fue: "Este tipo es mi jefe. Todos parecen creer que es inofensivo. ¿Por qué me da mala impresión?"

Edgardo comenzó a olvidar traer su almuerzo con una frecuencia cada vez mayor, hasta que por fin Judit cambió de restaurante. En unos pocos días, Edgardo apareció allí. Fue bastante directo: "Te extrañé en el otro lugar. Almorzar contigo era una parte linda de mi día."

"¿Almorzar conmigo?", pensó Judit. "¡Yo sólo lo estaba soportando! ¿Qué tengo que hacer para quitármelo de encima?"

Edgardo le hacía comentarios halagadores a Judit en la oficina y en los diversos restaurantes donde la encontraba. Dijo que estaba agradecido por la nota positiva que ella agregaba en su vida y en la oficina. Hizo comentarios sobre su ropa, su cabello, sus ojos, sus uñas y su perfume. "Hay un resplandor alrededor de ti. Tengo una sensación maravillosa al ver tu cara o mirar por la ventana de la oficina y verte sentada ahí."

Esto era acoso sexual lisa y llanamente. Judit decidió que tenía que *hacer* algo.

Difícil de precisar

El acoso sexual sutil de este tipo es muy común. Y a veces es muy difícil precisarlo, así que muchas veces pasa sin que la persona afectada trate de oponer resistencia. Para muchos hombres, este tipo de conducta no es acoso, es una sencilla amistad.

Pero sin lugar a dudas, Edgardo había establecido un ambiente sexualmente acosador. Judit odiaba ir a trabajar. Le gustaba el trabajo y necesitaba el dinero, pero odiaba tener a Edgardo en su vida. Empezó a planear formas de evitar a Edgardo. Pero él seguía persiguiéndola.

Sólo porque este tipo de acoso sexual de bajo nivel sea común no significa que debiéramos permitir que continúe. De cierto modo, el acoso de bajo nivel hace aun más daño psicológico a las mujeres que un pedido directo de relaciones sexuales. Esto último puede hacer que la mujer sienta la ira suficiente para decir que "¡no!" y tal vez replique con una amenaza propia: "Si no me dejas en paz, voy a hablar con la administración y te echarán corriendo."

Sin embargo es probable que el acoso sutil sea pasado por alto o perdonado. "Tal vez no sea más que una interpretación mía", piensa la mujer. "Seguro que no quiso decir eso. Después de todo, es un hombre tan bueno. No estoy segura de lo que haría él si yo dijera algo."

El poder del poder

En la situación de Edgardo, pudo haber un asunto adicional en el cuadro. Probablemente no habría seguido con una aventura amorosa completa debido a su posición en la comunidad cristiana, pero parecería que su acoso era una forma sutil de expresar su desdén por las mujeres que trabajan. Nunca alababa el buen trabajo de Judit; sólo hacía comentarios acerca de las tareas que quedaban por terminar. Los otros comentarios estaban todos en la categoría del acoso sexual sutil.

Parecía que a Edgardo le gustaba hacer sufrir a Judit. Le daba una sensación de poder cuando ella se sentía incómoda. Sabía que tenía que tratarlo bien porque él era el jefe. Además, él dejó bien en claro que él escribía las evaluaciones que afectarían sus ingresos y su relación con la cadena de librerías.

Medidas preventivas

Nuestro consejo para Judit fue directo. "Está bien enojarse por estos entremetimientos en su vida. Usted tiene el derecho de trabajar en un ambiente libre del acoso sexual. Tome todas las medidas preventivas que pueda."

Le animamos a asegurarse de que la ropa que usaba fuera muy correcta. También le animamos a cuidar los comentarios, enfocándolos exclusivamente en el trabajo, sin mencionar su vida personal ni la de Edgardo. Además, debía cuidar sus movimientos para no presentar el cuerpo de ninguna manera que pudiera considerarse provocadora. Edgardo sigue siendo responsable, pero ella no debería causar problemas deliberadamente.

Le aconsejamos que siguiera controlando la "amistad" que Edgardo estaba tratando de establecer con ella. "Evítelo en la hora del almuerzo. No conteste ninguno de sus comentarios acerca de su vida personal, su ropa o su cuerpo", le advertimos. "Dígale directamente que no quiere hablar sobre asuntos personales ni de la familia."

Además, le animamos a informarse acerca de la protección en contra del acoso sexual que han establecido los tribunales en años recientes. La biblioteca local podía proveerle esa información.

También le animamos a explorar las declaraciones de conducta que había impreso la cadena de librerías en el manual del empleado. Debería aprender el lenguaje y los procedimientos específicos para eliminar el acoso. Además, le pedimos que identificara a una mujer en el departamento del personal en la oficina central a la cual podría llamar si no cesaba el acoso de Edgardo.

Las medidas preventivas que se deben tomar

Le sugerimos a Judit que repasara el calendario y anotara una cronología detallada de todo lo que había compartido con nosotros. Era importante que registrara lo mejor posible lo que Edgardo había dicho y, más importante aun, lo que ella había sentido a raíz de sus palabras y acciones. Además, debía detallar cualquier incidente futuro de acoso, de llegar a ocurrir.

En un artículo del periódico *Washington Post* titulado *Between the Sexes, Confusion at Work* (Entre los sexos, confusión en el trabajo), la autora escribe: "Una evaluación negativa, un intento de violación, un sueldo 'extra' por acostarse con alguien, eso se entiende claramente como acoso. Pero lo otro, esa sensación inquietante que tienen algunas mujeres, esa zona nebulosa de lo que es el comportamiento amistoso en el trabajo, y esa sombra de temor y desconfianza, les cuesta en general a los hombres entender los nuevos límites entre los sexos. *¿Qué es lo que NO quieren las mujeres?*"

Las mujeres no se lo dicen. Las mujeres generalmente no dicen lo que es el acoso sexual, cuándo ocurre, por qué duele o el devastador daño psicológico que puede hacer.

Dígale al acosador exactamente lo que le resulta ofensivo, como hemos dicho antes. No espere hasta que las ofensas se vuelvan tan repugnantes que usted explota de rabia. Empiece con el primer incidente cuando siente una "sensación rara" y hable amable pero directamente acerca de lo que le resulta molesto.

Si no cesa el acoso ofensivo, entonces el acosador necesita saber claramente que usted tomará medidas adicionales. Recuérdele que la administración de la compañía ya ha provisto pasos para informar del acoso sexual y las repercusiones para los acosadores.

La recuperación del acoso

La situación de Judit era un acoso de bajo nivel. Sin embargo, a lo largo del período de tres años, sufrió muchos incidentes que le hacían sentir repugnancia. Muchas veces sintió ganas de renunciar al empleo. Con frecuencia lloraba en el baño de las mujeres. Otras veces desquitaba con su esposo la ira que sentía hacia Edgardo.

A lo mejor la situación de usted ha sido aun peor. Sea cual fuere el acoso que usted haya experimentado —ya sea comentarios ofensivos de bajo nivel, contacto indeseable o la violación misma— es posible que usted necesite ayuda adicional en la forma de consejo o de un grupo de apoyo. A lo mejor su compañía o institución ya tenga un mecanismo para que usted consiga ayuda. ¡No le dé vergüenza revelar su situación! Pregunte acerca del consejo y los grupos de recuperación. Y no olvide preguntar acerca del seguro o indemnización para ayudarle a cubrir el costo de este proceso.

Sus lugares de empleo, estudio y actividad social deberían estar libres del acoso. Si no lo están, no es suficiente tener la esperanza de que desaparezca. *Usted debe tomar medidas. Debe hacer algo* para librarse de esa sensación de asco y al mismo tiempo ayudar a otras mujeres que pueden estar luchando con el mismo acoso pero que posiblemente tengan aun más miedo que usted de decir algo.

CUARTA PARTE:

Valores que permiten que la gente supere el acoso

17
Lo que usted cree cambia su vida

Los dos viajamos mucho en nuestro trabajo. Cuando estamos trabajando en un libro, nos gusta hablar con la gente en el camino. En un vuelo yendo a una conferencia, yo (Jim) entré en una animada discusión acerca del acoso con dos azafatas. En pocos minutos dos mujeres más y un camarero se unieron a la conversación. Me contaron historia tras historia.

Una azafata me dijo: "No me gusta llevarle comida a varios pilotos de esta línea. Cuando abro la puerta y pregunto: '¿Puedo traerles algo?', un tipo en particular siempre dice: '¡Claro que sí! Entra y cierra la puerta. Te quiero a ti'."

El camarero dijo que el acoso que más le molestaba era que la gente pensara que era homosexual porque trabajaba de camarero. "Piensan que es trabajo de mujer y me miran del mismo modo que miran al tipo que trabaja en un salón de belleza."

A esta altura todas estaban asintiendo en voz alta. Una de ellas agregó: "Lo que realmente me molesta es la forma en que la gente nos desprecia. Nos miran como si fuéramos sirvientes. Son tan pesados y exigentes. A veces me gustaría tirarles la comida en la cara. No parecen entender lo difícil que es atender a la gente en un espacio tan reducido."

Otra agregó: "Sí, pero lo peor es la falta de respeto. Recuerdo a un tipo que se había quejado de todo desde que se subió al avión. La comida estaba demasiado fría. La lechuga de la ensalada estaba marchita. Le pusimos demasiado hielo a las bebidas.

"Finalmente, después de que yo había hecho varios viajes para servirlo, me dijo: 'Disculpe, señorita, ¿hace falta graduarse de la escuela secundaria para conseguir este empleo?' Traté de controlarme. Le dijo con la mayor calma posible: 'Todos los que trabajan en este vuelo tienen títulos universitarios y dos de nosotros tenemos maestrías'."

Una de las azafatas, que había guardado silencio hasta ese momento, dijo llena de ira: "¡Odio que se me trate como si fuera un pedazo de carne! Hace unos meses tuvimos el avión lleno de luchadores. Justo antes de salir, yo estaba metiendo el equipaje de mano en los compartimentos que están sobre los asientos y uno de ellos me tocó el pecho y me dijo: '¿Te molesta si doy un bocadito?'"

Cuando volví a mi asiento y pensé en lo que me habían dicho, me di cuenta de que todas sus historias seguían un patrón similar. Ya sea que se tratara de pellizcos, empujones o insinuaciones sexuales, comentarios humillantes acerca de la educación o acerca de varones que hacen el trabajo de mujeres, todas tenían un tema en común, una explotación degradante.

Eso es, en realidad, el meollo del acoso. Es aprovecharse de otra persona. Es una falta total de respeto por la personalidad ajena.

No se resolverá el acoso en sus muchas manifestaciones hasta que no tratemos el abuso de los valores humanos. Si los hombres y las mujeres pueden cambiar la manera de pensar los unos de los otros y el valor que se dan mutuamente, desaparecerá el acoso. Así que la cuestión es, ¿cómo podemos cambiar los valores de las personas, los conceptos que tienen como principios guiadores?

¿Qué causa el cambio?

Las ideas nuevas, o las formas nuevas de pensar acerca de una idea vieja, cambian nuestro parecer y nuestra personalidad sutilmente. Cuando nos exponemos a ideas nuevas acerca de problemas viejos, comienza a haber un cambio casi imperceptible. Por lo tanto, para cambiar los valores, hay que exponerse regularmente a ideas nuevas y positivas acerca de las áreas en las cuales se quiere cambiar.

Los acontecimientos que causan tensión frecuentemente producen un cambio radical de valores. Nos vemos enfrentados con una situación que nos obliga a pensar en nuestra posición y a tomar medidas. Por ejemplo, si usted está consciente de que la han acosado en el trabajo o ve que se está acosando a otra persona, ese acontecimiento que causa tensión, ese nudo en el estómago, puede ser su aliado. Le ayuda a definir de nuevo sus ideas acerca de lo que para usted es importante.

La discusión en grupo también le ayudará a reforzar cualquier cambio que esté haciendo. Al oír hablar a los demás, usted se sentirá más cómodo con algunos aspectos de lo que piensa sobre algún tema en particular; eso aumenta su confianza. A lo mejor se siente incómodo acerca de otros aspectos; eso lo desafía a volver a examinar y tal vez a reajustar su modo de pensar.

Por ejemplo, una discusión de este libro en grupos pequeños sería de beneficio para muchos grupos diferentes de personas, como parejas que están en una etapa de citas "románticas", hombres y mujeres que trabajan juntos, parejas casadas, grupos de estudio varoniles y femeniles. La discusión en grupo ejerce una presión sutil para que uno siga pensando en el asunto. Como se reúnen regularmente, no se puede ignorar el tema aunque en algunos casos sea algo doloroso pensar en ello.

El compromiso con una persona o un principio superior también cambiará los valores. Por ejemplo, la gente cambia cuando comienza a relacionarse con Jesús y a tratar de seguir sus enseñanzas diariamente. Cuando decide que quiere que su vida diaria personifique las actitudes que Jesús tenía hacia la gente, la trata con más dignidad.

Estas acciones individuales producirán cambios potentes en nuestra vida cuando las practicamos.

Un modelo que cambia la vida

Cuando leemos acerca de la vida de Jesús en las páginas del Nuevo Testamento, no lo vemos yendo tanto de acontecimiento en acontecimiento sino de persona en persona. Sus actitudes y sus acciones contrastaban vivamente con el comportamiento del acosador sexual típico. Piense acerca de la manera noble en que se relacionaba con la gente.

Respeto. Los acosadores tienen poco respeto por la gente. Pero hay muchos incidentes que muestran claramente el profundo respeto que Jesús tenía para todo tipo de persona. Como ilustración, piense en la mujer descubierta en el acto mismo del adulterio por algunos de los líderes religiosos. Pensaban que podían usarla para atrapar a Jesús.

Realmente no les importaba ella. Sólo querían un caso verificable de adulterio. Querían empujar a Jesús contra la pared teológica de la enseñanza del Antiguo Testamento: hay que apedrear a la gente que comete adulterio.

Ahora tenían la situación perfecta. Siempre me he preguntado cómo habrán hecho para atrapar a esta mujer. Tal vez alguien en su propio grupo religioso haya estado dispuesto a ser el hombre en la escena. Es interesante que no llevaron a ningún hombre con ella para ser castigado.

Cuando la pusieron ante Jesús con la acusación de que era una adúltera atrapada en el acto, él no la trató con desdén; tampoco trató a los acusadores con desdén. Sencillamente se inclinó hacia el suelo y comenzó a escribir algo. (Nuestra opinión personal es que estaba anotando los pecados de los hombres que estaban parados ahí, esperando para apedrearla.) Entonces hizo aquella gran declaración: "El que de vosotros esté sin pecado sea el primero en arrojar la piedra contra ella."

Uno por uno, los hombres se alejaron hasta que quedó Jesús solo con la mujer. En ese momento le preguntó:

—¿Dónde están los que te acusaban? ¿Ninguno te condenó?

Ella le respondió:

—Ninguno, Señor.

La respuesta de Jesús es sencilla:

—Ni yo te condeno; vete, y no peques más.

El respeto de Jesús por la gente se ve también cuando detiene al grupo de seguidores, mira hacia un árbol y llama a Zaqueo, el deshonesto y odiado cobrador de impuestos, y le dice que piensa ir a su casa para comer ese mismo día.

Se criticó a Jesús repetidamente por tratar a la "gente de clase baja" como iguales o superiores a la élite religiosa. En varias ocasiones Jesús sanó a personas que estaban fuera de la religión de Israel. En algunas de estas ocasiones se maravilló de que esa gente tuviera tanta fe. A una de estas personas le dijo: "Ni aun en Israel he hallado tanta fe."

Contacto físico. El acosador usa el contacto físico como una manera de vivir una fantasía personal. Pero Jesús usó el contacto físico como una forma de bendición. Fluía energía de él *hacia* la persona de modo que ésta se sanaba, se sentía alentada o más fuerte. En contraste, el contacto físico del acosador rebaja, explota y roba energía y bienestar a la otra persona.

A veces Jesús violaba las estrictas leyes religiosas acerca del contacto físico con las personas. Nadie debía tocar a un leproso para que no se difundiera la enfermedad. En una ocasión un leproso se acercó a Jesús y le dijo: "Si quieres, puedes limpiarme." La Biblia dice que Jesús extendió la mano y tocó al hombre y le dijo: "Quiero, sé limpio." ¡Y la lepra desapareció inmediatamente!

Sin embargo, si un hombre no tiene una amistad firme con una mujer específica, debería abstenerse de tocarla, especialmente si el contacto físico puede interpretarse como algo menos santo que el contacto de Jesús.

Libertad. El propósito del contacto físico, las palabras o las miradas del acosador es controlar y manipular a la víctima. Espera usar a la persona para su placer sexual personal.

Cuando Jesús se relacionaba con la gente, nunca había un sentido de control o dominio. Un joven rico e influyente fue a Jesús, deseando ser su discípulo. Jesús le dijo que si escogía la vida del discípulo, tendría que abandonar sus riquezas y el poder inherente en esa riqueza. El joven pesó la decisión y se fue triste.

La reacción de Jesús no fue de forzar o manipular al joven; fue darle libertad. El joven podía tomar su propia decisión, aunque Jesús habría preferido que escogiera seguirlo a él.

Crecimiento. En las situaciones de acoso las víctimas siempre se convierten en *menos* de lo que son. Se sienten impuras, incómodas en el trabajo, sospechan de la gente y se culpan a sí mismas. Pero cuando Jesús se asociaba con la gente, siempre tenía el propósito de ayudarles a convertirse en personas completas.

El mayor enfoque del tiempo que Jesús pasó en la tierra fue entrenar y equipar a las personas, librarlas de las limitaciones de su pasado y ayudarles a ver lo que podrían llegar a ser en el futuro. Esos incidentes iban desde ayudar a pescadores sencillos con una visión limitada a convertirse en sus apóstoles y escritores de los libros del Nuevo Testamento, hasta cambiar a hombres poderosos como el rico José de Arimatea que proveyó el lugar de entierro de Jesús. Cada una de estas personas llegó a ser mucho más de lo que había soñado.

Imitar la forma en que Jesús trataba a la gente eliminaría el acoso en el trabajo, la educación, la medicina, las fuerzas armadas, los encuentros románticos, la religión, el matrimonio y cualquier lugar donde aparece el acoso.

Una buena prueba para saber si sus acciones, o las de otro hacia usted, son acosadoras es preguntar: "¿Habría procedido así Jesús?"

El mayor de todos

Durante las últimas horas terrenales que Jesús pasó con sus discípulos realizó un acto sorprendente de servidumbre. Era su líder, maestro y modelo. Era Dios encarnado. Sin embargo, tomó una vasija de agua y lavó los pies, persona por persona, incluyendo los de Judas, quien lo traicionaría.

Se suponía que un siervo realizaba el lavamiento de los pies, pero ésta era una reunión privada debido a la enemistad política y religiosa en contra de Jesús. Por lo tanto, no había sirvientes para cumplir la tarea servil de lavar los pies polvorientos. Ninguno de los discípulos se ofreció para hacerlo, pero Jesús, el creador y sustentador del universo, sí lo hizo.

El acto de servicio de Jesús no sólo sorprendió a los discípulos sino que consiguió su atención para que pudiera explicarles su propósito. Realizó esta tarea servil para enseñarles a ellos, y a nosotros, que todos debemos servir a los demás. La persona verdaderamente grande no es la que recibe el servicio como jefe, cabeza, presidente. La persona verdaderamente grande es la que sirve.

Lo que usted cree *sí* cambiará su forma de pensar, sus actitudes y, en última instancia, sus acciones. Al comprender e imitar la forma en que Jesús se relacionaba con la gente, edificará a la gente en vez de acosarla. Sus contactos con las personas contraerán un aspecto positivo que ayudará a que otros se conviertan en personas completas y desarrollen relaciones profundas y genuinas con usted y con otros.

Lo que quiero

Alex B. Thompson es un danés extremadamente rico. Nació en Copenhague, Dinamarca, pero ahora vive en la Riviera francesa. Participa rutinariamente en transacciones que involucran muchos millones de dólares.

El señor Thompson tiene noventa y cuatro años y quiere dejar algo para que el mundo lo recuerde. Aunque es uno de los hombres más ricos del mundo, teme que no se lo recuerde.

Así que le pidió a la ciudad de Copenhague que le pusiera su nombre a una calle. Estaba dispuesto a pagarle cuarenta y un millones de dólares a la ciudad para salvar cualquier inconveniente que pudiera producir el cambio.

El consejo de la ciudad rechazó la petición. Tiene la norma de nombrar las calles sólo por gente famosa como Hans C. Andersen.

Alex Thompson fue entrevistado por televisión y habló de su tristeza. Tiene todo ese dinero pero tal vez no se lo recuerde. Una de sus declaraciones nos tocó con una tristeza profunda: "Es demasiado tarde para ser grande."

Enfocó la energía de su vida en el poder y el dinero, no en la gente. Sí, es un hombre poderoso y rico, pero es probable que sólo se lo recuerde porque la ciudad de Copenhague lo rechazó. Es triste que al final de la vida se dé cuenta de que es demasiado tarde para hacer algo por el mundo.

Qué gran inversión sería si ajustáramos nuestros valores ahora. Entonces nosotros —y las personas cuyas vidas tocamos— no tendríamos remordimientos cuando termine nuestra vida.

MW01639788

The PROFITS of Persuasion

The PROFITS of Persuasion

Leonard H. Roller

International Resources 1988 San Luis Obispo CA

Illustrations by Jeff Nemeroff and Dennis Gilsdorf

ISBN 0-914598-24-4
Printed in the United States of America

Published by International Resources
P.O. Box 1275
San Luis Obispo CA 93406

Contents

Dedication

For Katharine

Who has taught me more about true communication than anyone

With love

Preface

Back in 1924, President Calvin Coolidge set an interesting standard of communication. It emerged from an exchange with a newspaper reporter.

"Have you any statement on the campaign?" he asked.

"No," said the President.

"Can you tell us something about the world situation?"

"No."

"Any information on Prohibition?"

"No."

As the disappointed reporters left the room, Coolidge called out: "Now remember—don't quote me!"

Sixty some years later, that story seems unbelievable. More recently, Presidents and media never seem to let up in their efforts to communicate with the public.

In the fast-paced information age, others in society have joined politicians in recognizing the need to achieve more effective levels of communication. That recognition has not come without some pain, but business executives—whether corporate policymakers or line managers—have learned they cannot function in a closed environment. With pressure from regulators, media, special interest groups, stockholders and the general public, they must respond to outside stimulation and they must reach out with their messages through public speaking and other forms of communication.

How can executives take advantage of these challenges? Clearly they must be *informed.* Beyond that, they must be trained to deal skillfully with information and events in a manner beneficial to their companies.

Leonard Roller is a masterful provider of training which equips business executives with the powerful communications skills needed to deal with the media and all forms of spokesmanship challenges. He has trained thousands of men and women in his highly-successful workshops and those proven techniques are now instructionally woven into the pages of *The Profits of Persuasion.*

From preparation to delivery, Roller will light the way for the public speaker. You will learn how to select and prepare something interesting to say, thus avoiding the predicament which moved Samuel Johnson to chide Boswell: "You have but two topics, yourself and me, and I'm sick of both." You will learn to avoid a deadly pitfall such as that described by Dwight D. Eisenhower: "The longest lectures almost always come from those with least experience."

And you also will learn how to evaluate your audience and assess your role as a public speaker. All in all, the book is a re-creation of a Leonard Roller seminar experience.

The days of Calvin Coolidge are long gone. *The Profits of Persuasion* will prepare you to manage a new age in which communication plays a pivotal role in shaping our lives.

James R. Galbraith
Senior Vice President-Corporate Affairs
Hilton Hotels Corporation

Introduction

> If all my powers and possessions should be taken from me save one, I would choose to keep the power of speech, for with it I could soon regain all the rest.
>
> —Daniel Webster

"Who's Going To Buy It?"

That was the immediate question that popped into my mind as I contemplated writing this book. Certainly, any responsible publisher would ask the same question. To no one's astonishment, I soon came up with several candidates:

- Businesspersons who recognize the correlation between spoken communication skills, career advancement, and company profits.
- Businesspersons who understand that personal development of executives and corporate success go hand in hand.
- Executives who recognize that inadequate spoken communications often lead to a thinner bottom line, that communications misunderstandings are champion "profit-stealers."
- Anyone who wishes to enhance his or her ability to present their point of view more clearly, more confidently, and more persuasively.
- Anyone who wishes to influence anyone about anything.

Is this, then, merely another self-help book for rising business executives, or for those who already occupy the senior offices? I think not. To begin with, you wouldn't be reading this book if you had not already achieved a modicum of success. You are probably looking for more than just another self-helper. You want to know how this book will help you and your company be more successful. And you may be searching for ways to be a more successful person as well as a more successful businessperson. Well, I find it difficult to separate the two, don't you?

Although the techniques set forth here can be very helpful to the businessperson on any level, the skills of persuasion have very wide application. The conference room and the boardroom are not as remote from the living room, the clubroom, or the church pew as you may think.

The basics of persuasive spoken communications apply to the widest variety of human encounters.

The Company Voice

In conducting more than four hundred spoken communications skills training seminars during the past fourteen years (and, prior to that, in an eighteen-year career in public relations, with heavy emphasis on speech-writing and media interviews), I have learned that board chairmen, presidents, v.p.'s, and middle managers on the way up have one thing in common. They recognize the need for effective, *persuasive* spoken communications both within the organization and with the outside world.

Success in business, profits, job satisfaction are not generated merely by capital investment, savvy mergers, efficient production methods, clever marketing strategies, or enlightened management policies. In these days of satellite relays, television, videocassettes, national newspapers, instant worldwide telephonic connections, and teleconferencing, the emphasis is more and more upon effective spoken communications. In this age of the militant consumerist, the governmental watchdog, higher and higher public expectations, and let's face it, widespread suspicion of the business world, the successful executive needs to be persuasive, whether dealing with the board of directors, shareholders, legislators, customers, fellow-employees, or the media.

Not long ago, a wag observed, "After all, this business of effective communications is not a matter of life and death—it's much more important than that!" President Calvin Coolidge is reputed once to have said, "The business of America is business." Be that as it may, the business of America today is communications.

Every company has a voice. It's up to each company what kind of voice it will be—a silent voice, a hoarse, confused voice, an angry voice, or a persuasive voice.

Top managers of successful corporations realize that. I know. I've worked with the best. Time after time, following one of my spoken communications seminars for senior management, I have been asked to make my training programs available to others in the organization. The leaders of blue-chip corporations with whom I've worked, companies such as Westinghouse, Atlantic Richfield, Lockheed, Duke Power, Pacific Bell, Union Oil, Battelle, Bank of America, and others want their up-and-coming managers to be part of that company voice. That's why upon numerous occasions, they have suggested that I write a book that would recreate, in portable form, my training seminars, so that they could be brought to those who had not personally participated.

That's why I wrote this book.

What This Book Can Do For Your Company —And For You

You and your fellow-executives in the company will use my methods for self-improvement and more confident public speaking. Please note, however, that the title of this book is, "The Profits of *Persuasion*," not, "The Profits of Talking." Talking may, of itself, be pleasant, entertaining, even purgative. But talking to *persuade* is "where it's at." A marketing director once told me, "Nothing happens in this world until somebody sells somebody something." Think about that. As reluctant as we may be to accept the title, "Salesman," or "Saleswoman," isn't that just what successful people are?

Doesn't the President of the United States try to "sell" his programs to the Congress, his policies to the public? Don't the heads of America's greatest corporations try, directly or indirectly, to "sell" their companies' securities to Wall Street? Isn't Lee Iacocca primarily in the business of "selling" Chrysler automobiles?

With my techniques of persuasion, you will improve your ability to influence people—at business and elsewhere. You will be able to train your staff—they will, in fact, train themselves through my methods—to meet higher standards of communication within the company, and with the outside world, too. These techniques, tested in the boardroom, the conference room, and the clubroom, will also help you to reduce confusion, delay, poor morale, and lower productivity, those "profit-stealers" that so often stem from miscommunication.

Earlier, I spoke of executives who had suggested I write a spoken communications training book. In turn, I asked them, "How would you use it?" Some wanted it for personal review, to keep their spoken presentation skills sharp. Others wished to use the material as a guide in conducting in-house spoken communications seminars. Still others cited the following applications:

- As a manual for training any employee to speak more clearly and more persuasively both in-company and to the outside world.
- As an aid to the personal and professional growth of all employees. (One CEO told me, "The more rounded my executives are as *persons*, the more effectively they can contribute to the bottom line.)
- As a guide to enhancing company spokespersons' ability to present the organization's point of view, policy, or program.

- As a means of accelerated career advancement because of improved communications awareness and ability.
- As a timesaving tool to avoid costly misunderstanding and repetition.

Though we "accentuate the positive" in this book, that does not mean we turn our backs upon the negative. And the penalties for ineffective communications are many and painful. One example is the well-known "Rule of Ten," anecdote. A customer comes to the bank with a small problem about her checking account. It's overdrawn by a few dollars, but the problem is that the bank keeps bouncing her checks, charging her for the returned checks, but never communicating with the customer in the first place to tell her that the account is overdrawn. Worse still, when the customer comes in to straighten out the mess, and complains that the bank is remiss in looking out for her interests, the clerk with whom she is talking loses her cool and says, "If you'd kept enough money in the account in the first place, none of this would have happened." (And, presumably, "I wouldn't have to be wasting my valuable time with you.") The one customer, exasperated, complains to the clerk's superior. Ten who witness the loud conversation are irritated. They, in turn, each tell ten friends about it. Now 111 customers are involved. They in turn . . . and so it goes. Negative communications performance often goes far beyond the immediate parties concerned—both in numbers of people affected and in the unfavorable consequences.

If that kind of communications contretemps were to occur in your company, how much might it cost in the long run? That's a typical example of a communications "profit-stealer."

STOP READING, RIGHT NOW. Take a few moments to jot down the things you'd like to get out of this book. Keep the list in front of you as you dig into the chapters that follow. The more aware you are of your business and personal objectives in working with this book, the more profit you and your company will get out of it.

Approach

A book is not a workshop. Does this mean that you won't get your money's worth? I don't think so. Because the objectives, organization, approach, format, and exercises that have worked so successfully for hundreds of executives in actual training programs are recreated, in a form that permits you to *teach yourself*. There is even provision for you to give yourself feedback on your own progress.

To help you maximize that progress, I suggest you obtain two things:

- A simple, legal-sized, lined pad. Keep it next to this book. It will serve both as a notebook and a journal of your progress.
- An inexpensive audio tape recorder and playback (most radio-TV appliance, or department stores carry them) with three or four 60-minute blank cassettes. More about your use of this learning tool later. (Here's a hint, though. It will be your "sound-mirror.")

Beginning At The Beginning

Throughout this book, I am going to request that you play little "thought games" with me, games that will help to clarify various principles of spoken communications. Let's begin then with our first "thought game." Pretend that you are seated in a not-too-comfortable chair, one of six placed in a semi-circle at one end of a smallish conference room. It is 8:00 o'clock in the morning, the opening day of a three-day Spoken Communications Training Workshop, and you and the other five participants are waiting for the proceedings to begin. Your arms are folded over your chest in what a body-language expert might term the "show me" position. You may even catch yourself in the middle of a yawn, a yawn compounded of equal parts of tension, expectation, suspicion, and perhaps the residue of the previous evening's preparatory activities.

Out bounces the Instructor, who carefully places himself directly in a pool of light facing the participants, smiles briefly, and being sure to establish eye contact with each participant says, "Are there any Bible students in the group?"

The Word Is God

After some hesitation, a hand or two goes up. "Good," says the Instructor, "in this kind of work, a little religion and a lot of prayer are frequently helpful.... Can anyone quote to the group the first few lines of the Gospel according to St. John?"

After a few false starts, someone comes up with the correct response. "In the beginning was the Word, and the Word was with God, and the Word was God."

Lest any still-skeptical member of the group misinterpret the emphasis, the Instructor explains that the eliciting of this quotation is neither a digression nor an attempt to impart a religious flavor to the proceedings.

"The simple fact," continues the Instructor, "is that we live in an age where the Word is God. Literally. Be it in business, in your social or family life, or anywhere else, the Word is everything. You get the word. You pass the word. You give the word. And if you are a good person as well as a good communicator, you keep your word.

"Believe me, one word makes a difference. One inflection makes a difference. Mark Twain once observed, 'The difference between the right word and the wrong word is the difference between lightning—and a lightning bug.'

"That ends our first thought game, but not the thinking process."

Lightning—or a Lightning Bug?

The point of that initial segment of a training workshop is that, today, it is the individual who uses the spoken word effectively, whether to influence one person or millions, who holds the key to popularity, power, and success.

Thumbs Up, Thumbs Down, And Other Digital Indications

Yes, one word can make a huge difference. So can one gesture. If you want a demonstration of *that*, then let's play another "thought game." Come back with me some seventeen centuries to the Coliseum (no, not the Los Angeles Coliseum, the Roman Coliseum). It's a blazing hot day in August. The sky is like a polished brass bowl. The stone seats are overflowing with thousands of Roman citizens in their white togas. In the place of honor (well-situated for viewing the combat, but not too close to the arena lest the spotless imperial toga be sprayed with blood) sits the Emperor and his retinue.

Below, on the burning sands of the arena, a pair of powerfully-muscled gladiators hack away at each other with short swords. After a fierce engagement lasting perhaps fifteen minutes, one of the warriors, exhausted from the combat, or weakened by his wounds, slips and falls, losing his grip on his sword. Swift as a striking serpent, his adversary kicks away the blade, plants his foot upon his opponent's heaving chest, holds his own gleaming weapon high and looks up to the Emperor's box.

May I suggest that there is a hell of a difference between the thumbs up signal and the thumbs down signal?

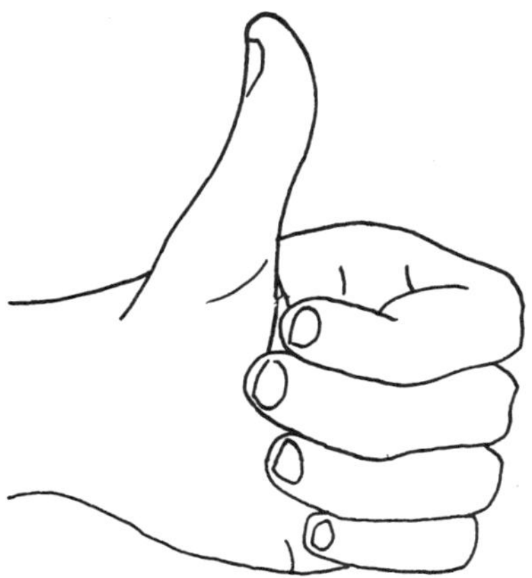

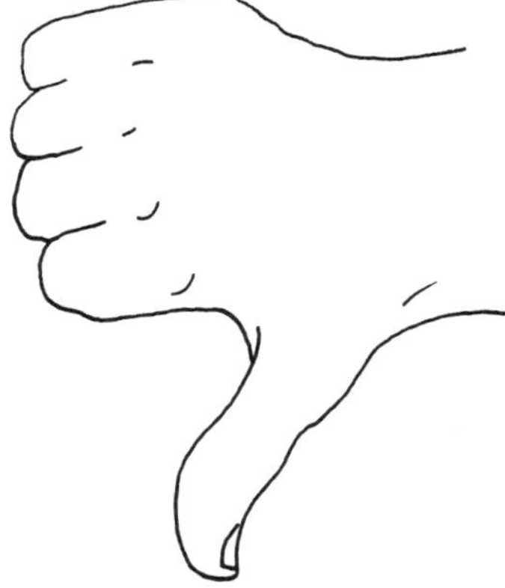

Too often today, even the most well-intentioned speakers find themselves confronted with the thumbs down signal—or other digital indications that are considerably less elegant.

It is a prime objective of this work to help you earn the thumbs up signal from those you wish to influence. If you study the techniques carefully, and conscientiously perform the practice exercises suggested, the odds are that you will.

What else do you need to know to make this book-cum-workshop of maximum use to you?

Premises And Promises

If you were about to embark upon an automobile trip at night along a steep and perilous mountain roadway, you'd be a damn fool not to bring along a good map and a description of the nature of the terrain.

I think, before we get down to business, that I owe you some description of the route we're taking.

- It's your "show." True, I am presenting techniques of spoken communications that have virtually universal application and a proven record of success. Nevertheless, it will be up to you to select those techniques that apply to your own personal situation. It's a little like a smorgasbord. I'll cover the table with all kinds of goodies. Some people will prefer the turkey. Others the roast beef. Still others the smoked salmon, or the egg salad. No one can make that individual choice but you.
- The techniques are real-world-oriented. I'm not interested in semantic theory, behavioral psychology, mnemonics, except as they may impact upon the practical challenges of speaking with other people. I'm interested in techniques that will work for you in *your* world. So, there will be a minimum of theory and a maximum of practical suggestions and exercises for improvement.
- Speaking of practice... You're welcome to nitpick the specific numbers, but my experience and studies of the learning process demonstrate that we remember about 10% of what we hear, about 20% of what we see, about 30% of what we see and hear simultaneously—and upwards of 70% of what we *do*. So this is a *doing* book. Sorry about that, but you're going to have to put out a little effort here. After all, you wouldn't expect to become a golf pro or a tennis champion merely by reading a book about it. Speaking—whether

informally or formally—is somewhat akin to an athletic endeavor, and like most athletic endeavors, your skill at it will improve by practicing the right things. That's why I urge you to take the practice exercises in each chapter of this book very seriously. The more you sweat, the more you'll get out of it. So, sweat a little!

- About repetition: The story is told of the young American tenor who is invited to sing a role in Puccini's *Tosca,* at the renowned La Scala Opera House in Milan. On opening night, he sings one of the most poignant arias, and upon his completion of the passage to his pleasurable surprise, the whole house goes crazy, with much stamping, whistling, and repeated cries of "Encora! Encora!" ("Again! Again!"). Flattered, he sings the aria again, and again. When he has finished, the audience responds with roars, whistles, and cries of "Encora! Encora!" This continues for several reprises until, his throat growing hoarse and under the admonishing glare of the conductor, the tenor steps to the edge of the stage and says, "I'm overwhelmed by your fantastic response to my performance. I'd love to keep singing encores all night, but, you know, the opera must go on." At which point, one of the audience leans over the railing in the balcony and shouts, "You gonna sing it till you get it right."

  If you want to be an effective speaker, I suggest you practice the exercises in this and other chapters conscientiously and until you "get it right."
- Crossover Value. Too often, people make an artificial and none-too-accurate distinction between public and private speaking. There are, to be sure, differences between speaking "formally" to a group from the platform, and "rapping" with friends or family at home. But the differences are a matter not of essence, but of degree. The techniques that make for clear, sympathetic, interesting spoken communications before a luncheon attended by 500 guests are likely to be equally effective in one-on-one situations, even of the most intimate variety.
- Is it all brand new? Since I invented neither the mouth, the tongue, the brain, nor the words with which we express ourselves, of course not all of these techniques are brand new. They are about as new as Demosthenes rolling marbles in his mouth, Lincoln's Gettysburg address, or whispered

words of endearment from a loved one. What *is* different, however, is the isolation of these techniques, for learning purposes, and their application in a controlled, systematic way.

What It's Not

Having indicated what our approach to spoken communications *is*, it may be helpful to consider briefly what it is *not*.

It is *not* charm school. Whoever and whatever you are, you're stuck with you—unless you want to get into therapy, self-hypnosis, or a prefrontal lobotomy. It took you x number of years to develop into what you are and this book, though it may influence your future development, will not magically transform you into another person. It will, however, help you maximize your potential as a speaker.

It is *not* acting. I've too much respect for each individual personality to even hint that you should try to act like somebody else. Why bother? First of all, the chances of your carrying it off are not too good. Secondly, most of us function best as ourselves, though admittedly there is a small minority of people who can only fulfill themselves by escaping from themselves. Besides, you'd be amazed how poor at real world spoken communications many actors are. (I have lived in Los Angeles, and know quite a few of them. If it's any consolation, many of them are just as nervous about speaking in public as you are.)

If you ever entertained the notion that professional actors are born public speakers, disabuse yourself. A few years ago, a very well-known motion picture and TV actor, the star of his own detective series, guested on the Johnny Carson Show. The resultant interview, for which the Thespian was plainly not prepared, was a "classic." The actor answered Carson's bright and humorous questions with grunts and monosyllables. An increasingly uncomfortable Carson tried to hold up both ends of the conversation. To no avail. The actor either didn't have anything to say, or was unwilling or unable to say it, and the tape is still shown by Carson as an example of one of the worst interviews he ever conducted.

The point is that acting and speaking on your feet are two entirely different things. Of the two, acting is easier in one respect. The actor is furnished with a written script, usually by a professional writer, and has the opportunity to rehearse his "lines" under the watchful eye of a professional director, using all the tricks of his theatrical trade. The speaker, on the other hand, is not ordinarily a character in a professionally-written comedy or drama, has not rehearsed his movements and his lines to any significant extent, and has not had years of professional training. Admittedly I'm prejudiced, but I believe that the speaker's job is harder than the actor's job.

Actually, what we do is the antithesis of acting. We're trying to help you be your natural self in tension-laden public and private speaking situations.

And it's not "Dear Abby." This book is not designed to advise you on your personal or business affairs. That would be an act of arrogance. It is designed to help you communicate better what you know.

A Word About Persuasion

Persuasion is neither a magical power, nor a matter of force. Nor is it a rhetorical notion without significant impact on the real world. For persuasion to *be* persuasion, it must to one degree or another, influence somebody, "sell somebody something." Otherwise, the word, for our purposes, is meaningless. The process of persuasion may influence a group of employees not to steal each other's places in the parking lot. Or it may encourage plant workers to be more heedful of safety rules. It may influence a nation to go to war, or to sign a peace treaty. It may even convince those who employ you to increase your remuneration. For it to have palpable impact on others, persuasion must be verbally focused, like a laser beam, on "asking for the order." (If you're in sales you already know what that means. If you're not, you'll have to wait until we get to Part Two!)

But, as the impatient seducer said, enough of talk!

Let's get to work.

Before you go forward, it's a good idea to know where you're at. I've provided the SPEAKER'S ASSESSMENT CHECKLIST for you. Fill it out. Answer all the questions as candidly as you can. It will help serve as a benchmark against which to measure your progress in the days and weeks to come. BUT WAIT! Before you put pencil to paper, are you feeling really gutty? If so, photocopy the *blank* form and give it to a few of your closest associates or friends. Ask them to fill it out, providing their impressions of you as a speaker. You may be surprised, flattered, or depressed by their responses; but the process will provide you with valuable insights on how others perceive you.

Keep the SPEAKER'S ASSESSMENT CHECKLIST in a folder with your notebook. You'll be referring to it again.

SPEAKER'S ASSESSMENT CHECKLIST

Part I — Delivery Style

All of the following checklist categories are designed to measure your *delivery* style as a speaker. Check one.

Style is less important ☐ than content.
more important ☐
as important ☐

On the platform the speaker should be more formal ☐ than in normal conversation.
less formal ☐
about the same ☐

Stage fright is good. ☐
bad. ☐
manageable. ☐
all of the above. ☐

Body language and gestures are as important ☐ as the words you speak.
less important ☐
more important ☐

Vocal punctuation and variety are absolutely necessary. ☐
only affectations. ☐
wholly unnecessary. ☐

A speaker should be caring ☐ about his subject.
uncaring ☐
objective ☐

A speaker should always be persuasive. ☐
objective. ☐
humorous. ☐

Self-Perception (How you see yourself as a speaker.)

Strengths:

____

____

____

____

Weaknesses:

____

____

____

____

Occasions upon which I would like to speak:

____

____

____

____

Occasions upon which I would not like to speak:

____

____

____

____

Part I
Delivery Style

We'll have a speech straight. Come, give us a taste of your quality. Come, a passionate speech.
—*Hamlet*, Act II, Scene II

Speak the speech, I pray you, as I pronounc'd it to you, trippingly on the tongue. But if you mouth it, as many of our players do, I had as live the town crier spoke my lines. Nor do not saw the air too much with your hand, thus, but use all gently; for in the very torrent, tempest and (as I may say) whirlwind of your passion, you must acquire and beget a temperance that may give it smoothness.
—*Hamlet*, Act II, Scene II

style: a mode of expressing thought in language; esp: a manner of expression characteristic of an individual: overall excellence, skill, or grace in performance, manner, or appearance.—*Webster's New Collegiate Dictionary*

Imagine yourself at your favorite restaurant. Be a sport. Pick one of the more expensive spots in town. Now imagine yourself and your companion seated at a lovely, candlelit table, with a spotless white cloth and perhaps a small crystal vase of fresh flowers. The captain comes up and graciously and unhurriedly takes your order. And, indeed, your main course is a delectable one. (Is it lobster? Steak? Rack of lamb? You name it.) A decent interval passes and the waiter brings your order. There it is, your lobster, or what-have-you, looking quite nicely done. But, wait a moment! What is this? The waiter's sleeve is dirty. In fact, his hands are dirty. Worse still, his fingernails are black! What's going on here? You peer again at the platter containing your main course. The platter, too, is dirty, with little dried splotches of something unappetizing cozied up right to your meal!

In such a situation, what would happen to your appetite for that lovely dish you ordered? If you're like most of us, it would disappear, and could be replaced by rather a contrary sensation.

You get the point, of course. What good is the most appetizing dish in the world if it is "served up" in an unappetizing manner? And, if the analogy may be stretched a bit, at a conference or meeting, you, the speaker are the waiter. The content of your talk is the "main course," but how it is served up depends upon your *style*.

Getting The Word Out: Style vs. Content

Marshall McLuhan made famous the adage, "The medium is the message." With due respect to Dr. McLuhan's shade, I differ with him on that one. I hold that, "The *speaker* is the message." Don't misinterpret that statement. It's not that the message isn't vital; indeed, *what* you have to say is still the most important aspect of communication. But I cannot tell you how many times a worthwhile message is denuded of impact and drained of meaning by dry-as-dust delivery.

The graveyard of failed speakers is littered with the bones of those who believed that content alone is crucial.

Think back to speakers who have impressed you, teachers you remember fondly, actors whose performances you have enjoyed. Was it merely the words they spoke that affected you? Or was it the combination of the words and the *style* in which they were presented? The converse is equally true. If you've ever suffered through an inept production of a fine play, you know that just as the loveliest rose can be spoiled by aphids, even the beautiful words of a Shakespeare, Shaw, or Williams can be sucked dry of their impact by flat delivery style.

Returning to Webster's definition of "style" for a moment, note that it is described as "... a manner of expression characteristic of an individual." That's worth noting, especially the emphasis on the *individual*. To be truly effective, style should be characteristic of the individual—not an artificial, perfunctory gesture, not an inflection you picked up by watching Dan Rather, not a self-conscious attempt to imitate a Johnny Carson smile. Style should—must—be *you*. The best you available, but, nonetheless, you. The secret of effective speaking, either in public or in private, is to be natural—to be *you*.

Speaking Or Speeching: Being Your Natural Self In An Unnatural Situation

To most people, speaking in public is an unnatural act. Because they are uncomfortable in that situation, speakers often adopt artificial, even eccentric mannerisms—speaking in a "rhetorical" tone, making theatrical gestures (or none at all!), reading from a script in the most mechanical way. These devices are not only ineffective, they often detract from the effectiveness of the speaker.

Lesson I of good speaking style is: Be yourself. You're better at being you than anyone else! You've come as far as you have so far in life by being yourself, and chances are that the only dramatic changes will come from within. Artificial manners, pretension, on the platform or off, will be self-defeating.

The analogy is not limited to theatrical performances. Information vital to business decisions, sermons of religious inspiration, words of love can all be distorted, even ruined, by ineffectual presentation. That is one reason we begin with *delivery style*. There is another. It has to do with the vast difference between writing and speaking. Writing is designed to be read. The eyes have it. Punctuation is a prime tool of the writer. He can use a period to indicate the conclusion of a thought. He can use separate paragraphs to denote separate ideas. He can use caps, italics, or underlining as devices for emphasis.

But what of the speaker? The speaker's prime target is the ear—although the skillful speaker will reinforce meaning and emotion by facial expression, gesture, and body language. How does the speaker separate thoughts and ideas as he or she speaks? How does the speaker tell the audience to "... pay attention, because this sentence is of prime importance"? The speaker does it primarily with his *voice*.

Speaker and writer do have certain things in common. For example, both speaker and writer endeavor to bring variety to their presentations. Each strives for clarity. Each endeavors to lead the audience step by step in logical sequence to a desired conclusion. Indeed, each strives for *style*. The devices they employ, however, differ in many respects.

My years of experience have demonstrated, again and again, that, unlike the writer (once the topic, audience, and other limitations of the talk are established) the speaker should plan how he or she will *present* the speech, at the same time that he plans the content. For the harmony between content and delivery style is what makes a speech—before an audience of one thousand—or of one.

Topic 1:
Stage Fright: A Good Servant, But A Poor Master.

Objectives:
To understand the causes of stage fright.
To master stage fright and make it work for you.

Average reading time:
13 minutes

Exercises:
6

Showing up is 80 per cent of life.—Woody Allen

You are sitting on the dais at the Chamber of Commerce luncheon where you are the featured speaker. You have managed to get down a few mouthfuls of limp chicken and hard peas, and you've even had a taste or two of the chablis—though it's a little hard to raise the glass to your lips because it keeps slipping through your sweaty palms.

Along about the coffee service, the chairperson stands up, fiddles with the mike and begins the introduction of the speaker. (If you're lucky he or she pronounces your name right and doesn't make too much of a botch of the biographical notes which he probably hasn't looked at until now.)

To say you feel butterflies in your stomach would be an understatement. They are more like vampire bats. Your limbs tremble and your mouth feels like the Gobi desert. You are suffering from stage fright. As the name implies, stage fright is caused mainly by fear (though other factors, too, are involved). The fear, in turn, causes undue muscular rigidity without the usual accompanying relaxation. With continued tension of certain muscles, there may be a trembling or shaking of the muscles involved—to say nothing of dry mouth and wet palms! But, like it or not, your moment in the sun is at hand.

As you arise and walk on wobbly legs to the podium (and the waiters, despite the sternest of injunctions, begin noisily to clear the tables), you wonder:

- Will I forget my speech?
- Will people walk out?
- Will those who don't walk out really listen?

- Will the waiters *ever* finish rattling silverware and clinking glasses?
- Why did I ever agree to do this?

Welcome to the club, friend. You're suffering from stage fright. And you're now waiting eagerly for me to provide the hitherto unknown secrets that will enable you to rid yourself forever of this scourge of the speaker. Right? Wrong! I can't do it. I cannot banish your stage fright forever. Sorry about that. Heck, after almost thirty years of stage acting and public speaking, I can't get rid of it myself!

It is, then, hopeless? Not at all. I can't exorcise your stage fright (and, believe it or not, if I possessed that magic secret, I wouldn't use it for reasons I'll explain shortly). I can, however, help you understand it better, lessen your anxiety, even show you how to make it work for you. (If you can find someone who can do more, give me the party's name and address and I'll refund your purchase price of this book!) (And forget about hypnosis. We're talking consciousness here!)

Let's take a brief look at the "why's" of stage fright.

Lack of Preparation. If you're feeling stage fright because you haven't prepared, you're right. You *should* be scared. If you're Johnny Carson or Bob Hope you can think fast enough on your feet to keep an audience entertained with your ad-libbing, but how many of us are Carson or Hope? Moreover, even that kind of ad-libbing has its limitations. How can any mere mortal deliver an interesting, meaningful, purposeful talk about any serious subject without some preparation?

It's proper preparation, including structuring your subject matter, organizing your notes, and practicing delivery which can raise your confidence level. After all, when you address a group of people, or an individual about anything serious, it's *your* rear end that's on the line.

I'll be going into the subject of preparation later on, but here are some preliminary questions you should answer before you step onto that platform:

- Who is my audience?
- What is my specific topic?
- How much time is allotted for my talk?
- What will be the physical setting? (Including speaker's stand, microphone, lighting, size of audience, layout of seats, acoustics.)
- Program: Do I go on right after lunch? (Avoid *that*, if you can!) Will the waiters be clearing while I'm talking?
- What kind of notes will I use?

- What about visual aids? (e.g. slides, vu-graph, tapes.) Who's running the equipment and will I have a chance to practice with that person?
- How well-prepared am I for questions?

You feel stage fright because you want very much to be perfect—or at least very, very good—in front of your audience. You want to win their approval, respect, and, yes, even admiration. I suppose a psychiatrist would call it a minor form of narcissism. I call it pride. And the challenge of making people admire you generates tension, the tension that is felt by the warrior going into battle.

The obverse of that coin is the fear of failure. Those faces (or that face) out there (some of them already glassy-eyed and you haven't even begun yet!) are saying, "Show me." If you stumble, stutter, stammer, forget your place, or are just plain dull, your audience may soon turn out to be a group of "missing persons." (And it doesn't matter whether their bodies are still planted in their seats, if their attention is elsewhere.) Now your unconscious "fantasy machine" takes over, generates all kinds of horror scenarios—humiliation, derisive laughter, a rising tide of intra-audience conversation, snores—a nightmare that need not and probably will not take place.

If you really care about what you came to say, you want your audience to get the message. That eagerness engenders a certain amount of tension. Couple that with the unconscious feeling that if they don't accept the message they also reject the speaker and is it any wonder that you feel uptight?

Let's look at the positive side of those "anxiety generators" a bit more closely.

Lack of Preparation? That's easy. Be prepared.

The desire to *excel*, to be admired, is universal. For a thoughtful, well-prepared speaker it is not beyond reach. (And if you're not well-prepared, what are you doing there in front of all those people?) Beyond that, you've often got some good things going for you in the audience. Your wife or husband. Your kids. Friends. Associates. The s.o.b. who conned you into taking on this assignment. They're rooting for you. As for the others, they *want* to be impressed. Why? Because they really don't want to sit through a boring speech by a boring speaker. It's called avoidance of pain. They want to feel and to tell others that the time they spent listening to the speaker was time well spent, that they learned something, and even enjoyed themselves. (Unless you've chosen an audience of adversaries, which is a different story and offers all kinds of interesting challenges.)

Fear of Failure. What's wrong with a little healthy fear? Fear is a prudent emotion that keeps a lot of people out of trouble. Fear warns us not to touch the top of a hot stove. It reminds us to look both ways before crossing the street. It helps us make sure that our seams are straight, our fly is zipped, our act is together. Fear, at least normal fear, is our friend. More importantly, fear is part of the emotional and physiological preparation we go through when faced with a "fight-or-flight" situation. It starts the adrenalin pumping, increases our heart rate (needed for increased demands upon the physical apparatus), sharpens our perceptions. *Stop looking at stage fright as an enemy. Stage fright is like fire. It's a poor master but an excellent servant.*

Years ago, I had the exciting experience of handling publicity for Joan Crawford. (Contrary to the grotesque portrait of Joan in *Mommie Dearest*, I always found her to be sensitive, considerate, and fun, but that's another story.) Would you expect Joan Crawford, a veteran of scores of motion pictures and television appearances, as well as many, many public appearances and speeches before business, professional, charitable, and philanthropic groups, to suffer stage fright before speaking? In fact, there were times when she suffered so badly from stage fright that we were afraid she would be physically sick. But it never fazed her. When the time came to face the public she did so—eloquently, movingly, confidently. Because she recognized that stage fright was *part of her preparation* to do a terrific job.

Desire to Convey a Message. This is the most laudable of all reasons for stage fright. In extreme cases it can be called Messianic zeal. The more conviction you have of the importance and rightness of your message, the better chance you have of convincing others.

The trick is to concentrate not on "how am I doing?" but on the *message*. The more you turn your attention to the message, the less attention you'll turn back in on yourself and the more relaxed you'll feel.

Tips And Exercises To Help You Deal With Stage Fright

These exercises are designed to help you deal with stage fright, and even *use* it to make you a more effective talker. You need to keep one key point in mind, however. Unless you have the ad-libbing talents of a Don Rickles, the wit of an Oscar Wilde, the peerless language of a Samuel Johnson, and the guts of a thief, you must never make a speech without proper preparation. It's amazing how being prepared can soothe the nerves.

Not every technique listed here will work the same way for every speaker. Use whichever of these techniques works for *you*.

Before Speaking

—**Familiarize yourself with the setting.** Get there early. If there is a reception, mingle with the guests. You might pick up some valuable little "gems" for your talk. Practice standing and delivering your talk where you actually will deliver it. Make sure the mike and the lights are working. Make sure you can see your notes up there. Check out the audio-visual equipment if you're using any. Nothing is more embarrassing than slides out of order, or a vu-graph with a missing bulb!

If food and drink are part of the occasion, don't overindulge. In fact, I would avoid any alcoholic beverages, even mild ones. Alcohol may give you the illusion of courage, but it may lessen your performance. Avoid carbonated drinks because your first communication with your audience might be a burp!

—**Shake out your hands**, the way basketball players do before they shoot foul shots. You'll be doing it for the same reason—to shake out tension.

—**Rotate your head** in a circle first clockwise then counterclockwise as you consciously try to relax your neck muscles. Dancers and athletes do this all the time to reduce tension and prepare for action.

—**Touch your toes** a dozen times without bending your knees. (If you can't, stage fright isn't your *only* problem!)

—**Hum**. That's right, *hum*. Hum a tune if you wish. Or just hum. It's a painless way to release tension and warm up your voice.

(I wouldn't recommend that you perform the last four exercises in front of your audience. They might become concerned about your mental condition. But there may be a dressing room. Or a quiet corner. Or, if worse comes to worse you can try the restroom. Chances are you'll want to pay a visit there before speaking, anyway.)

On your way to the platform, breathe slowly and deeply. Walk deliberately and calmly. When you get to the platform, remember that *you* are the master of the situation. You are in the position of sharing some information with your audience that may benefit them.

On the Platform

You're on your way to the platform and those vampire bats are really doing a fandango in your stomach. What can you do about stage fright while you are actually *on* the platform, making your speech?

The answer is: plenty.

The first rule is *forget thyself*. Concentrate on your message. Concentrate on establishing and maintaining rapport with your audience. Stop staring at yourself in your private mental mirror; instead, lose your self-consciousness in meaningful activity. How?

—By allowing your audience to settle down. Wait until most of the coughing, throat-clearing, whispering, and chair-scraping have subsided. Look over your audience, practicing eye contact with individuals, keeping a pleasant expression on your face. Let them look you over.

—By really *seeing* those people (or that person) out there. It is astounding how many speakers simply do not really see the people they are addressing. I call this common malady, "Speaker's Blindness." To avoid it, pick out a face and study it while you speak. Notice the tie this man is wearing, the blouse that woman is wearing. Move on to another, and another. When you begin your talk, talk to individuals in the audience, not to an undifferentiated blur of grey faces. Watch for reactions, facial expressions, crossing and uncrossing of legs, shifting in the seat, leaning forward. Not only will you get useful feedback on how you are coming across, but your attention will be directed *outward.*

—By using your nervousness in positive ways. Nervous energy can be worth gold to the speaker. If, instead of turning it in upon yourself as fear, you turn it outward as *animation*. Speak up, speak more loudly and more energetically than you normally do.

You may think you're shouting. The audience will think you're enthusiastic. Move around. Even if you're behind a speaker's stand and connected by an electrical umbilical cord to the microphone, *you aren't nailed down.* Don't hide behind the lectern. Move occasionally to one side or the other. If physical conditions permit, step out in front of the lectern to make a dramatic point. Yes, that's what I said, in front of the lectern. Your audience will find it refreshing. And *personal.* (It won't hurt, in advance, to request a lapel mike and a long cable. Then you really will be liberated from the tyranny of the lectern.) If your knees begin to quiver, that's an excellent time to move around a bit.

If your speech is in private, and you are seated next to your listener, move around a little in the chair. It will help relieve tension and keep you from getting "locked in" to an uncomfortable or stiff position.

Gesturing won't hurt, either. A few speakers gesture too much. The majority don't gesture enough, or use stereotyped gestures. Instead of clutching the sides of the lectern, or locking your arms in front or behind you, let the gestures come, just as they usually do in informal conversation. Not only will gesturing help release tension, it will make you a more interesting speaker to *look* at. And, properly employed, gestures can reinforce emphasis and meaning. (See "Going Public With Gestures" below.)

—By making sure that the notes you are using are large, easy to read. (And practice with them *before* you get up on the platform.)

—By breathing slowly and deeply.

—By not talking too fast. That doesn't mean *drawl.* It simply means not to rush it. *And,* use pauses for punctuation and for relaxed breathing. (See "Vocal Punctuation—The Pause" below.)

Finally, have fun. Let's face it. Seventy years from now most of us will be long gone from this planet, and the world ". . . will little note nor long remember . . ." our brief sublunary sojourn. (Unless, of course, we make some particularly good speeches!) So why "sweat" it? A speech can be serious. A speech can be significant. A speech can even be stern. But a speech need never be grim. Think of speaking as a game you're playing with your audience, and enjoy it. If you adopt that attitude, two things will happen:

- Your stage fright will lessen.
- Your audience will enjoy your talk more.

Get as much experience as you can speaking before other people.

Don't be embarrassed by stage fright because it is not only common but necessary. You will be a better speaker for having mastered it.

So, don't fight stage fright. Make it work—and play—for you.

Topic 2:
The Eyes Have It.

Objective:
To develop better eye contact with the audience.

Average reading time:
4.5 minutes

Exercises:
2

The eyes are the mirror of the soul.—Honore de Balzac

The importance of eye contact in spoken communications, whether at the office or over the dinner table, cannot be overemphasized. The simple fact is that we often learn as much (or more) about the speaker from his or her eyes as we do from his mouth. Whether it's the persuasion process involving hundreds, or seduction for one, the eyes are where it's at.

The speaker, too, can pick up a lot of information about his audience's reactions to him and what he is saying by looking into their eyes.

By contrast, lack of eye contact, turning your eyes away, looking up, down, sideways, anywhere but *at* your listener can be easily (if unjustly) interpreted as denoting uneasiness, deception, hostility, fear, and even revulsion.

Once again, let's clarify terms. By "eye contact," I am referring neither to a furtive glance nor an attempt to hypnotize your subject. Nor do I recommend one of those "staring contests," which each of us occasionally (sometimes in the company cafeteria!)—and uncomfortably—engage in. I am talking about that moment when two fellow human beings look into each other's eyes long enough for some electric current of intelligence to pass between them. That electric current can quite simply activate a whole process of persuasion between people.

What does the speaker gain by eye contact?

- Reinforcement of rapport with the audience.
- The appearance of confidence and sincerity.
- Enhanced attention.

- The buttressing of key points (especially when accompanied by a meaningful pause).
- The opportunity to obtain feedback on the effect of his words on the listener.

Eye contact lets speaker and audience look in at the windows of each other's soul.

Here are some guidelines to the effective use of eye contact:

—Whether you're sitting eyeing a colleague across the desk or standing at the rostrum before hundreds of shareholders, establish eye contact *before* you begin speaking. Don't rush right into things. If it is appropriate and you *can*, a slight smile won't hurt, either. Once you've begun, frequent eye contact with an individual or with various members of your audience is essential. *But*, don't stare at your listener(s) continually. Dogs don't like to be stared at and neither do people.

—When dealing with a group, the password is "move it around." Maintain continuous eye contact with your audience, moving from individual to individual. Don't be predictable. Don't move mechanically from left to right, starting from the first row, moving to the second row, and on to the back of the room. Apart from the fact that your head will begin to resemble a typewriter carriage, the audience will soon notice what you are up to. When they do, they'll know that, when you've had eye contact with one party, you won't be coming back for a long time. Or that their "turn" has not yet come. Either way, it then becomes a simple matter to turn you off, and free themselves for woolgathering.

The way to use eye contact with a large audience is as follows: Suppose, for example, you are addressing a group of one hundred supervisors or sales representatives, ranged in ten rows of ten chairs each. You might begin your eye contact with someone in the middle of the first row. Then move to the extreme right or left of the tenth row. Then pick up with someone on the right side of the third row. Then back to the first row. And so forth. Because they can't predict your next eye movement, it's that much harder for them to tune you out.

"Ah," you say, "that's all well and good if you're speaking off the cuff. But what happens when I have to look at my script or my notes? I have to look down at least part of the time." Aside from the fact that I don't recommend reading speeches (see "Reading" section below), let me suggest this: maintain eye contact with your audience as continuously or as frequently as you can. If you have to look at your notes, look at them. But don't *talk* to your notes! And never look down when you are delivering a key point.

"Wait!" you say. "I've got another problem. . . . What happens if you're dealing with a very large audience and you can't even see the eyes of the people in the back rows? Not only that, but what do you do when the lights on you are so bright you can't see your audience very well at all?"

Two good questions, both of which get the same answer. It doesn't matter. If you look at different sections of your audience, even if you can't see the faces clearly, they will swear you're looking right at them. Perhaps the actual eye contact will be lacking, but at least you'll have some face-to-face rapport.

Right **Wrong**

Eye Contact Exercises

—Ask a few friends to sit in a row of chairs opposite you, at a distance of 10-20 feet. Practice part of a talk you are planning to deliver. Or tell them a story, or a joke. As you speak, try to establish eye contact with each individual in the group—on a random basis. Ask them to help you by raising their hands *but only when they feel you have real eye contact.* Go around the room until every hand has been raised. Then do it again, changing the pattern. Remember, you can't move on to the next person until the person you're working on raises his or her hand.

—The next time you have an opportunity to hear a speaker, pick a seat at the rear of the room. Observe how he or she handles eye contact. Are you included? How would you do it better?

Topic 3:

Spoken English, Body English, and Facial Expressions.

Objective:

To improve use of facial mobility, body language, and gestures as means of enhancing communication with audience.

Average reading time:

10.5 minutes

Exercises:

6

Man does not live by mouth alone.—Anon.

Your voice and your eyes are not your only tools of communication. Every bit as important as the way you talk is the way your words are either reinforced or denied by your facial expression, your body language, and your gestures. Remember the difference in the Roman Coliseum between "thumbs up" and "thumbs down?"

I frequently tell participants in my training workshops that inside of us is a little individual trying desperately to be honest. This longing for candor usually manifests itself in body language and gestures.

How many times have you observed a speaker (in public or in private) *say* one thing while everything else about him or her fairly shouts that he doesn't mean it? Example: The speaker who looks out fearfully at his audience and with a sour grimace says, "Good morning. It's really a pleasure to be with you today."

Or the speaker who faces his audience with a forced smile and clasps his hands firmly—in front of his groin. This is known as the Basic Fig Leaf Position and its intent to protect the speaker is quite clear, probably going back in a direct line to the Garden of Eden—post-serpent, of course.

"It's a pleasure . . ."
(or is it?)

How do you avoid having your face and body contradict your words?

Rule Number One: is simply, "Don't say anything you don't mean." If you're not happy to be addressing those people out there, don't say you are. Content yourself with a simple greeting such as, "Good morning," and get right down to business. Better still, start off with an attention-getting "Hook." (See Part II Building A Persuasive Presentation.) Now, if you really feel pleasure in being there, saying so is fine. Chances are you'll look like you mean it. But why use cliché openings, or cliché anything else, in addressing an audience?

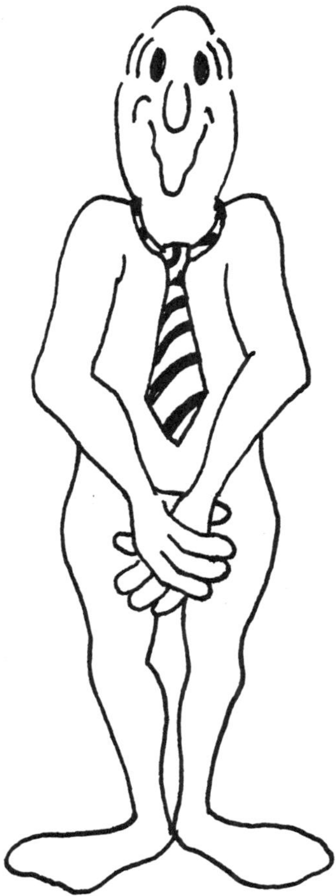

Fig Leaf Position

Let's go a step farther. To be a good speaker you must be an honest speaker. You must believe in what you're saying, whether it's good news or bad. Being up on a platform (or talking seriously with someone at dinner) does not give you carte blanche to be duplicitous. First of all, it's bad form. And second, people aren't so dumb. Most of them see through pretense, especially on the part of a speaker. A self-styled wit once stated: "You can fool some of the people all of the time and all of the people some of the time—and that's usually sufficient." I don't subscribe to that.

Comedian Milton Berle is credited with the following quip: "The most important attribute of an actor is sincerity. Once you can fake *that* . . ." Okay for comedians, not advisable for successful businesspersons. If you don't mean it, don't say it.

Rule Number Two: You get out of a speech what you put into it. If you want to feel cheerful, put something into your talk that makes you feel cheerful. If you want to elicit tears from your audience, put in something that makes *you* feel sad. *You're not likely to make people believe something that you don't believe yourself.*

Facial Expressions

Unless you plan to be a professional mime, there is no such thing as a learned art of facial expressions. The "secret" is to be yourself, and react:

- React to what you are saying and how you feel about it.
- React to *positive* feedback you are getting from your audience.

Smiles are contagious. So are looks of intense interest. "Feed" off your audience. Keep up the eye contact. Observe their looks. Give them back the good things they give you. And don't be thrown by an occasional, unexpected frown, or even an impassive look. Years ago, when I was vice-president of a direct-selling cosmetics company, we would hold conferences at which we presented the new product line to our distributors. Once, I was frustrated throughout my presentation by the deadpan reception my words were getting from one of our big distributors who happened to be sitting in the front row. To my astonishment, at the conclusion of the presentation, she gave us one of the biggest orders of the conference! Sometimes a lack of expression may indicate serious thought.

To Smile Or Not To Smile

Some communications skills instructors actually exhort their students to "smile, damn it." I maintain that a forced smile is not only uncomfortable, but may well resemble a death's head more than an expression of good humor. Let me distinguish between a smile and a grin. According to *Webster*, a smile is: "a change of facial expression involving a brightening of the eyes and an upward curving of the corners of the mouth that may express amusement, pleasure, affection, irony, or derision." It is also defined as: "to appear pleasant or agreeable." Now the latter is not too hard. All you really have to do is relax and *not frown.*

Above all, do not try to manufacture a grin. To grin, according to *Webster*, is: "to draw back the lips so as to show the teeth especially in amusement or laughter."

Yet, I've actually seen speakers try to force a grin, the effect of which was to make them appear to be suffering from gas. Why bother?

Smile if you genuinely feel happy or amused by what you are saying. Otherwise, unless your words are unhappy, content yourself by keeping a relaxed, pleasant expression on your face.

Exercises

Whoa! The last thing I want you to do is practice facial expressions. (You might, however, notice the expressions of other individuals in casual conversation, and how they do or do not reflect what they are saying.)

Body Language

I subdivide body language into *posture* and *gestures.*

Posture

Clearly, for the public speaker, there are only two basic positions, standing or sitting.

Standing: There are three objectives, i.e.,

1) To feel relaxed, yet firm.
2) To permit good vocal projection.
3) To project a graceful and confident image.

In the standing position, stand erect but not at military attention. The chest should be high, the spine vertical, the shoulder blades level with one another, the weight on a line from your neck, through your hips and on down to the feet. (Imagine that there is an invisible, and slightly flexible rod inserted at the top of your head, going straight down through your body to the floor.) Place your weight on the balls of your feet, lightly enough so that you don't feel nailed down.

As you begin your talk, let your arms hang comfortably at your sides. Don't do *anything* with them. They've been there before and can handle it. Above all, don't lapse into the Fig Leaf Position. Don't lock your arms behind your back, either. Not only will you resemble the Venus de Milo, but you'll have trouble unlocking them. And I don't recommend that you hold the arms-folded-on-chest position too long combined with a stern facial expression—it looks either defensive, judgmental, or hostile.

Sitting: The objectives are the same as for standing.

Sitting, however, is generally regarded as being somewhat less formal than standing. Unlike the standing position the sitting position ordinarily does not lend itself to the use of the podium. Notes may be held on the lap or on a small table.

Not Very Friendly

In planning a seated presentation, select a chair with a solid back and arms. Avoid the swivel chair; the temptation to rotate is simply irresistible, and why waste time and effort fighting it? Sit straight, but not rigidly, with your back comfortably supported against the back of the chair. You can cross your legs if that's comfortable. (But remember if you're a man, wear knee-length sox, so as not to reveal an expanse of flesh between your pant-leg and sock-top. If you are a woman, and are wearing a dress or skirt, naturally you will want to make sure the skirt doesn't ride up over your knees.) You can also sit with your legs comfortably parallel, with the feet crossed or not, whichever is more comfortable for you. Your hands can rest in your lap, at your sides, or on the arms of the chair.

The problem with sitting is that after awhile any one position becomes uncomfortable. Don't hesitate to shift position to reduce discomfort and tension. Indeed, being seated is no excuse for paralysis. Mobile facial expressions, meaningful gestures, and shifting of position are not only permitted, they are desirable. One excellent device for emphasis is to lean slightly forward, toward your audience, as you deliver a key point.

To rise: Let's suppose you are in a sitting position and are now called to the speaker's stand. Don't lean way forward and push yourself out of the chair. Uncross your ankles (if they are crossed), place one foot behind the other, and with most of the weight on the rear foot, rise straight up. Then walk deliberately to the podium.

And when you are at the speaker's stand don't treat it like an anchor. You're not nailed to it and don't need to be. Move a little—to one side or another, and even in front of it. Operate on the theory that they can't hit a moving target!

Going Public With Gestures

Let's agree what we mean by the word *gesture*. Let's not think of the gesture as something separate from what you ordinarily do while communicating, something we don't do with friends, but are required to do when we're on the platform. Quite the contrary. Within the bounds of good taste, you should, in a public speaking situation, gesture just about the way you would when talking to someone in private. Gesture is not an "extra." It is an essential element in the entire bodily activity called "communicating."

Now, in the old days of rhetoric on the hustings, speakers often tried to fit a dramatic gesture to every significant passage of their speech. They sawed the air, punctured it with pointing fingers, sliced graceful arabesques through it. If you try that today, you might get a few laughs, but I doubt that what you say will be taken seriously.

Today, gestures are like salaried workers; they should produce something for their money. Gestures should reinforce the impact of your words. (You might think of gestures as anatomical visual aids.) Gestures should suggest meaning and emotion. Gestures that do not do these things are worse than useless. They are extraneous and distracting.

In speaking, gestures should be a natural expression of your involvement with what you are saying. They should flow from you naturally, just as in everyday conversation with associates, friends, and family.

Don'ts

Don't practice clichéd gestures. They inevitably appear awkward and contrived. For the same reason, don't try to plan a gesture for each important point you wish to make.

Don't make vague or "fish fin" gestures. They have all of the impact of tapping on a window with a wet sponge.

Fish Fin Gesture

Don't make gestures below your waist. They will be either unnoticeable or indiscreet.

Don't engage in repetitive gesturing. It's a bore. The age of the "windmill" speaker is long gone.

Don't fidget! If you slink to the speaker's stand, juggle your notes, clear your throat four or five times, stare down at the floor, sway or rock while you're speaking, and, finally, retreat from the stand as Napoleon retreated from Moscow, your audience is going to wish profoundly that they could have avoided the pleasure of your company. What would you think of your doctor or lawyer if he or she behaved like that?

Do's

Do let your own impulses be your guide. If you feel, spontaneously, like gesturing, do it. Don't force it because you think a good talk should contain x number of dramatic gestures. If you can't think of anything else to do with your arms and hands, let them hang there by your sides. Remember that the person who stands still, *with purpose,* commands attention.

Do practice your timing. The gesture should occur either as you speak the words, or should precede those words by a split-second. Gesturing *after* the key words is often hilarious, but rarely convincing. The optimum location of gestures is from the area below the chin to the waist. Generally, gestures should be well away from the body.

Not Recommended

"Books on the Head" Exercise

Do it with decisiveness. George Bernard Shaw once said, "If you have a skeleton in your closet, make it dance." So let it be with the gesture. Don't hide it. Make it dance. Gestures should be crisp (but not jerky), clean and definite, just as words should be crisp, clean, and definite. Vagueness is anemic.

Words and gestures should be all of a piece. Make your actions fit the thought, the language, and the feeling of what it is you wish to express.

Exercises For Posture

—Imagine a flexible rod is suspended from the ceiling and passes through the top of your head, the center of your chest, and into the floor. Practice walking around the room so as not to bend that rod.

—Try the old "book on the head" routine. Place a book on your head. Walk around the room until you can walk comfortably without dislodging the book. When you've got that down, try walking up and down stairs with the book on your head. When you've mastered that, start adding books!

—Practice rising from a chair, as described previously. Keep doing it until it feels comfortable and natural.

Exercises For Gestures

—Stand erect, but not stiff. Raise your arms over your head. Hold them there for a count of three. Now let them drop to your sides. Stand there, without moving, for a count of ten. Repeat until you and your body are convinced that it's okay to stand that way.

—Stand in front of a mirror and recite a dramatic poem or other literary piece. (If you don't know any and don't want to bother memorizing something, fine, tell yourself a story.) Don't gesture, unless you have a spontaneous impulse to do so. Don't, however, fight that impulse. Observe how the gesture looks. Is it natural? Is it effective? Does it reinforce what you are saying?

—Using a speech, or notes for a speech, practice the same exercise. Make sure that the gestures are firm, definite, not "fish fin." Check your timing. Remember that the gesture should come with the words, or just before.

Don't overdo gestures. As a stage director once told an over-active actress, "Don't just *do* something. Stand there!"

Topic 4:
Vocal Variety: Ski Kansas or Ski Colorado?
Objective:
To develop the ability to employ vocal variety as a means of reinforcing meaning and maintaining audience interest.
Average reading time:
8 minutes
Exercises:
13

> Pray God your voice, like a piece of uncurrent gold, be not crack'd with the ring.—*Hamlet,* Act II, Scene II

Vocal Punctuation

Remember, the entire process of speaking is different from that of writing, just as the process of hearing and viewing the speaker is entirely different from the process of reading.

When you read a newspaper, or a magazine, or a book, a love letter or a memo, the writer usually provides you with guidelines, by means of punctuation. If a word, a line, or a thought are of particular significance, the writer uses italics, capitalization, underlining. On the other hand, if the thought is of secondary or parenthetical significance, what does the writer do? He encloses it in parentheses or brackets. When the writer wishes to signify the completion of a thought, what does he do? He uses a period. When he wishes to introduce a new thought, or a refinement of a prior thought, he begins a new paragraph, or a new chapter.

But, pity the speaker! He can't indicate emphasis, conclusions, or new thoughts by means of traditional punctuation. (The fine comedian Victor Borge, it is true, has a hilarious routine using various explosive sounds as substitutes for written punctuation. If memory serves, his exclamation point is a juicy raspberry! But I wouldn't recommend that approach to the serious corporate spokesperson. Nor can you say, "period," or "new paragraph," or "italics.")

Not to worry. The speaker has an arsenal of vocal "punctuation marks" that are at least as effective as those available to the writer. Here they are:

The Pause

Simple silence is a marvelous tool. Beethoven understood that well. Listen to the mighty opening chords of his Fifth Symphony. Their dramatic impact is largely due to the fact that they are separated by pauses. Most speakers fear the pause. They are apprehensive lest the audience think that the pause indicates uncertainty, or that you've forgotten your place! Nothing could be further from the truth. Not only is the properly placed pause not an impediment to effective speaking, it is a catalyst! Here are merely a few uses of the pause:

- Used after an important statement, it underscores meaning and affords the listener a moment to reflect.
- Used before an important statement, it creates suspense, intensifies attention.
- Used after a rhetorical question, it gives the audience a chance to answer in their own minds, thus creating a silent dialogue between speaker and listener.
- It serves to emphasize and dramatize key words and thoughts.
- It reinforces the speaker as the leader. Why? Because it compels the audience to conform to the speaker's timing and rhythm.

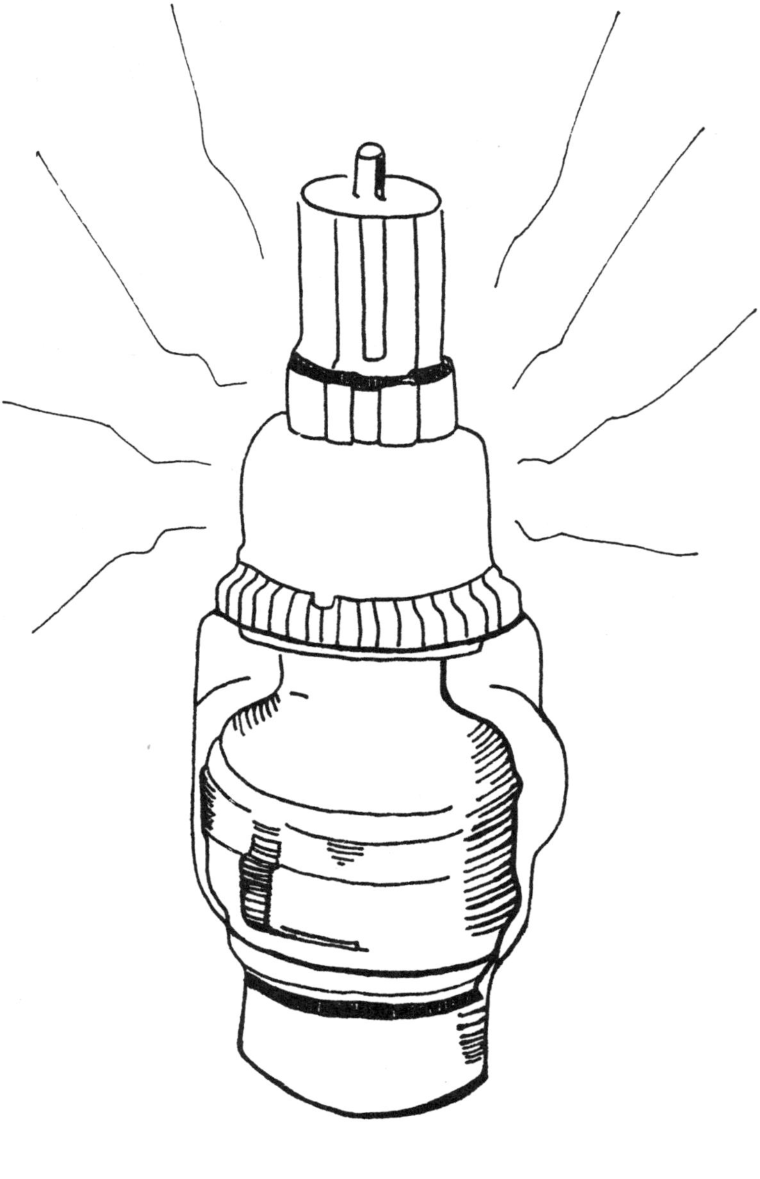

The Capacitor Principle

Not long ago, I was discussing the importance of the pause at a workshop comprised largely of engineers. In the middle of the discussion, one of the engineers began frantically waving his hand. When I called on him he said, "I get it. It's like a capacitor!" "Like a what?" I asked. "Like a capacitor. That's a device that stores an electric charge, lets it build up, then releases the charge when it's needed."

The engineer was right. A pause, then, is the verbal (or non-verbal) equivalent of a capacitor. Use it.

Exercises

—Obtain a piece of written material, a newspaper, a passage from a book or play (or even a speech!). With a red pencil mark those places where you believe a pause would be appropriate.

Now, read the material aloud, exaggerating the pauses at the places you've selected. Count "one-two-three," slowly, before resuming your recitation. Every pause need not be for a slow count of three. For learning purposes, however, I'm suggesting you exaggerate.

Next, read the piece aloud again, exaggerating the length of each pause, almost until you feel uncomfortable. This time use your audio tape recorder. Read the speech and the notes, with the "long" pauses, into the recorder and play it back. Note how your own attention will be more focussed. And note how those seemingly interminable pauses aren't really that long at all.

—Using a topic you might actually speak about in public or private, make up a list of six rhetorical questions. (Example: "How will this new program help our company make money?" or "What possible benefits to the department will result from our working together?") Pause after each question, allowing enough time for you to mentally frame an answer. Get into the habit of pausing after rhetorical questions.

—Practice meaningful pauses in all of your speeches, and even in casual conversation. One caveat, however: if overdone, pauses can become a theatrical mannerism and will cause you to appear "hammy." Don't overdo it. But don't underdo it, either.

One more thing. Pauses should not occur in a vacuum. During the pause, reinforce meaning and sustain mood by means of good eye contact.

Phrasing

Phrasing is nothing more than making sense out of a long string of words. It's the way you break up your sentences (or fail to break them up) so that they have meaning. There's no handy-dandy rule for effective phrasing other than: *group and emphasize your words* (and pauses) so that your meaning is clear.

FOURSCOREANDSEVENYEARSAGO

FOUR SCORE AND SEVEN YEARS AGO

Phrasing Makes Sense

Phrasing is not much of a problem in ordinary conversation because there's a pretty good resonance between your thoughts and the words you use to express them. But when you're dealing with thoughts that have been put down on paper, *even if they are your own*, there has now been a time lapse between original thought and its vocal expression. Result? Very often the phrasing doesn't match the meaning. Your points can be lost. Or misinterpreted.

What to do? Practice, practice, practice.

Exercises

—Read aloud the selections below, in the order in which they appear. (We end with a "nonsense" poem that's a real challenge. If you can make *that* one sound like sense, you can handle anything—including your own speech!)

Read each passage through aloud, several times, taking great pains to phrase the writer's thoughts carefully, and not forgetting to pause both before and after significant words and phrases. Read the material into your tape recorder and play it back. Does it make sense? Can you follow the ideas? Or are you lost most of the time? If so, do it all over again.

—Repeat the same exercises with other material of your own choice—financial reports from your daily newspapers, technical papers, annual reports, a presentation you plan to make at the Monday morning staff meeting—anything that's not too easy to follow. Tape it and play it back. Is it clear or is it a mishmash?

—Now apply the same approach to a speech you have written or are writing. Or to notes for a speech. Try to cultivate a conversational style when

delivering the words. Try to "tune in" to the meaning as you read. Again, use the "tape recorder test."
—Make a habit of listening to the phrasing of good speakers. Notice the phrasing of people with whom you are having ordinary conversations.

And, when delivering a talk or just chatting with friends, don't forget to pause now and then.

Selections For Reading Out Loud

The conquest of Asia was undertaken and achieved by Alexander, with thirty-five thousand Macedonians and Greeks; and his best hope was in the strength and discipline of his phalanx of infantry. The principal force of the crusaders consisted in their cavalry; and when that force was mustered in the plains of Bithynia, the knights and their martial attendants on horseback amounted to one hundred thousand fighting men, completely armed with the helmet and coat of mail. The value of these soldiers deserved a strict and authentic account; and the flower of European chivalry might furnish, in a first effort, this formidable body of heavy horse. A part of the infantry might be enrolled for the service of scouts, pioneers, and archers; but the promiscuous crowd were lost in their own disorder; and we depend not on the eyes or knowledge, but on the belief and fancy, of a chaplain of Count Baldwin, in the estimate of six hundred thousand pilgrims able to bear arms, besides the priests and monks, the women and children, of the Latin camp. The reader starts; and before he is recovered from his surprise I shall add, on the same testimony, that, if all who took the cross had accomplished their vow, above SIX MILLIONS would have migrated from Europe to Asia. Under this oppression of faith I derive some relief from a more sagacious and thinking writer, who, after the same review of the cavalry, accuses the credulity of the priest of Chartres, and even doubts whether the "Cisalpine" regions (in the geography of a Frenchman) were sufficient to produce and pour forth such incredible multitudes. The coolest scepticism will remember that of these religious volunteers great numbers never beheld Constantinople and Nice. Of enthusiasm the influence is irregular and transient: many were detained at home by reason or cowardice, by poverty or weakness; and many were repulsed by the obstacles of the way, the more insuperable as they were unforeseen to these ignorant fanatics. The savage countries of Hungary and Bulgaria were whitened with their bones: their vanguard was cut in pieces by the Turkish sultan; and the loss of the first adventure, by the sword, or climate, or fatigue, has already been stated at three hundred thousand men.

Edward Gibbon, *The Decline and Fall of the Roman Empire*, Volume 3, 445-6.

Hamlet's Soliloquy

O that this too too solid flesh would melt,
Thaw and resolve itself into a dew!
Or that the Everlasting had not fixed
His canon 'gainst self-slaughter. O God. God.
How weary, stale, flat, and unprofitable
Seem to me all the uses of this world!
Fie on't!, ah fie, 'tis an unweeded garden,
That grows to seed, things rank and gross in nature
Possess it merely. That it should come to this—
But two months dead, nay not so much, not two—
So excellent a King, that was to this
Hyperion to a satyr, so loving to my mother,
That he might not beteem the winds of heaven
Visit her face too roughly. Heaven and earth,
Must I remember? Why, she would hang on him
As if increase of appetite had grown
By what it fed on, and yet, within a month—
Let me not think on't—frailty, thy name is woman.
A little month, or e're those shoes were old
With which she followed my poor father's body,
Like Niobe all tears, why she, even she—
O God, a beast, that wants discourse of reason
Would have mourned longer—married with mine uncle,
My father's brother, but no more like my father
Than I to Hercules—within a month;
Ere yet the salt of most unrighteous tears
Had left the flushing in her galled eyes,
She married—o most wicked speed, to post
With such dexterity to incestuous sheets.
It is not, nor it cannot come to good,
But break, my heart, for I must hold my tongue.

William Shakespeare, *Hamlet*

Jabberwocky

TWAS brillig, and the slithy toves
Did gyre and gimble in the wabe;
All mimsy were the borogoves,
And the mome raths outgrabe.

"Beware the Jabberwock, my son!
The jaws that bite, the claws that catch!
Beware the Jubjub bird, and shun
The frumious Bandersnatch!"

He took his vorpal sword in hand:
Long time the manxome foe he sought.—
So rested he by the Tumtum tree,
And stood awhile in thought.

And as in uffish thought he stood,
The Jabberwock, with eyes of flame,
Came whiffling through the tulgey wood,
And burbled as it came!

One, two! One, two! and through and through
The vorpal blade went snicker-snack!
He left it dead, and with its head
He went galumphing back.

"And hast thou slain the Jabberwock?
Come to my arms, my beamish boy!
O frabjous day! Callooh! Callay!"
He chortled in his joy.

'Twas brillig, and the slithy toves
Did gyre and gimble in the wabe;
All mimsy were the borogoves,
And the mome raths outgrabe.

Lewis Carroll

Variation In Volume

Can you interpret the above illustration? No, it's not a demonstration of the shortest distance between two points. No, it's not an abstract painting, inspired by "White on White." What it is is a poster. The caption? SKI KANSAS.

Regrettably, many speakers suffer from the "Ski Kansas" syndrome. They talk in a dull, uneventful straight line. They talk at a given, predictable pace (often too slow or too fast), at a monotonous pitch, and with a minimum either of facial or bodily animation. Result? It's very hard for the audience to distinguish meaning, recognize emphasis, or even stay awake.

"Straight line" speaking is not only "non-punctuation," but it often results in the extinction of audience interest. Recognize that every moment you are talking you are competing with a variety of attractions:

- The attractive member of the opposite sex in the next seat.
- The humming of the air-conditioner or the buzzing of a fly.
- The rattling of dishes by the waiters.
- A health problem.
- A business problem.
- Plain old daydreaming.

If you're not interesting enough as a speaker to lure your audience away from those magnetic distractions, you may be talking to a group of missing persons!

How do you avoid the peril of being a "Ski Kansas" "Johnny-one-note" speaker? Let's go back to the hum of the air-conditioner for a moment. Think of that time you checked into a hotel room on a warm summer afternoon. After hanging up your garment bag and putting away your suitcase, the bellhop turns on the air-conditioner. At first you are aware of the whine, then it fades to a background hum. Finally, you don't hear it at all because it has become part of the *regular background noise*. It is only when the frequency *changes*, or it goes off or on, that you really notice it.

Doesn't that tell you something? To be an interesting speaker, you must not allow yourself to become part of the background noise. How do you avoid that?

By becoming a "Ski Colorado" speaker, one who injects enough variety in his or her vocal volume, pace, and inflection to be *unpredictable*. That's what wakes 'em up!

Vocal Eases So The Speaker Pleases

How do you achieve variety? By adopting a "roller coaster" style—with lots of exaggerated and eccentric ups and downs that have little to do with the meaning you wish to convey? Of course not. You do it by matching variations in your vocal volume, pace, and inflection to the meaning of what you are saying. In particular, you use variety for *emphasis*. If your normal speaking pace is brisk, then pick a word or phrase that you think merits particular emphasis and *slow down*. On the other hand, if your normal pace is rather deliberate, then, when you reach an important thought in your speech, *pick up the pace*. If your characteristic vocal volume is low, then *increase your volume* at points of emphasis. If it is loud, then *lower the volume, almost to a whisper* when you reach a key passage. The salient point here is *contrast*. Whatever you do habitually, do the opposite for emphasis.

Please understand what I am *not* suggesting. I am *not* suggesting that if you normally talk loud you should now go about whispering. Nor am I recommending that if your usual talking pace is quick that you draw out all of your words. What I *am* suggesting is that to emphasize and heighten audience interest, you should not deliver all of your words in a uniform manner.

Exercises

—With a red pencil, mark up a speech, or notes, of any reading material you wish, underlining key words and thoughts. (You may even re-use the material you used to practice your pauses.) Read the material aloud, practicing vocal contrast as you come to the underlined words and phrases. First practice variations of volume. Then pace. Read into your tape recorder. During playbacks, listen for *meaning*, phrasing, and variety.

—Using the same practice materials, practice combining variations in volume with variations in pace; e.g., try lowering your volume and slowing down the pace, or increasing the volume and slowing down the pace, or increasing the volume and speeding up the pace.

—Deliver an entire talk, practicing variation in volume and pace throughout. And, if you really want to gild the lily, throw in a few meaningful pauses. Use the tape recorder as before. Keep practicing until you get the "feel" of it.

Remember, it is vital to exaggerate in practice, even if it feels "funny." Don't worry; in the crunch, when you are actually delivering a speech, you'll tend to lapse back into old habits. But if you practice hard, and exaggerate, the residue you'll keep will fit in nicely with your natural speaking pattern.

Inflection

Your voice is a clue to your personality. The pitch or inflection of your voice can have much to do with making your personality attractive or displeasing. Your inflections, while talking, may speak more eloquently than the words themselves. Inflection can generate an impression of liveliness and intelligence, or indifference and weakness. Inflection can make a speech sparkle; lack of it can make it flat. By skillful use of inflection, the speaker can not only enhance meaning, but he or she can be more persuasive, and can stir the emotions as well as appeal to logic.

Every individual has a pitch level at which the voice operates with the greatest ease. That's called the optimum pitch. It is the easiest, most natural pitch for each vocal mechanism. Say "ah" in a natural, relaxed way. That will probably be your optimum. The optimum pitch for women is ordinarily slightly higher than 256 double vibrations per second (middle C). The optimum pitch for men is near 150 double vibrations, one octave lower.

Some people, because of tension, poor habits, or health problems, use a higher pitch than is pleasant to the listener. Others use a pitch level that is too low, and they may sound like a character from "The Godfather." An individual who is frightened or tense will characteristically have a higher pitch than the normal range. Such conditions can be corrected by reducing tension and practice. (See exercises below.)

For now, however, we are focussing on normal pitch range, as applied to effective speaking. And the key, as in the case of pace and volume, is *variation.* Where pitch is involved, variation mainly means higher or lower. A voice that makes little use of pitch changes carries little meaning, may indicate indifference, hopelessness or despair, and will probably be boring. The person who continually raises the pitch at the end of a sentence or who continually lowers the inflection at the end of a phrase is just as boring as the one who doesn't change his inflection at all.

Too much variation is as hazardous as not enough. It may give the audience an impression of being "talked down" to. Or it may simply register as "sing song."

The normal inflection pattern of the voice may be described as the "melody" of the speaker. Regrettably, some of our melodies are "off key," many speakers can't "carry a tune," and most people are "tone deaf" to their own melodies. To begin, tune up your ear to your own voice. (See the first exercise below.)

Exercises

—Talk into your tape recorder. Just talk. Talk about anything: your favorite sport, your business, people you like or don't like, politics. (Politics is a good one because most voices exhibit more pitch changes in talking about politics than anything else except perhaps sports and sex!) Play back, concentrating on your inflection pattern, your "melody." Is it varied? Do the pitch changes match the emphasis of what you are saying? Do they reveal your feelings? Or is your inflection pattern basically flat, unvaried? If it is, record some more, concentrating on things about which you have strong feelings, positive or negative. Listen again. If you tried to be natural, chances are the inflection pattern now shows more variety, registers your feelings more sensitively. Repeat this exercise often, at least until you really "hear yourself."

—Starting at a high pitch, practice downward slides, using vowels like "ah," "oh," "oo," "ee."

—Starting at the lowest pitch you can manage, do the opposite, practice upward slides.

—Now practice upward and downward slides one after the other.

—Repeat the last exercise, but come down to your optimum pitch at the conclusion of each series.

—Practice the following with as many different upward and downward slides as you can manage, always returning to your optimum pitch.

My name is . . .	That's not possible!
I can't believe it!	Who are you kidding?
Really?	That's the funniest thing I ever heard!
Forget it!	Not this year.

(Make up your own phrases.)

—Read a paragraph from a children's story pretending the class is a group of children between the ages of five and seven years.

Example

There was a scratching noise behind Joel. He whirled around. Only a few feet away was a giant snail.

It was looking at him. Its eyestalks were even with his face. Its body was silver-gray. Its huge shell was gray shading to deep purple. It stayed very still.

A small click sounded to his right. He looked. Two more snails, smaller than the first one, had come from behind a boulder. He looked to his left. Three snails sat as still as stones watching him. He slowly turned toward the City of Snails. A dozen large snails were moving toward him through the silver light.

Joel turned to run back the way he had come. He raised his right foot and stopped. Slowly, he put it back down. Six more snails had joined the one who had first blocked his path. A wall of hard shells surrounded him. All of the snails began to close in, to slide towards him.

Robert M. Walton, *Joel In Tananar*

—Go back to the difficult material with which you practiced variations in pace and volume. Read those aloud, striving for variations in pitch. Go back to your speech materials or notes and read them into the tape recorder, working on variations in pitch. Don't be afraid to exaggerate for practice purposes. Play it back and listen to the "melody."

—Put it all together. Using the speech materials again (or anything else that "turns you on," including the spy novel you are reading) read into the tape recorder, practicing phrasing/pauses, pace, volume, and inflection variations for meaning and emotive expression. Listen to the results. At first, it may sound a little like a one-person Tower of Babel. Don't let that bother you, it's part of the learning process. Stick to it until you begin to notice that the "speaker" on that tape recording not only conveys meaning clearly and with emotional impact, but is fun to listen to!

Topic 5:
Scripts or Crypts?

Objectives:

- To identify the various types of spoken presentations.
- To select and effectively use the best type of "script" for any given presentation.

Average reading time:
5 minutes

> ...the expert can err in having too much confidence in expecting himself to be able to deliver a new, thoughtful, interesting well-organized speech without preparation.
> —Dr. Henry Wriston, *The Academic Procession*

In certain speaking situations, reading is not in question. In fact, it's out of the question. The ad-lib comment or speech is in that category. By definition, to ad-lib means "to deliver spontaneously," "to improvise lines or a speech." Unless you are Johnny Carson, Bob Hope, or William Buckley, I don't recommend that you ad-lib an entire, serious speech. In fact, I recommend you stick pretty closely to your prepared remarks and resist that exhilarating temptation to treat us all to an exhibition of your dazzling wit. You may just fall on your ad-lib. (Even Oscar Wilde, renowned for his dinner party banter, was reputed to have prepped by writing one or two mordant witticisms on his shirt-cuff.)

Another kind of speaking that does not require notes is the first cousin of the ad-lib, extemporaneous speaking. Extemporaneous can mean two things: "performed or uttered on the spur of the moment," or "carefully prepared but delivered without notes or text." In serious speaking, I would opt for the latter.

Alas! Many speakers have the impression that working from a verbatim script is the safest way to go. But often it is not. For most people, those pages of typewritten (or worse yet, handwritten!) foolscap are an albatross around their neck. To begin with, many people are poor readers. They stumble, stammer, occasionally lose their place, and generally make a botch of it. They mumble and bumble, and they avoid like the plague even a modest attempt at variation of pace, volume or inflection. Worst of all, they spend most of the time at the lectern having an intimate dialogue with the printed page before them, only rarely (if at all) acknowledging the existence of the people who came to listen to them. As for eye contact, perish the thought!

You can, of course, avoid that pitfall by memorizing your speech. That's a little like slitting your throat to cure laryngitis. Now, not only do you have to repeat rote words with expression (very difficult for the average speaker) *but* you've added another humongous insecurity to your other problems—*the fear of forgetting.*

Memorize a juicy phrase or a sparkling witticism—but don't put your neck on the block by attempting to memorize an entire speech!

I recommend a different approach, one that has worked successfully for many topflight speakers, and has spruced up the delivery and enhanced the confidence of many a journeyman speaker. (See "Style—Topic 6: Notes for Votes.") Meanwhile, what happens if you are stuck with a written script? For example, you are delivering a technical talk, or one in which your phrasing must be carefully moulded to fit corporate or legal requirements, or you are simply terrified of forgetting.

Hints On Reading Aloud (If You Must . . .)

—Make no effort whatsoever to memorize the script. If you do, you'll be adding anxiety about forgetting to the rest of your anxieties. Do, however, learn a few of the most important lines by heart, so that you will be able to deliver at least those with a little dash and enthusiasm.

Read the talk out loud two or three times in rehearsal—no more, or it will sound mechanical. Underline important words and phrases and give them special emphasis. While you're underlining, mark down a few places where a pause would be appropriate. Get to know the talk well enough so that, while you are delivering it, you can look up once in a while.

—Have the script typed in large type (either caps or use a special "big type" typewriter.) Then you'll be able to see it without straining, even under lights.

—Number the pages. You'd be amazed at the disasters that result from pages being irretrievably out of order!

—Impress this indelibly in your mind: *I can't say anything important while looking down. I can only say important things while looking at my audience.* ("But," you protest, "I have to read the script." Refer back to the first two tips given above.)

Never Look Down (While Saying Something Important)

Use pauses resourcefully. It's okay to look down to find your place in the script. But try not to talk *while* you are looking down. Look at the key statement you wish to read. Pause to make sure you've got it down. Then, look at your audience as you speak the words. It's not as hard as it sounds, and if you practice, you'll find you can do it easily.

—Try to cultivate a conversational, not a rhetorical style. Read if you must, but read *to* your audience, almost as if you were telling them a story. Nothing is more tedious than the sonorous cadences of a stuffed shirt reader.

Practice reading aloud to yourself or to others at every opportunity. Read to your wife or your husband. Read to your children. Read memos to your secretary. Read to your dog or your cat. Read a column a day from your newspaper. Read recipes. Read Shakespeare. Read *anything*. But practice, always striving for a natural, conversational (not bombastic) style. While you're at it, practice pausing, and variations in pace, volume and pitch.

Topic 6:

Notes for Votes.

Objectives:

To discover the optimum form of speech notation.

To learn to use it.

Average reading time:

4 minutes

Special feature:

Illustrated sample note-card

> The basic rule of public speaking is: *Never read a speech.*
> —Fredrick C. Dyer

This chapter will prove especially valuable to political candidates, CEO's, union leaders, and all others whose existence is substantially impacted by *votes*.

To you I say, the best "script" is no script at all.

In the previous chapter we explored the dubious advantages and the pitfalls of reading a speech verbatim. If that's not optimum, what is?

The answer is twofold:

- A maximum of preparation.
- A minimum of notes.

For details of a useful method of preparing the content of a speech, see Part II—Building A Persuasive Presentation.

In this section, we will concern ourselves primarily with the form and use of notes by the speaker.

Earlier I mentioned a compromise between a verbatim script and extemporaneous speaking; that compromise is the effective and economical use of notes.

Form: I recommend 3″ x 5″ white cards, lined or unlined. Or, if you need more room and don't mind handling a larger card, 5″ x 7″'s will do nicely. After you have developed a detailed rough script, and practiced with your tape recorder (see Building A Persuasive Presentation), sit down with a pack of those cards and go to work on "carefully prepared spontaneity."

FIREFIGHTERS
NEED MORE &
BETTER FIREFIGHTERS NOW!

Sample Note-Card

Procedure: Boil down your key ideas, in order as they are presented in your talk, to a few words. Example: It is not necessary to write: "Key Point Number 1 is the ultimate importance of an amelioration and increase in the number of fire prevention enforcement and fire extinction personnel available to our local community with minimum delay." Since you already know what your thought is, it should be sufficient to write: "NEED MORE AND BETTER FIREFIGHTERS NOW." That "bullet line" will trigger the entire thought, which you've already reviewed and practiced saying. Starting, then, at the beginning of your talk, and proceeding right through to the conclusion, you need only select the salient thoughts of each section of your presentation, reduce them to a few words, and put them on the cards. *Be sure that you put down no more than a single one-line thought per card.* Print the one-liner (or, in some instances, one word) large and clear on the card, in black or dark blue pen. Avoid light colors that may be hard to read under the platform lights. A large-type typewriter is also suitable.

You may also wish, for emphasis, to underline key words in your one-line "thought trigger." And, you may wish to jot down simple delivery reminders such as "Pause, here," or "Talk louder." Be very careful, however, not to clutter up the card, because that defeats the very purpose of notation.

If it makes you more comfortable, you can label each card, according to its position in the speech, i.e., "Introduction," "Body, Point I," etc., though this is not a must. What is a must, however, is *numbering the cards in the proper sequence.* (I once watched a nervous speaker stumble on his way to the platform, drop his cards, shuffle them around desperately because they weren't numbered, step up to the mike and say, "In conclusion . . .")

Tips On Preparing Note-Cards

- After you have created a rough draft of your talk, reduce the key points to brief, one-liners.
- Transfer those one-liners to 3″ x 5″ or 5″ x 7″ cards, being careful to number the cards in order.
- Make certain your one-liners are printed or typed in large, bold, easy-to-read letters.
- Add brief delivery reminders, if you wish—but don't clutter up the cards.

And, of course, practice delivering your talk to a real or imaginary audience. As you become more and more familar with your material, you'll feel more and more relaxed and freed from the tyranny of a verbatim script. You will also be able to practice more readily your eye contact, pauses, variations of pace, volume, and inflection.

Note: I recognize that, in certain situations, you may have to use very precise language, either for technical or legal reasons. Fine. Those passages can be printed or typed verbatim. That's no excuse to regress to poor reading habits. Read the verbatim passages aloud often enough in practice so that your eyes won't be locked in on the script during delivery.

Reminder: Scripts can be crypts, but notes get you votes.

Topic 7:
Dressing for the (Persuasion) Occasion.

Objective:
To review the principles, implications, and practical applications of dress and grooming for the successful corporate speaker. Dressing for television appearances which can require specific adjustments, reflecting studio conditions, lighting, and other factors, will be dealt with in the "Media" section.

Average reading time:
13 minutes

Caveats:
2

Special assignment:
1

> Clothes don't necessarily make the man. If "power colors" did it all, why not send your suit to make the presentation?
>
> —Anon

Caveat I: Since this book is about persuasive speaking, not high fashion, no attempt will be made to furnish the reader with a complete guide to "what's in" and "what's out" in the vertiginous world of haute couture. For that, we refer our readers to *Vogue*, *Harper's Bazaar*, *Gentleman's Quarterly*, or your local apparel boutiques. Moreover, we operate on the assumption that, as businesspersons who have already enjoyed some success in the corporate world, you do not need us to instruct you in what to wear to the office. The focus here is on a few simple principles of line and color, as they tend to reinforce or vitiate the credibility of the speaker.

Caveat II: It is said that it takes a truly bigoted person to claim that he is without prejudice. And so, I want to confess one of my pet prejudices, or should I say pet peeves? I simply cannot swallow the quasi-mystical notion that certain colors, styles, or apparel combinations can, of *themselves*, contribute significantly to the success of an executive. Tasteful, appropriate apparel in business and social situations is of course an essential part of the panoply of the successful individual. But, it's the man or woman who's successful, not his or her clothing! (See discussion of "power colors.")

Some General Considerations

The key to effective dress and grooming for public appearances is the same as the key to good dress and grooming for business or social occasions. You have, in your life, achieved a certain level of success. Unless you are a flaming, eccentric genius whose talents are so extraordinary that your sartorial pecadilloes are overlooked, that success stems partly from an awareness of what "works" for you, at the office, at the plant, at the meeting, at home, and at play. Trust yourself. It is most likely that you know how to dress yourself better than anyone else.

The key principle to good dress and grooming for speaking occasions is . . . be yourself. If you are pushing forty, are a political conservative, affect pinstriped suits and have the good fortune to be asked to address a group of high school seniors at a spring graduation picnic, how would you dress? Would you show up in a pair of hip-hugging Jordache blue jeans, cowboy boots, leg-warmers and a tank top? The answer may be . . . yes—if that's what you'd normally wear on such an occasion. On the other hand, if you would normally wear a pair of golfing slacks, a turtleneck and loafers, why would you change to an "alien" costume? Just to please the kids? Forget it; they wouldn't "buy" it anyway. *Do what you would really do. Wear what you would really wear.*

Sometimes the choice of apparel is not that simple. Let me share with you the experience of one member of the Speaker's Bureau of a large California electric utility who, in the heat of a fierce anti-utility, ballot-measure campaign was making three or four speaking presentations a day. As the speaker said, "If more than two people congregated, I'd be there, making my pitch." Imagine his enthusiasm when he was invited to discuss the issue before a group of over two hundred citizens at Venice Beach. Imagine his confusion when informed that the group were members of a nudist colony! The question, debated for well over an hour among the speaker and his colleagues was, what to wear? For the speaker, who was not a nudist, a presentation in the buff simply wouldn't fly. The weather being warm, a sport coat, dress shirt, and tie were both too warm and too much. Finally, our hero settled upon a tan T-shirt, a pair of tennis shorts, and sandals. (He never would tell us how good his eye contact was on that day!)

Principle Number 1 is: be comfortable with yourself.

Principle Number 2 is: try to dress in a manner acceptable to your audience, but not at the sacrifice of Principle 1. If you're talking to a group of hourly workers at a manufacturing plant, or on a construction site, in addition to your hard hat, you may wish to consider wearing boots, and an open collar. A vested suit would not be terribly appropriate. The hard hat, however, might not work too well at a Board of Directors meeting (unless you have to deal with some of the Boards I've seen!). If you have the opportunity, it would be helpful to check with others who have talked to the same group, or members of the group themselves, with respect to your attire.

Dress For The Occasion And The Audience

A speaking opportunity is not a costume party. That does not, however, mean you must wear the same "uniform" for *all* speaking occasions. Here are a few guidelines:

- Be conservative.
- Dress "up" for meetings with top executives, government or other officials, customers or public groups. Dress "down" for a talk at the factory, construction site or informal occasion.
- If in doubt, dress more formally in big cities, less formally in smaller towns, more formally in the East, less formally in the West.
- A dark suit or dress is recommended for board meetings. (Do you want to be remembered for your ideas, or your plaids?) Shirt-sleeves are appropriate for the workplace, especially during warm weather.
- If you're speaking before close colleagues, you can dress more casually. With top management, dress more conservatively. In the final analysis, however, you have to "read" your audience. If the CEO has a pronounced bias in favor of informality, why swim against the tide? But, beware! A director who affects a turtle-neck, casual slacks, and a sport jacket at board meetings might take a dim view of *your* wearing the same outfit!

Overall Approach To Dress

- Buy good clothes. It is better to have relatively few good outfits than a larger number of cheap articles.

- Be sure your clothes fit. It's crucial. Tight pants, shirts, or skirts and blouses may make you look like a stuffed sausage, and may restrict your movements, even your breathing. Too-loose apparel may make you resemble the scarecrow in *The Wizard of Oz*. Male executives should beware of pant lengths that are too short. They make you look gangly, and ride up your calf when you sit. If the pants are too long, you may find yourself tripping over the pant-bottoms.
- Stripes: Vertical stripes give the impression of longer, slimmer lines. Horizontal stripes tend to make you look wider.
- If you need to wear glasses to see, better wear them on the platform. Make sure, however, that the glasses are not too small (they may hide your eyes) or too large (they may slip down your nose at crucial moments). Above all, *don't* wear light-adaptive lenses under bright lights. They'll turn dark and make you look like a fugitive from *Godfather II*.
- Shoes: Avoid wing tip, exaggerated points and other indiscretions. Loafers and normal dress shoes are fine, provided they are of one color, and not over-decorated with laces, bangles, buttons, buckles, or glitter. Avoid black-and-white, or brown-and-white, or (especially male executives) all-white shoes. They are best reserved for vaudeville comedians and tap dancers.
- Accessories: Eschew flashy watches, rings, tie-clips, pins and other "noisy" accessories. They flash under the lights, attract attention away from the speaker, and may even be considered by some purists as "vulgar."
- Select lapels, pockets and other features that look good on *you*. Hairstyling: Your choice, naturally. But, no matter how elegant that styling may be, check yourself in a mirror before you step out onto that platform. You'd be surprised how sneaky stray locks, unruly curls, and cowlicks can be!

Colors

- Remember that solid colors, or conservative stripes work best. If you must wear tweeds or cannot resist a bolder pattern, try to stick to smaller scale patterns, and avoid sharp contrasts.
- Dark colors: —make a plump person look slimmer.
  —reinforce the impression of conservatism.
  —permit a wider range of colors and patterns in shirts, or blouses and accessories.

- Use the "two plains and a fancy" guideline: If your shirt or blouse is striped or patterned, wear a solid suit and tie. If the shirt and suit (or corresponding female attire) are solid, wear a patterned, or striped tie.
- Be careful of shirt (or blouse) colors. Remember that yellow shirts can make the face look sallow. Wear a comfortable collar, neither too loose (which can be sloppy) or too tight (which can make you look jowly, and even red-faced, not to mention wreaking havoc with your vocal production).

Added Tips For Male Executives

- Shirts: If your skin tends to be sallow, stay away from pinks, yellows, and stripes. Collar fit is essential. If your collar is too tight, it can make you look 10-15 pounds heavier. If the collar is too low, it may expose neck wrinkles. Long, broad collar points can help offset jowls or fleshiness.
- Vests tend to create a more formal impression. They are best worn by tall, slender individuals. Vests make plump people look plumper. Vests are also hot, and, worn with summer outfits may appear foppish. At any rate, a serious executive should wear a vest that matches the rest of his outfit.
- Ties: Prefer solids or small, neat patterns. Large patterns are hard to match and may look flashy. Select medium and dark colors. Use a good, broad knot. Thin knots look foppish and tend to make plump persons look plumper.
- Sox: I recommend knee-length sox because there is nothing so unattractive, when a speaker is sitting on a platform, than the vision of an expanse of bare flesh between the top of the sock and the knee. Wear solids, dark colors, blues, blacks, dark browns, charcoals. It's your mouth they should be concentrating on—not your ankles!
- Shoes: Look for plain toes. Shoes should be no higher than the anklebone; i.e., the demi-boot. Prefer blacks and dark browns. Watch out for run-down heels. May I be so bold as to suggest that shoes always be shined?
- Beards and moustaches: No rule other than to see to it that they are neatly trimmed, and that, as a speaker, you don't fall into the habit of stroking or caressing them. If you're clean-shaven, shave as close to speech time as possible. Remember Richard Nixon's five-o'clock shadow? It may not have lost him the election, but it didn't help his image any, either. If you happen to enjoy what is

euphemistically referred to as a "high forehead," remember to pat the shine off with a kleenex, powder lightly, or cover the shiny area with a light application of base makeup.

Added Tips For Female Executives

- Be careful about low necklines, sleeveless garments, and narrow sheath skirts that may ride up when you sit down.
- Leave heavy costume jewelry, clinky bracelets, and pendant earrings at home. They are more suitable for social than speaking occasions.
- Stylish pumps, and high heels are fine, provided they are comfortable, and do not adversely affect your locomotion. (Remember, you may be on your feet for a long time up there.)
- If you are to appear under bright lights or on television, a touch of fresh powder and base makeup are in order. Under the lights, wear the amount and type of eye makeup you'd wear to sit for a photographic portrait.

Is There A Power Color?

Recent years have seen the rise of the color consultant . . . for the home, for dress, for automobiles, for the business executive, and for the speaker. Some of those consultants are enamored of the idea that certain colors, when worn by certain individuals, contribute substantially *of themselves* in some occult manner to the power, the influence, and the success of that individual. Of all the latter-day myths of "instant success," this is one I find peculiarly inappropriate, and well . . . downright foolish.

Not too long ago, a reporter from the *Wall Street Journal*, masquerading as an executive seeking advice on "power colors" from several different consultants, reported that each of them offered him widely differing advice. One told him that blues fitted his personality, added liveliness and sparkle, and an air of authority to his appearance. By all means, he was advised, stick to blues. Another identified him as an "earth person," to be superbly served by wearing browns, tans, and touches of crimson. Another . . . but you get the idea.

It is true that certain colors enhance, or are enhanced by an individual's skin, eye, and hair coloring. Moreover, certain people prefer certain colors merely because they like those colors and believe they "look good" in them. To the extent that wearing a given color, or combination of colors, pleases your own tastes, and perhaps accords well with your physical characteristics, color choice can enhance your attractiveness, and even confidence. But the notion that certain colors themselves by some metaphysical alchemy or some tormented process of psychological association can bring success, presumably with very little supplementary effort by the wearer is, well, simply sappy.

Pick the colors you like. Pick the colors that make you feel good. Pick the colors that become you. But don't expect tints and shades to bring you success on a technicolor platter!

Assignment

Watch people in a comparable position to yours who appear at meetings and conferences. Critique them as to dress, grooming, accessories. What effect do they have on you? If positive, why? If negative, why? (Don't use actors, musicians, or talk show hosts as your models, however. They are entertainment personalities and often listen to a different drummer!) Browse through ads and photographs in fashion-oriented magazines like *Playboy*, *Esquire*, *Gentlemen's Quarterly*, *Cosmopolitan*, *Vogue*, *Harpers*. Cultivate an awareness of what's in and what's out. But don't follow the examples in the fashion magazines slavishly or uncritically. Sometimes, in an effort to impress, titillate, or simply tease their readers, they present styles that may be wholly inappropriate for your speaking occasions.

Topic 8:
Coexisting with Visual Aids.

Objectives:
To improve understanding of when and when not to use audiovisual aids.

To review techniques for effective, controlled use of audiovisual aids.

Caveats:
2

Average reading time:
21 minutes

> Some of the best speakers mistakenly assume that any visual aids they use to bolster their presentations are entertaining and therefore *good...* And yet, a speaker's efforts may be ineffective or even detrimental to the impression he seeks to convey.—William R. Sears, Sears & Co.

Orientation

As a famous president once said, "Let me make one thing clear." Visual and audio aids (henceforth referred to for convenience as a/v aids) are the servants not the masters of the speaker. Exactly what does that mean? It means two caveats:

Caveat I: Don't use a/v aids as a "cop out." Some folks have been known to rely upon a slide carrousel, or a videotape, or a 16 mm motion picture film to do their speaking for them. If that's what you expect from a/v aids, why not just mail your presentation in? The reason a speaker speaks to an audience is simply that the one-on-one, or one-on-hundreds process has been from time immemorial the most immediate, the most human, the most direct, and more importantly the most persuasive way to establish communication with others. The interposition of a lot of hardware or paper between you and your audience as a substitute for the process of spoken communications simply won't fly—not if you're a serious speaker, not if you wish to influence the minds and hearts of others. The fact that we live in an age of electronics only reinforces the need for human contact in persuasion situations. Electronics won't do it for the really good executive. Person-to-person communication still reigns supreme.

Recognize at the outset that the speaker is still the key. A/v aids are no replacement for the human factor. The tongue still takes precedence over the chip.

Caveat II: Don't use a/v aids as a convenient form of notation. A/v aids should not be designed as some kind of elaborate form of note-card. A/v aids exist for five key reasons:

- To clarify
- To dramatize
- To emphasize
- To reinforce
- To review

If the a/v aids cannot be justified by at least one of those five criteria, it's simple. Don't use them. *You* are the person doing the speaking. Not the slide projector. Not the viewgraph. Not even the "gee whiz" videotape your company spent thousands to produce. *You* are the star of the show, and you'd be well-advised not to let the a/v aids "upstage" you.

When, then, are a/v aids appropriate? Let's take another look at our five criteria:

To clarify: You may be trying to explain how a complex engineering process or machine works. A/v diagrams, illustrations, taped demonstrations then serve to clarify certain aspects of the operation that might be difficult or tedious to elucidate with words alone. Topics that may require a/v aids might be:

- operation of a complex piece of equipment
- explanation of a complex manufacturing process
- analysis of light-curves from a distant star
- comparison of the movements of a common stock during various periods

(STOP: MAKE A LIST OF "CLARIFYING" USES OF A/V FOR ANY TALK YOU MAY HAVE TO GIVE.)

To dramatize: Particularly valuable in reaching your audience's emotional triggers. Appropriate for:

- showing your company's active role in renewing a run-down neighborhood

- interviewing individuals (including celebrities) who cannot attend your actual presentation
- exhibiting distant locations which may intrigue or be vital to your audience's interests
- telling a story, especially with a hero

(STOP: MAKE A LIST OF THE KINDS OF SITUATIONS WHERE A/V MAY BE USED TO DRAMATIZE A SEGMENT OF YOUR PRESENTATION. BE CANDID WITH YOURSELF, HOWEVER. COULD THIS DRAMATIZATION BE EFFECTIVELY ACCOMPLISHED BY THE SPEAKER HIMSELF OR HERSELF, WITHOUT HAVING RECOURSE TO A FILM, TAPE, OR SLIDE?)

To emphasize: Perhaps you've made the point effectively by speaking. Now, however, you wish to repeat the point in a different way, enhancing its importance by a special a/v effect such as projecting an enlargement of a face on a large screen.

To reinforce: Sometimes a crucial point needs to be illustrated to be clearly understood.

To review: This is really a variation of reinforcement, the cardinal distinction being that the review usually comes at the end of the presentation, or a section of the presentation.

In planning your presentation, be conservative about audiovisual aids. Follow the simple injunction, if in doubt, don't.

Types Of Audiovisual Aids

Audiovisual aids come in many species, shapes, sizes, and levels of operating complexity. In this chapter we'll mention those that are most frequently used, and how to use them with maximum effect. A/v devices we'll cover include:

- slides
- viewgraphs
- flip charts and chalkboards
- videotapes and films
- audiotapes
- microphones
- lecterns
- pointers

A few years ago, I received a direct mail announcement of a conference at a well-known Los Angeles hotel dedicated to "Latest Techniques of Audiovisual Aids." Ever eager to expand my horizons and deepen my knowledge of these things, I paid my $50 for the day (luncheon not included), hied myself to a large conference room and sat back preparing to learn something. The credibility of the "communicators" who had organized and were presenting the conference was somewhat strained at the outset, however, when the opening speaker discovered that his microphone wasn't working! Rule I—Check out your a/v equipment, materials, and assistants *in advance.* Standing there in front of hundreds with your bare viewgraph hanging out is not the way to profit from a/v aids!

Slides

Advantages and Disadvantages

Advantages:

- Provide visual impact
- Fit groups of various sizes
- Portable
- Colorful and dramatic

Disadvantages:

- Somewhat "canned"
- When lights are dim and focus is on the screen, you lose some portion of your contact with the audience
- The slides seem to have a mind of their own—and try continually to arrange themselves in the wrong order!

Before the Presentation

- Make sure you know how the slide projector works.
- Make sure the projector itself is in good working order—especially the light.
- Make certain that the slides are in the carrousel in their proper order. (No use telling the audience of the beauties of the Taj Mahal, if the slide is showing the restrooms at Union Station.) Sound routine? The cemetaries of failed speakers are dotted with the tombstones of those who have forgotten this basic step.

- If an assistant is to run the projector for you at your cues, make sure both he and you understand the cues and the timing. If you're using a remote control, make sure you know how it works—including the reversing switch!
- Test your screen to make certain that the size and clarity of the slide picture are what you want them to be. Big fuzzies don't work well. Neither do clear but postage-stamp sized images.

During the Presentation

- When your "slide show" begins, don't turn all the lights out in the conference room. Better a slightly paler slide picture than a chorus of snores! (Darkness is an open invitation to slumber.)
- Don't use too many slides. The speaker, not the slides, should be the center of attention.
- One slide per one idea. One picture for one concept. Eschew multiple pictures on one slide. Too much for the audience to take in at one glance.
- Allow the audience a few moments to view the slide before you start talking about it.
- When you've completed the point that involves the slide, either move on to the next slide (if it matches your next point), or shut off the projector. A blank screen or an "old" slide focuses the audience's attention—away from you!
- One picture is worth a thousand words, etc. Don't cover your slide with words and notations. Keep it simple.
- Make sure the slides are understandable. Don't distract your audience by compelling them to try to figure out what the slide has to do with what you are saying.
- Limit the viewing time: slides should not be on the screen longer than about a minute. Some are best viewed for only a few seconds.
- Give the people some variety. Consistency is nice. Monotony is boring. Mix 'em up.

Viewgraphs (Overhead Projector)

Advantages and disadvantages of viewgraphs:

Advantages:

- Versatile, you can use them for many topics, under most conditions
- You don't have to turn out the lights
- You can turn the projector on and off easily
- You can continue to have direct contact with your audience
- Suitable for groups of any size
- Low cost
- Last minute changes can be made with relative ease
- You can use overlays

Disadvantages:

- Tendency to use makeshift illustrations or diagrams
- Quality of screen projection can be poor
- Screen placement can be a problem

Before You Speak

- Familiarize yourself, in advance, with the operation of the projector, the location of electrical outlets and switches.
- Make sure your transparencies are set up correctly, so that they don't project upside down!
- Arrange a small table upon which to place your transparencies. While you're at it, decide what you are going to do with each transparency, when you're done showing it!

During the Presentation

- Face your audience.
- In order to keep maximum contact with and control of your audience, use the on/off switch. Place the transparency in the projector before you hit the "on" switch. When you're finished, hit the "off" switch.
- Use one view-foil per main thought.
- Allow the audience a few moments to look over the transparency before you start to talk about it. Be sure to explain any complexity. (Better still, keep the transparencies simple and clear.)

- If your transparency contains text (and there shouldn't be too many words or numbers!) read it to them aloud. If you don't want them to finish it for you, read it all!
- Don't leave the transparencies on the screen longer than a minute.
- Make sure your transparencies are in order.
- Where appropriate, use overlays, gradually adding to an idea or an explanation.
- Have a colleague run the projector and insert the transparencies for you.
- Use a thin pencil point as a pointer if you work directly on the transparencies. A pointer will look like a club!

What Not to Do

- Don't turn out all the lights.
- Don't cover the transparency with words or numbers—especially if they are "flyspeck" size.
- Don't turn your back on your audience and engage in a conversation with the projector.
- Don't hold a pointer over the projector. It will look like the Hindenburg!
- Don't leave the transparency on the screen while you move on to the next point.
- Don't leave the projector light on when the screen is blank. (Hit that "off" switch each time you're finished with a transparency.)
- Don't use the transparency as a substitute for a book or a memo. Don't overload it with details. Better to distribute printed materials at the conclusion of your talk.

Flip Charts And Chalkboards

Advantages and disadvantages of flip charts and chalkboards:
Advantages:

- Flip charts can be prepared quickly and easily
- They don't cost much
- They're easy to use
- They're flexible, can be easily changed, supplemented, or corrected
- They encourage interaction with your audience
- They work particularly well with informal groups

Disadvantages:

- They don't work too well with large audiences.
- They don't work too well with formal groups.
- They're not slick.
- If you're bringing your own easel, paper, and pens, the logistics can be burdensome.

The major difference between flip charts and chalkboards is that with flip charts you don't get chalk on your sleeves. Seriously, both aids belong in the same category, although there are differences. Generally, I recommend the flip chart over the chalkboard because:

- The words or diagrams won't smear—or be erased by accident.
- You won't get chalk on your sleeves.
- You can write on the pages in advance, cover them up, and then uncover them as necessary.
- Marker pens don't squeak, at least not as excruciatingly as chalk.

Before You Speak

- Make sure you have a generous supply of marker pens that *work*. (Some of the little devils are diabolical. They'll work fine when you test them, and mischievously dry out just as you are in the midst of writing up your most important point.) Use different color pens for variety and emphasis.
- Make sure the chart is well-lighted.
- Check to make certain that the easel that holds the paper is solid and firm, not wobbly (a peculiar disease that seems to afflict the easels at most hotels).
- Fill in as many of the pages as you can, in advance.
- Pencil in any private notes to yourself, lightly, in the margins of the page.

During the Presentation

- Print.
- Print large.
- Print only one point per chart (unless the two or three points you wish to make are very closely related, come in logical sequence, or may be expressed in a very few words).
- Use a pointer, when necessary.
- Stand to the side and look at your audience as you refer to the material on the chart.

- Be concise. Flip charts are not pages of a book. If your audience requires *that* much detail in writing, distribute preprinted, detailed materials after you've finished your talk—or they'll read instead of listening.
- Avoid abbreviations and acronyms, unless they are very familiar to your audience.
- Put down the pointer when you're finished with it. It should be used neither as a fencing foil, nor as an implement of punctuation.

What Not To Do

- Don't try to put too many words or numbers on a page.
- Don't talk to the chart. (Talk to your audience!)

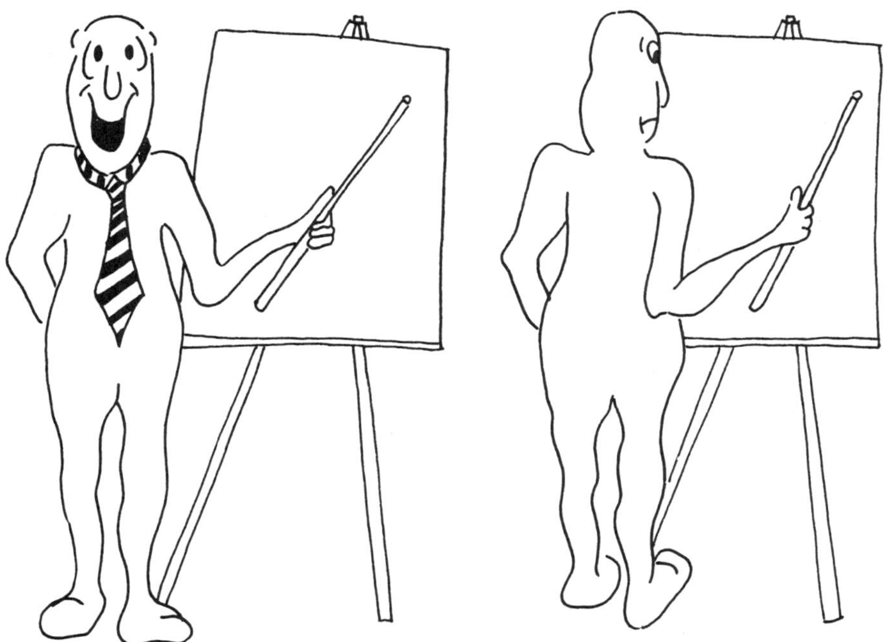

Right Way **Wrong Way**

- Don't talk to the chart as you write. (Write first, then turn to the audience and explain.)
- Don't interpose your body between the audience and the chart. You may be glassy-eyed but you're not transparent!
- Don't write too lightly or too small.

Most of the above injunctions can be adapted to the use of a chalkboard with the following additional caveats:

- Don't press so hard on the chalk that it breaks, spewing chalk-dust all over you and leaving you with a pathetic little stump of chalk to work with.
- Don't wear a dark suit. If you must, watch those sleeves.
- Have plenty of spare chalk.
- Make sure the board erasers are clean. Some of them leave more chalk on the board than they take off!
- Have a clean cloth handy to wipe the chalk-dust off your fingers or you may find yourself leaving ghostly fingerprints in places where they don't help!
- Watch out for squeaky chalk. For those with sensitive ears that's roughly equivalent to being interrogated by the KGB!

Videotapes And Films

Although there are of course technical differences between tape and film, for the purposes of our brief survey, I'm going to lump these two devices together.

Advantages and disadvantages of videotapes and films:

Advantages:

- If well-produced, they can be lively, colorful, dramatic, entertaining.
- They are appropriate for large groups, formal or informal.
- The projector can be stopped at key points for emphasis, commentary, or discussion.
- The speaker has little to do but hit the "on" switch.
- Most people are used to receiving information—and entertainment—via a monitor or a movie screen.

Disadvantages:

- "Entertainment" values can overshadow the specific objectives of the presentation. Don't ever let "show biz" swallow your *purpose.*
- Temptation for speaker to let the tape or film substitute for the

spoken presentation. It should *reinforce* the presentation, not replace it.

- Tape or film presentation can be spoiled by poor sound, focus, or visibility.

Before You Speak

- Make sure the film or tape is complete, undamaged, already rewound, prior to the showing.
- If you're planning to stop the tape or film at some given point before the end, make sure that your projectionist knows the cues, and has a method to "cue up" the "stop tapes" properly. (Searching for that key point you want to "freeze" on the screen or on the monitor can be an irritating waste of time and trying to the audience's patience.)
- If it's a film, pre-test the image on the screen for size and clarity. If it's a videotape, make sure there are enough monitors for the size of the audience, and that the screens are large enough or close enough for easy viewing. A good rule of thumb is one 19″ or 23″ monitor for every fifteen people. Mounting the monitors overhead can be helpful. I have never, however, had good luck using the new "giant screen" videoplayers. The images on most of the giant models are simply not as clear, sharp, or "contrasty" as the smaller sets.
- If the running time of the film or tape is more than 15 minutes, try to build in some "stop tape" breaks for discussion, questions, review, emphasis, and audience inputs.

After The Presentation

- Rewind the film or tape.

What Not To Do

- Don't select a tape or film at the wrong level of difficulty for your audience. Don't show something that's too difficult or too simple for their level of comprehension.
- Don't forget that supplementary materials and discussion may be needed.
- Don't get so carried away by your anxieties about riveting your audience's attention that you show them a film or tape that really isn't required to make your points.
- Don't think of the film or tape as a substitute for the speaker's comments or his leadership at the meeting. (Again, the speaker is the "star" of the meeting. Even the most cleverly-produced film or tape is merely a *tool.*)

Audiotapes

The comments about videotapes and films may generally be applied to audiotapes with the following differences:

- Audiotapes are much easier to produce, transport, and operate than videotapes. They are also more susceptible to being boring.
- On the other hand, audiotapes lend themselves readily to "stop tape" audience involvement interludes. At a need, they may be inexpensively reproduced and distributed to audience members for subsequent review and study.
- Clarity and fidelity of sound are crucial to the success of audiotaped communications. Nothing is more exasperating than a muffled, distorted tape, with distracting surface noises or static. Make sure your tape is "clean."
- Another virtue of audiotapes: If you rehearse and coordinate properly they may easily be used in conjunction with charts, viewgraphs, slides, and other a/v aids. Be careful, however, not to present a "three-ring circus," unless you are a capable ringmaster. Things might get out-of-hand.

Before You Speak

- Make sure the tape player works. If it's battery-operated, bring extra batteries.
- Make sure the tape is clear, undistorted. (Will the clarity stand up at a high volume setting?)
- Make sure the tape is rewound before beginning.

After The Presentation

- Rewind the tape.

Microphones

Advantages and Disadvantages

Advantages:

- Quite simply, they amplify your voice so that, especially if you are talking to a large audience, none of your words are lost.
- Your microphone will also save your throat, an important consideration if you are making a lengthy presentation, or repeated presentations—or if you have a cold!

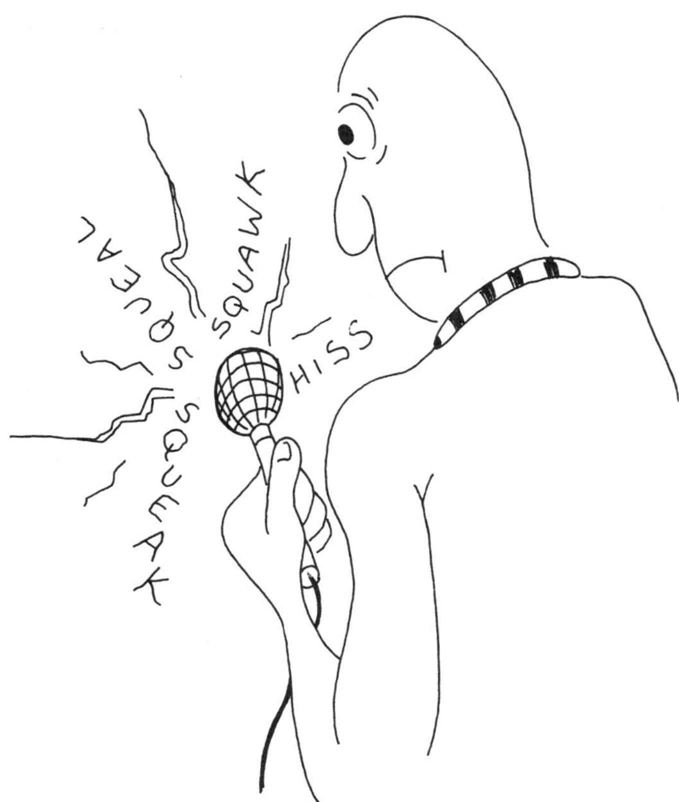

Beware of "Mike Gremlins"

Disadvantages:

- "Mike Gremlins" in the form of loss of power, dead batteries, and inexplicable whistles seem to haunt speakers who use the mike.
- Microphones on lecterns tend to limit movement. The speaker seeks security by leaning down over the mike and ends up virtually frozen in one position.
- Hand mikes tend to turn into clubs with which to threaten the audience.
- Lapel mikes get caught on ties, get turned around so that the sound is muffled, or simply fall off.
- Mike cables, particularly if they are long, often become twisted and wrap themselves diabolically around the feet or legs of the speaker.

Before You Speak

- Test the microphone for power. If it's battery-operated, keep a spare set of batteries on hand. Not having spare batteries practically guarantees that the original batteries will fail.
- Do a voice level test. Have a colleague listen to your voice from various locations in the auditorium. Make sure you can be heard in the rear rows as well as up front.
- Learn how to put on your own mike if it's of the lapel or lavaliere variety. Be sure it's firmly attached to your tie or whatever so you don't lose your "voice" in the midst of your most eloquent statement.
- If your microphone is fixed on a podium, test it to see how far away from it you can be and still enjoy effective "pickup." You may be surprised at the distance—and freedom—a sensitive microphone can give you. If the mike is tinny or weak, request a different one.
- Make friends with the technician or electrician at hand. He may turn out to be your savior.
- If your microphone is attached to a cable, stuff a loose loop into the top of your belt, on the side (not in front), and pull the cable to one side of you so that you don't step on it while you're moving. Better still, request a short-cord, battery-operated mike. You can put the very compact power pack in your pocket and forget about cables entirely.

During The Presentation

- Don't put the mike too close to your mouth. It's not necessary. It's uncomfortable and the propinquity will cause the mike to pick up your breathing.
- Don't use a hand mike as a pointer, a club, or a means of sprinkling imaginary holy water on your audience.
- Don't yell into the mike. The audience's eardrums will not respond sympathetically. The point of a microphone is not to yell.
- Don't use a mike for a small audience that can plainly hear your normal voice. It's unnecessary and a bit pretentious.
- Mind your "p's" and "b's." These are called "plosives" and if you produce them too enthusiastically they will when transmitted by the mike give the effect of a minor explosion.

At War With—Or At One With The Lectern?

Most people call the lectern the podium. According to the new Webster encyclopedic dictionary of the English language, a podium is, "The low enclosure running all round the amphitheater; . . . a continuous pedestal or low wall on which columns rest." A lectern, on the other hand, is "A desk or reading stand, especially in churches, from which scripture is read." We're talking lectern here.

Advantages and Disadvantages

Advantages:

- Furnishes you with a place to put your notes, your pointer, your viewgraph transparencies, and, at a need, your lunch.
- Supplies a light by which to read your notes.
- Gives the speaker the illusion that he is protected from his audience.
- Usually holds a microphone.
- Gives the speaker something to hold onto. (Often with a white-knuckled grip!)

Disadvantages:

- The lectern can be a false friend. Though it seems to "protect" you from the audience, it also stands between you and the audience, often providing a view only of your head and shoulders.
- Severely limits movement. Let's face it. Most speakers don't want to get that far from their notes—or their protection!
- Over-reliance on the lectern inhibits the exercise of good speaking techniques, especially gestures.

Before You Speak

- Early on, in planning your presention, make a courageous decision. Especially when a smaller group is involved, or the situation is an informal one, try doing without it. Hold your speech outline cards in your hand and enjoy the freedom of movement and the direct contact with your audience. (If your knees are shaking, try sitting.)

- If you do opt for a lectern, check it out in advance. Is it too high, so that all the audience sees of you is your head? Is it too low, so that you risk developing a lower back problem as you bend over to read your notes or talk through the microphone? (The chairman of a large midwestern utility has managed to secure a transparent, plastic lectern which neatly finesses the visibility problem!) Does the light work?
- Request a lapel, lavaliere, or removable hand microphone rather than the permanently fixed microphone so dear to the heart of most conference-planners.

During The Presentation

- Be flexible. There is no law anywhere that mandates your remaining behind the lectern throughout your presentation—especially if you have a movable microphone. Move around a little. Move to one side or the other of the lectern. If you want to be really bold, try stepping *in front* of the lectern to make a vital or dramatic point. Use the lectern. Don't be its prisoner.
- Remember that, lectern or no, the rules of good presentation still obtain. Use eye contact, gestures, phrasing, vocal variety, pauses. Keep your energy up. The speaker is the "star," not an inanimate chunk of wood.

What Not To Do

- Don't hide behind the lectern.
- Don't grip the sides of the lectern tightly and lean over throughout the presentation. (Boring. And bad for your lumbar regions.)
- Don't read your presentation just because your notes are conveniently placed. (Boring.)

Tips On The Pointer

- The pointer is a tool—not a weapon. Use it to point to key items on a chart, viewgraph transparency, even at a "stopped frame" of a tape or film. Point once to one item and be done with it. Don't slap the chart repeatedly with the side of the pointer. Don't assume a fencing-master's posture and stab at the audience with the pointer. D'Artagnan you're not.
- When you're not using the pointer, put it down. Don't play with it, stroke it, or fondle it. Avoid holding your pointer over the viewgraph machine. It will, on the projection, look like a cannon. I like to use one of those compact pointers that look, until the pointer itself is extended, like a pen, complete with pocket clip. It's handy, and if I put it inside my coat pocket, I know where it is.
- Use the pointer to make points, not to keep up a steady drumfire of tappings and other distractions.

Summary: Coexisting With Visual Aids

- Use a/v aids as just that, aids, not substitutes for the speaker.
- Don't turn the lights too low too long.
- Rehearse, rehearse, rehearse.
- Make sure everything is working.
- Make friends with your local electrician.
- Give advance notice of your a/v needs (including spare bulbs and spare batteries) to whomever is in charge.
- Make sure the aids are visible and audible to everyone.
- If you want people to pay attention to you, don't pass out written materials during your presentation.
- Present the a/v information in small morsels, preferably one idea per aid.
- Limit the words and numbers.
- Limit the viewing time. Don't keep the slide up there forever.
- Let the audience view (or hear) the aid. Give them a moment to digest it. Then explain.
- Know when not to use a/v aids. If in doubt, don't.

Note: A/v aids can upon occasion be effectively employed in a televised media appearance. See "Media Interview" section.

SPEAKER'S ASSESSMENT CHECKLIST

Part 1 — Delivery Style

Fill out this checklist paying particular attention to your areas of perceived strength and weakness. Each time you prepare a spoken communication, review this checklist as you work on Delivery Style. As you progress you should be adding to your list of strengths and reducing your list of weaknesses. Be sure to refer to this checklist before making any presentation.

All of the following checklist categories are designed to measure your *delivery* style as a speaker. Check one.

Style is less important ☐ than content.
more important ☐
as important ☐

On the platform the speaker should be more formal ☐
than in normal conversation. less formal ☐
about the same ☐

Stage fright is good. ☐
bad. ☐
manageable. ☐
all of the above. ☐

Body language and gestures are as important ☐ as the
words you speak. less important ☐
more important ☐

Vocal punctuation and variety are absolutely necessary. ☐
only affectations. ☐
wholly unnecessary. ☐

A speaker should be caring ☐ about his subject.
uncaring ☐
objective ☐

A speaker should always be persuasive. ☐
objective. ☐
humorous. ☐

Self-Perception (How you see yourself as a speaker.)

Strengths:

____

____

____

____

Weaknesses:

____

____

____

____

Occasions upon which I would like to speak:

____

____

____

____

Occasions upon which I would not like to speak:

____

____

____

____

Part II
Building A Persuasive Presentation

Topic 1:
How Do I Get This Contraption Off The Ground?

Objective:
Learn the initial steps in preparing a successful spoken presentation.

Average reading time:
14.5 minutes

Exercise:
1

Special feature:
The Audience Audit Checklist

...*always* think in terms of the other person's interests.
—Lee A. Iococca, *Iococca*

Success on the platform begins off the platform.

Admittedly, there are "born speakers" who just get up in front of other people and deliver a whale of a speech. But their numbers are few indeed. They belong with those other rarities, the folks who can play long and complicated piano pieces by ear, the people who can kick a football eighty yards on their very first try, the primitives who paint masterpieces without ever having taken an art lesson.

The story is told of Sir Winston Churchill. An admirer, struck by the eloquence of a speech Churchill had just delivered, asked him, "Sir Winston, how long does it take you to prepare a speech?" Sir Winston replied, "That depends upon how long it is." "Well," said the admirer, "let's say five minutes." Churchill replied, "Oh, that might take me two or three hours." "What about ten minutes?" "Perhaps three or four hours." "And fifteen?" "Depending upon the topic, as much as half a day." "And, suppose you had an hour to speak?" "Ah," smiled Sir Winston, "I can deliver an hour's speech without any preparation at all!"

Alas, for the rest of us mortals, the road is a bit more difficult. Fortunately, there are approaches to speech preparation and structure which can enable a speaker even of modest talents to score big on the platform. As in so many aspects of life, the key word is *preparation*.

Let's imagine that the Great Day has arrived. Your boss has "asked" you to make a presentation to the management committee, justifying your request for a larger annual budget for your department. Or, you've just been elected president of your Rotary Club and that means an inaugural address. Or your spouse has gleefully accepted in your behalf (and without your knowledge) an invitation to deliver a pep talk on "Good Citizenship" to the local Girl Scout troop. Where do you begin?

Well, you say, I'd begin by making a simple outline of the points I'd like to get across. WRONG!

Or, you may consider starting off with a joke or two. WRONG!

Or, if you are like most harried executives in this great land of ours, you may dig into your files in search of your old stuff to recycle. WRONG! WRONG! WRONG!

Okay, wise guy, you say, where would *you* start?

I'd start with the *audience.* Because they're the ones that count. Because what you say, and, to some degree, how you say it reflects your perception of them. (And it isn't always a question of "Tell 'em what they want to hear," either. Often the speaker faces the task of telling 'em what they would really rather not hear and persuading them to like —or at least accept—it.)

Too many speakers are so wrapped up in the precious message they want to deliver that they forget that it takes two to tango. And people who don't begin "tuning in" on their audience's attitudes and feelings toward the subject are inviting a dialogue of the deaf.

To a large degree, the audience affects even your choice of subject. Given a choice, you just wouldn't be likely to talk about "The Many Joys of a Gin Martini" to an AA group. Nor would it be wise to deliver an address on "Beef Barbecues" to a group of vegetarians. It just wouldn't be a very happy fit, though you might get a dramatic reaction!

So the first thing you must do is to think of your audience. Not that you need select a topic that is guaranteed to please them, but you do need to select a topic that will interest them, one that offers some opportunity, at least, to influence their thinking in some direction.

Who's Out There? The Audience Audit

To build a successful speech, you need to do an advance AUDIENCE AUDIT. After all, you wouldn't start on an overnight hike over a dangerous, unfamiliar trail without two good things—a flashlight and a map. The same is true of the tricky road to understanding your audience.

The AUDIENCE AUDIT is your trail map. It serves two purposes. First, it will give you a clear, firm path to follow—to take you and your audience where you want them to go. It will help you to avoid unnecessary detours, crevasses, swamps and cliffs. It will help you to arrive at your communications destination in good shape with lots of confidence. It will make sure that you know where the rest stops are, too!

The AUDIENCE AUDIT is also a memory tickler. Each category in the checklist below carries with it a brief reminder of the principle of communication involved so that you will always know *why* you need the input. By filling out your AUDIENCE AUDIT Checklist, you will have more confidence in yourself.

AUDIENCE AUDIT CHECKLIST

Time and Place: Where, at what time of day, under what circumstances and in what physical surroundings will your talk take place?

____

____

____

Occasion: Is it the inauguration of new officers? An urgent meeting on safety problems? A confrontation with irate customers? A family reunion? These factors will affect both your delivery style and subject matter.

____

____

____

Audience Attitudes: There is rarely uniformity of attitude in an audience. So, you have to select that segment, or those segments of the audience you're particularly targeting for your message. Attitudes are usually accompanied by emotions, and it is the heart as well as the mind you're trying to reach. Simply defined, audience attitude is the feeling, even the bias people have toward you and your topic "going in." Those attitudes can range from friendly to neutral to hostile. And you'd better have a clue to those attitudes before you start talking!

Friendly ____________________________

Hostile ____________________________

Neutral ____________________________

Audience Values: Values are what individuals or members of a group think is desirable or undesirable. For example, collecting the heads of our enemies is generally frowned upon in America. But among certain tribes along the Amazon... What are the values cherished by your audience?

____

____

____

Prejudices: A "prejudice" is a pre-judging. How does it differ from an attitude? It is often stronger, and often negative. For example: "I don't trust policemen." "Hippies are unclean." Often prejudice is racial, ethnic, or religious. List suspected audience prejudices.

____

____

____

Grouping: Any audience may be heterogeneous. It may be primarily one sex or the other, or composed of people of similar interests or occupations; e.g., veterans, golfers, stockholders or plant managers, sales staff, engineers, accountants.

____

____

____

Interests and Expectations: Where is your audience "coming from"? Do they care about your subject? Do they have a positive or negative feeling about you, your organization, your speech topic?

____

____

____

The "Emotional Trigger" or the "Hot Button": The audience's "hot button" is that aspect of your presentation that triggers an emotional reaction—positive or negative. (See "Emotions" below.) Try to get a fix on the location of that "hot button." If activating it can cause you trouble, avoid it. On the other hand, if activating it works in your favor, press away!

____

____

____

The list could go on and on. Indeed, you may wish to add your ideas to the form. To simplify your task, however, you really need to know only four basic things based of course on the various elements covered in the AUDIENCE AUDIT Checklist.

1. You must know what your audience thinks and feels about you, and what they expect from you.
2. You must know what you think and feel about them, and what you expect from them.
3. You must know what they really want from you.
4. You must know what you really want from them.

To answer these questions, you must do your "homework," well in advance of the speaking date. If you answer each question correctly, you will be well on a safe and pleasant road to a persuasive presentation.

Sources Of Audience Audit Information

- Your own personal experience with the group or the individual.
- Those who organized the meeting.
- Those who asked you to speak.
- The leaders of the group.
- Others who have dealt with them in the past.
- Local newspaper reporters and editors.
- Files of local media.
- Material the group itself may make available to the public.

You should make your AUDIENCE AUDIT Checklist step one of the preparation process. It will buttress your confidence because you'll know you're on the right track.

Exercise

Prepare an AUDIENCE AUDIT Checklist for a real or potential speaking occasion. What does it tell you about preparing your remarks for this particular audience?

STEP 1. The Audience Audit. Know who they are—and where they are coming from.

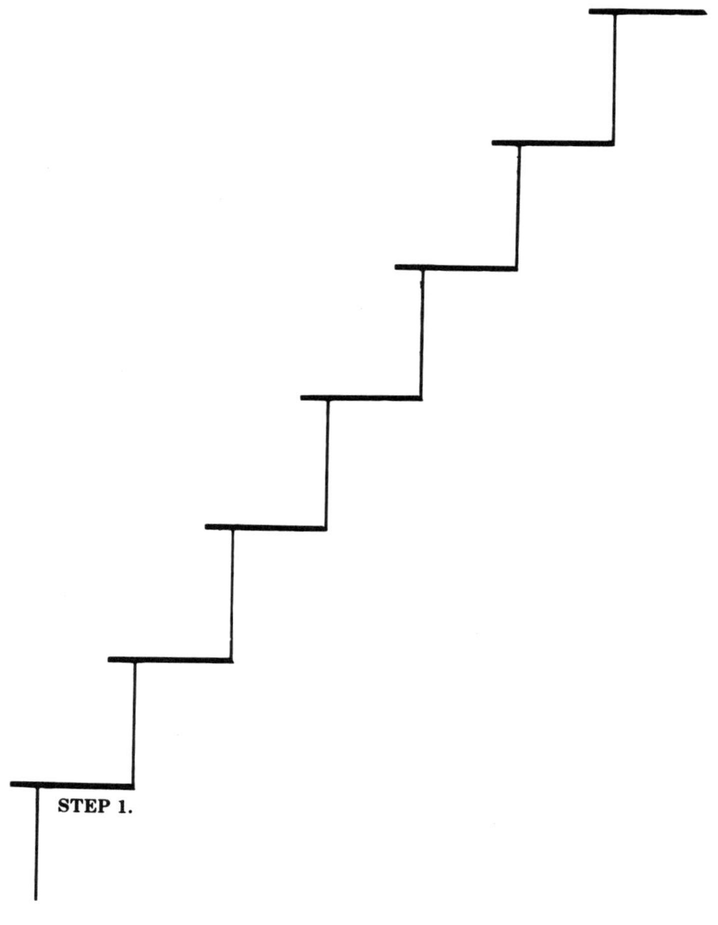

Topic 2:
Cold Audiences and Hot Buttons: The Five Basic Audience Emotions.

Objectives:

- To understand how audience "emotional triggers" impact upon the persuasion process.
- To learn to utilize "emotional triggers" in the preparation of persuasive presentations.

Average reading time:
7.5 minutes

Exercises:
3

> Human behavior is influenced in innumerable ways by fundamental biological mechanisms which may well go back to the roots of our mammalian heritage or beyond. Which of us has not felt in moments of great emotion, that his behavior and his feelings were due to forces of which he has little understanding and over which he has still less control. —Gray, *Psychology of Fear and Stress*
>
> Let's hang him first. We can try him later.—Anon.

Recognize that logic alone rarely convinces people. What convinces people is a combination of facts, well and clearly presented, and appeals to the emotions. From a spoken communications viewpoint, the prime emotions you deal with include:

FEAR	PRIDE
ANGER	LOVE
SELF-INTEREST (Also called "ambition" or, in some cases, good old-fashioned "greed"!)	

These emotions are rarely discovered in their "pure" state, but are usually part of an amalgam that includes at least one other emotion. (Can you love and be angry at the same time? Can you be proud and self-interested at the same time?)

Facts + Emotions = Persuasion

Cold Audiences And Hot Buttons

Remember that these emotions go deep. Sometimes they are negative, sometimes positive. It's up to you, in your AUDIENCE AUDIT to cultivate some awareness of your audience's "hot buttons."

To "get the hang of it" let's look at a few examples. Suppose (heaven forfend!) that your company has been criticized by the U.S. Equal Employment Opportunity Commission for lagging behind government guidelines. Let us further suppose that you, as Vice President of Human Resources, have the unenviable job of making a Monday morning presentation on "Working Harder to Achieve EEOC Goals" to department heads and union representatives of your company.

Fun, eh?

You know your topic already. It's been assigned to you by the CEO. You've been prudent enough to fill in as much information as you are able in your AUDIENCE AUDIT Checklist. You know most of the people in your audience personally (let's say there are twelve), and you can even guess what "emotional triggers" may be cocked for certain executives. For example (and the following should be taken merely as a model, not as an effort to stereotype particular people or titles):

> *V.P. Manufacturing*: ("What the hell, are they on *that* kick again? I'm doing my best to hire some black, or female, or Hispanic engineers, but I haven't been able to find any with experience designing our electronic widgets. They probably think I'm trying to keep them out. God, if I could find a couple I'd hire them so fast it would make their heads swim. But they'll blame me, you'll see.") That kind of attitude could be interpreted as a combination of fear (that he will be criticized) and anger (at the perceived injustice of the situation.) Faced with that knowledge about at least one audience member's "emotional trigger," our harrassed Veep of Human Resources may adopt one of several strategies:
>
> ● He or she might try to *defuse* the fear by saying, "I know that, for example, in the manufacturing area, it's not that easy to find qualified minorities. Perhaps we can work together and find some new recruiting sources." Or, if he has good reason to believe that the problem really stems from the manufacturing Vice-President's anti-minority prejudice, he might say, "We're all individuals here, and we're all entitled to our own opinions—about government policies or anything else. But it *is* government policy, and it is also the policy of this company to achieve the EEOC goals that have been set for us, and, one way or another, we're going to do it. And when I

say that, believe me, I'm reflecting Mr. CEO's thinking, as well as my own." (In this case our Human Resources Veep has opted to use a firm, no-nonsense approach, possibly playing upon the manufacturing Veep's fears and demonstrating that anger will not be accepted as a substitute for achieving the desired goals.)

V.P. Accounting: (herself the member of a minority) ("In the five years I've been with this company, I've been convinced that they are a conscientious and fair-minded group. I'm *proud* of their honest efforts to meet EEOC standards, and the fair treatment I have received, and I'll do anything they request to help them meet those EEOC requirements.") Our Human Resources Veep will include in his presentation some appeal to her pride in the company. He might say, "I know that some of you recognize just how hard this company has worked to achieve those EEOC goals, and how disappointed we are, not only at the governmental criticism, but in the slow pace of filling those jobs. Does anyone have any recommendations how we might expedite the process?"

Here, we have an example of *reinforcing* an already positive emotion, favorable to the speaker's mission. Indeed, the foregoing two model "emotional trigger" responses exemplify the two principal ways to deal with significant audience emotions:

1. *Defuse* the negative emotions (such as fear and anger) by:
   - Recognizing its existence in your AUDIENCE AUDIT.
   - Acknowledging its existence in at least one part of your presentation.
   - Reducing the intensity of the resistance generated by the negative emotion, by that acknowledgement, and, when possible: SUBSTITUTING ANOTHER OBJECT FOR THE NEGATIVE EMOTION. (Our Vice President, Human Resources might have said, "Look, no one in the world is without some kind of prejudice. I recognize that. But the point is, we're committed to the government's affirmative action goals, and it's our job to see to it that they are met." Such a statement would embody a shifting of the manufacturing VP's resentment from company policy to government policy. Tricky? Perhaps. Dishonest? Not at all. The speaker was dealing with facts.

2. *Reinforce* positive emotions (such as love, pride, and self-interest) by suggesting ways in which the emotion can be utilized as a starting point for *action*.

These little "scenarios" are just that, scenarios, the kind of "thought games" that build our understanding of principles and action based on those principles. Your own manufacturing Veep's position vis-a-vis affirmative action might be different. Your own chief accountant's feelings about the company policy toward minorities might not be that of the "scenario." That's not important. What is important is that you grasp the vital principle of working with your audience's "emotional triggers."

Exercises

- Work up an AUDIENCE AUDIT on some real-world individual or group you wish to persuade to do something. Concentrate on the "emotional triggers." Identify them and develop a strategy for dealing with them in your presentation. Translate that strategy into actual words in your presentation. (Practice with *all* the emotions, i.e. FEAR, ANGER, PRIDE, LOVE, SELF-INTEREST. Keep in mind the techniques of defusing and reinforcing.)
- Audiotape those words. Do they sound sincere? Or contrived? Improve both the content and the delivery style until you are satisfied.
- Now try out your "material" on a friend or business associate. Ask him or her what their reactions are. Don't tell them all about "emotional triggers," though! In the real world your audience will not know about this approach and your practice auditors shouldn't either. Being too sophisticated about what you're doing will only dilute their spontaneous reactions.

In your planning, be sure to make up one or more statements intended either to appeal to or to defuse each of the basic emotions: fear, anger, pride, love, self-interest. Include those statements in your speech notes.

Keep in mind that the best antidote to negative emotions is some form of love or caring.

STEP 1. The Audience Audit. Know who they are—and where they are coming from.

STEP 2. Identify and play upon the audience "Hot Buttons," i.e.
Fear–Defuse
Anger–Defuse
Pride–Reinforce
Self-Interest–Reinforce
Love–Reinforce

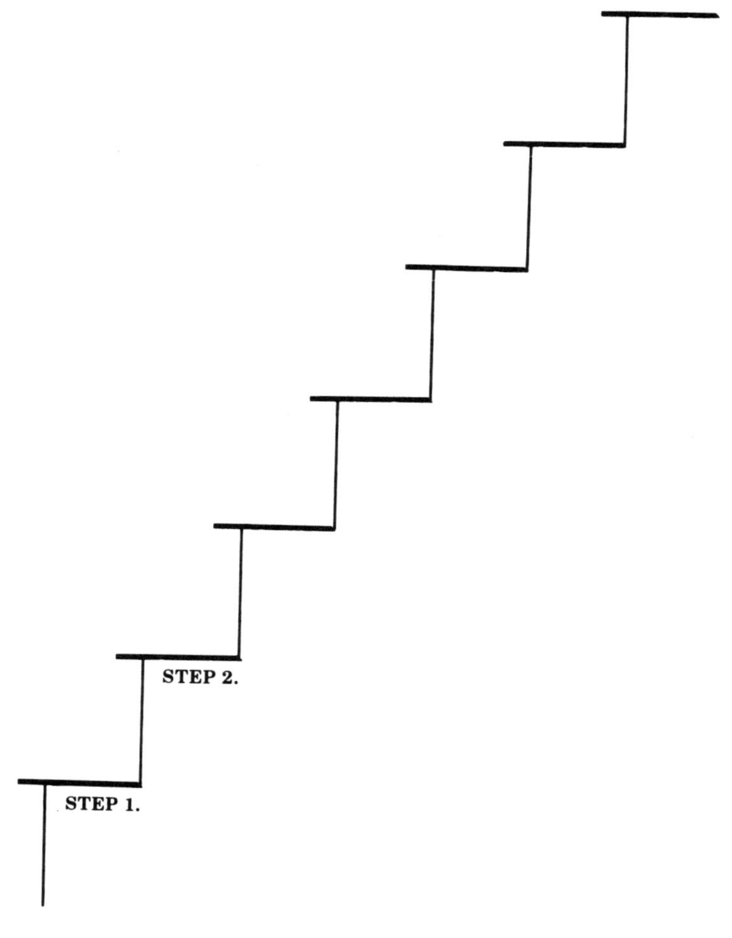

Topic 3:
PURPOSE, PURPOSE, PURPOSE.

Objectives:

- To understand how PURPOSE is the wellspring from which a persuasive presentation flows.
- To learn to build a presentation from the PURPOSE up.

Average reading time:
5 minutes

Exercise:
1

Special feature:
Dr. Roller's "Secret Formula" for Persuasive Speaking

> Words not committed to action are lost with the breath that formed them.—Samuel Johnson

You've completed Step One, the AUDIENCE AUDIT, and Step Two, the managing of "Emotional Triggers." At this point you should have a pretty good idea of who's out there, where they're coming from, what turns them "on" and "off."

Now that you've zeroed in on your audience and have refined your speech topic to fit their "profile," what's the next task?

The next task is to sit right down and ask yourself a question. A simple question. A basic question. An all-important question. And a question that surprisingly few speakers ever ask. And the question is: WHY AM I DOING THIS? Why am I taking my valuable time, expending considerable effort, and probably sticking my neck out to talk to this person or to these persons?

The answer to that question is the foundation of everything you do from this point on.

Ready to play another little "thought game"? Imagine you have been invited by your boss or another associate to make a talk to a group that is very important to your organization's success (customers, suppliers, shareholders, regulators, employees). Ask yourself *why* you are doing it. And don't kid yourself. Be ruthlessly honest in your answer. Example:

"Because my boss told me to." Nothing wrong with that. It's called "job security." "Because I'm the expert on the subject and my presence on the platform is a must." Fine. "Because I want to get the word out to this important group that if we don't get together and do something about the drug problem in this community, we're in for a lot of trouble." Good.

It's possible that if you sincerely explore your motives, you may turn up additional interesting answers. Examples: "Because I think I can further my career by making this presentation," or, "This speech is going to enhance my company's standing in the community."

All of the above are legitimate answers to "Why?" *By no means should you proceed to the next step in planning your talk until you have clearly and concisely identified that fundamental "Why?"*

Don't be wishy-washy. Don't evade the issue with phrases such as, "I wish to inform . . . " or, "I wish to respond . . . " or, "I wish to entertain." Sorry, but those are not real PURPOSEs. *Why* do you wish to inform? *Why* do you wish to respond? *Why* do you wish to entertain? It's a little like stripping back the layers of an onion. The surface layer isn't the whole story. And you shouldn't stop asking "Why?" until you've gotten to the nucleus of your own motive. To the speaker who isn't simply on an "ego trip," that nucleus is usually revealed as relating to the *audience*, and may be expressed as "What do I want the people in my audience to think, feel, or do as a result of my communicating with them?"

Sound a little like "selling?" You've got it. Every speaker worth his or her salt is selling *something*. Cynical? Not at all. Realistic. More than that, *desirable*. Just look at the world leaders in today's headlines. "Selling" via persuasion is what makes the world go 'round!

Here's another example: You've been invited to appear before the Management Committee of your company to present a projection of your department's annual budget for the coming year. Is your PURPOSE to be stated as, "I wish to provide the Management Committee with projections for next year's budget"? That's nice, but no cigar. An *activating* PURPOSE would be, "I want the Management Committee to *approve* my department's budget for the coming year."

PURPOSE or no purpose? "I wish to entertain the graduating class of a local university by telling them about my own early career." No! Entertainment, in this case, is the means, not the end. A *purposeful* statement would be, "I wish to encourage graduates to apply for employment with my company." PURPOSE or no purpose? I wish to give the audience some background on my candidate for Club President." No! "I wish to *persuade* the audience to *vote* for my candidate for Club President."

Purpose Is Your Life Preserver

Do you see the difference? A clear, concise statement of PURPOSE, concrete not abstract, active not passive, is the very wellspring from which good speaking flows. The clearer, the more specific, the more purposeful your objective, the clearer, and more persuasive will be your talk. Don't throw away the golden opportunity of speaking by diluting it with uncertainty or vagueness in planning.

The next step in the preparation process is to write down, concisely and simply, exactly what you want from your audience as a result of your talking to them. You should be able to express that PURPOSE in twenty words or less. If you find yourself writing an essay, your PURPOSE is probably not clear. If you find yourself stuck for an answer, go back to the drawing board.

Exercise

- Select an audience, occasion, and speech topic. Write down your PURPOSE. Is it briefly stated? Does it fit? Are you comfortable with it? Does it excite you? (If it doesn't, how is it going to excite anyone else?)

Make up other audiences and occasions and develop a PURPOSE to match them. Ask yourself if the PURPOSEs you've come up with are really what you want or do you need to strip back a few more layers of onion? Don't be in a hurry and don't delude yourself. When you get there you'll know it. You may even experience the inner thrill of having a *mission.*

Don't forget that PURPOSE gives your talk:

- Direction
- Enthusiasm
- Credibility
- Force
- Confidence

because you will know where you are going.

Dr. Roller's Secret Formula

E.T. + P = P.C.

Emotional Trigger (audience's) plus PURPOSE (yours) equals Persuasive Communication.

The formula doesn't guarantee success, but it sure will help keep you from falling on your face!

STEP 1. The Audience Audit. Know who they are—and where they are coming from.

STEP 2. Identify and play upon the audience "Hot Buttons," i.e.
Fear–Defuse
Anger–Defuse
Pride–Reinforce
Self-Interest–Reinforce
Love–Reinforce

STEP 3. Establish your purpose.

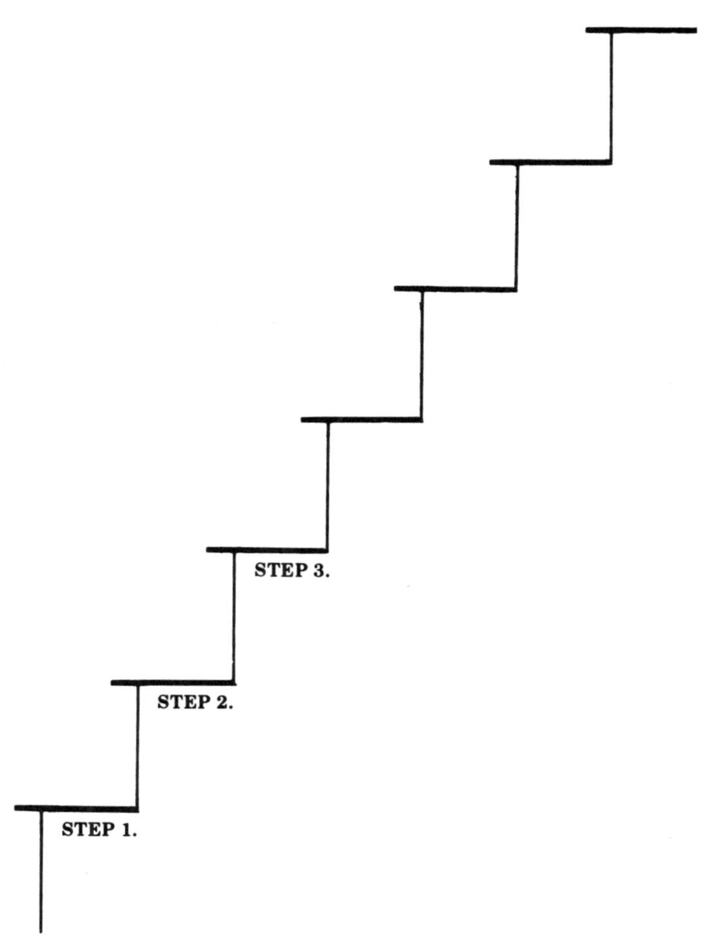

Topic 4:
Introducing . . . The Introduction.

Objective:
To learn the principles and practice of credibility-enhancing introductions.

Average reading time:
4 minutes

Exercises
2

> We shall be able to render the audience tractable if we briefly give the substance of our case.
>
> —Auctor ad Herennium

There are two kinds of introductions: The ones you do yourself. And the ones that are done for (or to) you. The principles are the same for both.

- First, keep it short. (Or ask the introducer to keep it short.)
- Secondly, include in it only those facts that reinforce your credibility about your presentation subject to *that* audience. If you are talking to a ski-club and your topic is "Great Ski Runs in the Rockies," it's really of not much interest or significance to your audience that you attended P.S. 128 (unless they offered a major in skiing!) or that your favorite food is carrot cake. Given your topic, what is important to that audience is what enhances your plausibility with regard to *skiing.*

Example: "Our speaker tonight, Henry Jones, began his skiing career at the ripe old age of nine, when his older cousins thought it would be fun to put him on a pair of wooden department store skis and push him down the steepest hill at Stowe, Vermont. The result was a great downhill ride, two broken skis, but no broken legs. He picked himself up, brushed the snow from his pants, got himself a new pair of skis and went back up.

"He must have had the right idea because not too many years later, he won a silver medal in the giant slalom at the 1980 Winter Olympics, and this year came in third in World Cup ski competition. By his own estimation, Henry has skied a total of at least 250,000 feet downhill in the Rockies, and probably knows every root, rock, and tree from here to Aspen and back again. Henry . . ."

A few salient points will do more to prepare the audience to enjoy Henry Jones than ten minutes of stuffy credentials.

- Thirdly, as in the above example, have a little fun with it—without losing either dignity or credibility.

I remember that during a visit to Paris with his much-publicized wife, the late President John F. Kennedy introduced himself to the audience by saying, "Good evening. I'm the man who brought Jackie." Did the audience like it? You bet. Did he lose dignity? Not at all. Humorous humility can be a winner.

If someone else introduces you:

- Make sure they get your name right. (*Not*, I'd like to introduce my old and dear friend Marilyn . . . oh I mean *Mary* Smith." That's a credibility-killer.)
- Don't rely on what they make up themselves from background information you've supplied. Type up clearly (double-spaced) a maximum of fifty words about yourself, saying the things that will interest, and, if possible, intrigue that specific audience. Give it to the presenter, apologetically, if you must, and suggest that it will save him or her a lot of trouble. (It will certainly save *you* a lot of trouble.)

If you want the presenter to mention the topic of your talk, put it in the prepared introduction.

- What happens if they mispronounce your name or get the facts wrong? It's okay, either immediately, or in the course of your talk, to set the record straight, but do it with a smile. If the goof irritates you, don't show it. No use getting mad at the presenter. He or she is probably popular with the group, and why pick on a favorite?

Don't hesitate, in your opening remarks, to thank the presenter (looking at him or her with a smile, if you can manage it.) Then, go with your "Hook." (See "The Happy Hooker" section below.)

Don't hide your light under a bushel. It is often appropriate to reinforce your credibility before or after making a significant point. E.g., "When Phil introduced me a few moments ago, he said that I've enjoyed more than 250,000 feet of downhill skiing. Well, one thing I've learned and that is take it easy on your final run of the day—or it might be the final run of your life."

Look hard for something you and your audience particularly have in common with respect to your subject and put that in your prepared introduction. ("How many of you have felt that little thrill of anxiety while standing at the top of a steep slope?")

Your AUDIENCE AUDIT will come in handy here. Is there some "inside joke," some topical allusion that can help you, from the beginning, establish a warm rapport with your audience? (Joan Crawford was masterly at this. She would always find out who in her audience was celebrating what and would invariably begin her remarks by saying something like "Is Mrs. Smith out there? Raise your hand. Mrs. Smith? I understand your daughter just won a dramatic scholarship to Northwestern. Congratulations. I've got daughters of my own and I know how proud you must feel."

And, if you are introducing yourself? Review the above checklist. A touch of humor is particularly appropriate when you are your own presenter.

Exercises

Following the above guidelines, pick an audience, and a topic, and work up a fifty-word introduction:

- That the program chairperson is to deliver.
- That you will deliver yourself.

Have someone read the introductions back to you or read them yourself into your tape recorder. Listen. Do the introductions enhance your credibility? Establish rapport with your audience? Support your PURPOSE?

Apply the guidelines discussed in this chapter. Does your introduction do the job?

STEP 1. The Audience Audit. Know who they are—and where they are coming from.

STEP 2. Identify and play upon the audience "Hot Buttons," i.e.
Fear–Defuse
Anger–Defuse
Pride–Reinforce
Self-Interest–Reinforce
Love–Reinforce

STEP 3. Establish your purpose.

STEP 4. Create a brief, credible introduction that builds immediate rapport with your audience, whether you are introduced by someone else or you introduce yourself.

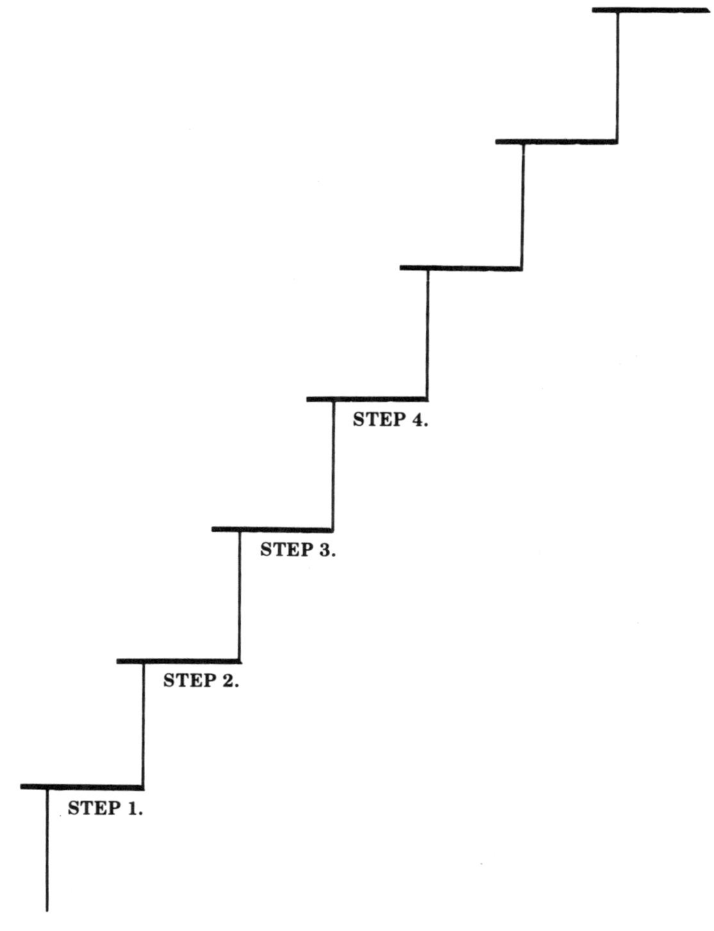

Topic 5:
The Happy Hooker and Other Good Things.

Objective:
To learn how to "hook" the audience from the beginning.

Average reading time:
5 minutes

Exercise:
1 (with variations)

> I had discovered enough about public speaking to sense that unless a speaker can interest his audience at once, his efforts will be a failure.—Clarence Darrow

It is said that a woman can look at a man (and vice versa) and, within a few seconds, decide whether or not she wants to know him better. This may or may not be folklore, but I can tell you this: an audience can make up its mind—in a very few seconds—whether it wants to know the speaker better. The fun part about that is those very few seconds are usually the *first few seconds.*

If your audience turns off, it's about as easy to turn them on again as it is to set fire to an ice cube with a soggy match.

So, it behooves you to "hit the ground running," not only in the sense of lots of warmth and energy from the outset but also in what you say.

When you turn on a TV police, adventure, or mystery thriller how does it usually begin? With a statement by the hero that he's happy to be there entertaining you? With a monotonous recital of all the events leading to the murder? Hell, no! You know how the show begins—with an automobile going over a cliff and exploding in flames, with a warehouse being blown to Kingdom Come, or with the heroine about to be assaulted or worse by the dastardly villain.

Why do they do that? To "Hook" you, that's why. To make sure you stay tuned, even through the commercials.

Regrettably, you can't, under ordinary speaking circumstances, stage an auto accident, an explosion, or a murder (though, if you'd sat through as many tired speech openings as I have, you wouldn't be blamed for wishing that the speaker could do something like that!).

Lacking a James Bond opening, what can you do? Well, to begin with, here's something you shouldn't do. You *shouldn't* waste your own (or the audience's) time with a lot of inconsequential chatter about being happy to be there, appreciating the privilege, and so forth, unless you honestly mean those comments and believe they will help to build rapport and interest between you and those folks out there. Where, then, do you begin?

Over twenty-three centuries ago, one of the first and perhaps greatest of dramatic critics, Aristotle, advised playwrights to begin *in medias res* —in the middle of the action. That's good advice for today's speaker, too. Don't fool around up there. Don't "vamp till ready." Get right into your subject or into a discussion or something interesting and dramatic relating to your subject. Use a HOOK!

What is a hook?

- A hook is a *startling statement.* "Want to get a raise? Try telling your boss what you think of him."
- A hook is a *provocative question.* "Not long ago, a survey was made of the ten things people feared most. What do you suppose was Number One?"
- A hook is a *thoughtful or humorous quotation.* "Some are born to greatness. Some achieve greatness. And some have greatness thrust upon them. Which are you?"
- A hook is *audience-involving*: "I feel about as comfortable talking to this group as an apron salesman at a NOW convention."
- A hook is a *topical allusion* or *"inside" joke*, of specific interest to your audience. Perhaps you can refer to an important, forthcoming anniversary for the group or compliment Mrs. Jones on her son's making the honor's list at school. Perhaps you can refer good-naturedly to the club president's notorious fondness for apple pie. You get the idea. Tasteful topical allusions are great goodwill builders, as well as "hooks." Where do you get this information? If you are addressing an in-company group, you probably already have some usable material. Otherwise, try secretaries (they usually know more than anybody), associates, company publications. If you're talking to an outside group, check with the program chairman, members, friends, or, if available and appropriate check the files of the local newspaper.
- A hook is an *emotionally-charged observation.* "Will Rogers once said that he never met a man he didn't like. That says two things about Will Rogers. First, he must have been a pretty nice guy. And second, he never met my landlord."

- A hook is a *powerful image*. "I used to begin my talk on highway safety with a recital of the statistics about how many people get killed every year on the road. Somehow, that never seemed to reach people. Then, I started showing slides of a female victim with the steering column through her chest . . ."
- *"Picture-hooks"* are particularly potent. Compare this non-hook, "Good evening. I'm here to discuss with you tonight some of the consequences of inadequate electric power due to insufficient generating capacity. The consequences would truly be unfortunate." with a hook: "What's the roughest, toughest, raunchiest street in your community? (Audience response.) Imagine yourself walking alone down that street on New Year's Eve—and the street lights go out!"

You may have noticed that telling jokes is conspicuously absent from the "hooker" list. The reasons for the omission are:

- Jokes usually take too long.
- Few people are such skilled raconteurs as to be guaranteed that their jokes will get a laugh.
- Jokes are a bit of a cliché.
- Jokes are dangerous. If they fall flat, or offend somebody, you're in a lot of trouble. Why take the risk? I remember wincing as a seemingly intelligent speaker began his talk before a mixed group of plant employees by saying, "This occasion reminds me of a joke. A black, a Jew, and a Catholic were sitting in a bar one evening . . ." (Bam! Pow! Sock!)

My suggestion that you eschew jokes does not mean that there is no place for humor, especially humor that is topical to your audience. Have you ever watched one of the Bob Hope TV shows at an army camp? He'll often begin with a series of one-line "gags" about the local football team, the commanding officer, or the location of the camp.

Usually, the audience laughs or roars its recognition and approval. That's because Hope, a very canny and knowledgeable comedian, knows that people enjoy humor that is tailor-made to them—*even if it excludes others*. (There are times when I've scratched my head at some of Hope's "in" gags. No matter. His immediate audience loved them. He had done his AUDIENCE AUDIT.)

If you want to use humor, do your homework. Find out what's going on with your audience. Try to discover the "in" allusions that will particularly appeal to them. You may get a big "yock" or you may not. But if they don't laugh, at least they'll smile, approve, and possibly even applaud.

Guidelines To Baiting Your "Hooks"

- Brevity is the soul of wit. The hook shouldn't take longer than thirty seconds to deliver.
- Don't cheat. Don't make up a hook that is either patently phony or has nothing to do with your speech topic. (E.g., "Look out! The ceiling is about to cave in!")
- Don't stick your neck out, unless you know what you're doing. ("Hi there! I'm from the company that's ripping you off!")

Use good taste. (One of my students a few years ago was trying hard to come up with an interesting picture. His "hook" turned out to be, "People ask me if we can raise money in this organization. Why, we can raise money as easy as a dog squats!")

What about using body language or a dramatic gesture as a "hook"? Fine, but it better be good, and it had better relate to your topic.

The Hook That Didn't

What about visual aids—a slide, a tape, a viewgraph? Sure. But the problem is, is it worth all the trouble of setting up, turning out the lights (beware of that!), dragging along the visuals and the equipment? Only, if you plan to use them again in your talk to reinforce one or more key points. (See "Coexisting With Visual Aids")

"Hooking" Exercises

Pick a real-world speaking situation or a talk you're preparing. Do your AUDIENCE AUDIT. Identify "Emotional Triggers." Determine your PURPOSE. Then, using the various suggestions listed in this section, construct a hook that will really "grab" your audience—right at the beginning. Work up hooks for various audiences, topics, purposes. Try them out on your friends, your family, your associates. Funny thing is, you and your audience will almost always know whether it's an effective hook or not. It's a gut kind of thing.

Keep working on it. You'll find that being a "hooker" can be fun for the whole family!

The Hook That Did

STEP 1. The Audience Audit. Know who they are—and where they are coming from.

STEP 2. Identify and play upon the audience "Hot Buttons," i.e.
Fear–Defuse
Anger–Defuse
Pride–Reinforce
Self-Interest–Reinforce
Love–Reinforce

STEP 3. Establish your purpose.

STEP 4. Create a brief, credible introduction that builds immediate rapport with your audience, whether you are introduced by someone else or you introduce yourself.

STEP 5. Hook the audience from the start.

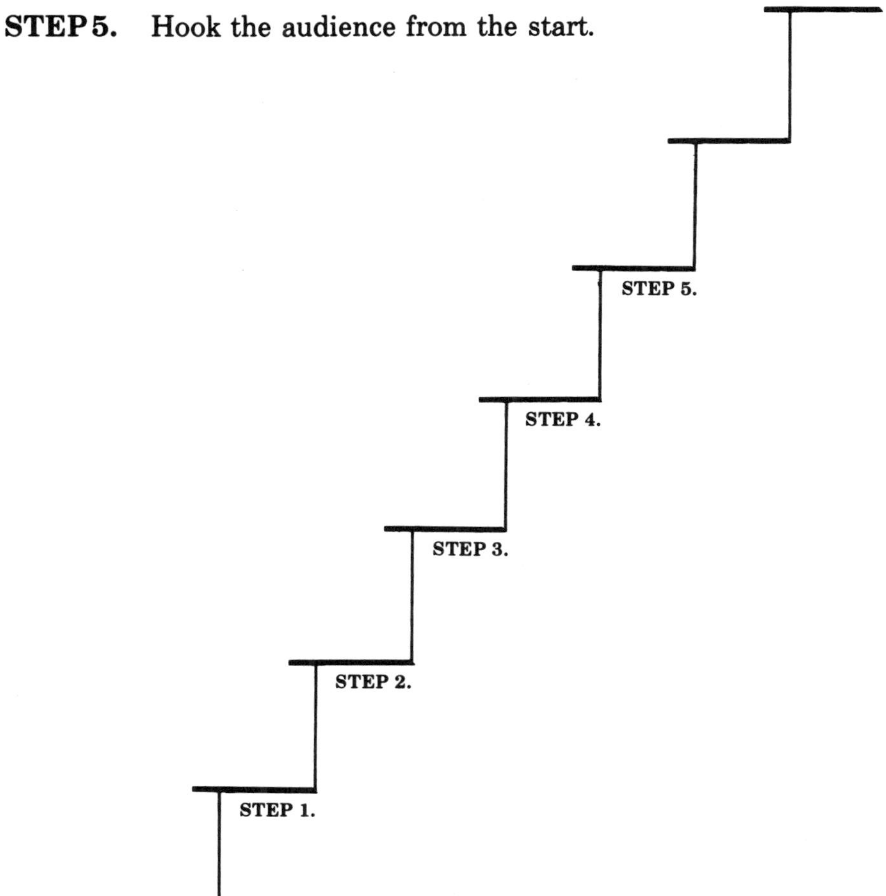

Topic 6:
The Body in Question.

Objective:
To enhance your ability to present information, maintain interest, and lead the audience persuasively to the conclusion you wish them to reach.

Average reading time:
18 minutes

Exercises:
4

Special feature:
"Puzzle Passages"

One picture is worth one thousand words . . .
—Old Chinese Proverb

Body, Body, Who's Got The Body?

Unlike *Playboy* calendars, the body of a speech can often be dull, dull, dull.

Our good friend Webster defines the body as: "the main part of a document as distinguished from the title, preface, or appendixes." In my lexicon of speaking, the body is simply the *guts* of your presentation, the steak (as opposed to the sizzle), or, to take a lawyerly tack, that part of your talk that builds your case, proves your point, leads your audience step-by-step in logical sequence to the conclusion you'd like them to reach.

To mix metaphors, the body is the heart of what you have to say. The "Hook" gets their attention. The body—if skillfully and thoughtfully prepared—wins acceptance, or at the very least tolerance. The body is usually the longest part of any presentation, and it should be. Too often it is also the most tedious portion as well.

Years ago I read a book designed for fledgling playwrights called, *How's Your Second Act?* The author rightly recognized that in most plays the second act is the toughest to write. The first act, after all, introduces the plot and at least some of the main characters. The third act brings with it accelerated action, the climactic scenes, the denouement. But the second act is frequently characterized by . . . tedium. Why? Well, in the drama, I suppose because the author is trying to develop the intricate mechanisms which he or she hopes will lead to an inevitable conclusion. To do so, the author must impart considerable *information.* So, too, as speaker you are faced with the task of imparting selected information that you hope will convince the audience of the rightness of your cause, the desirability of the course you are recommending.

The problem is that argument, facts, figures, statistics can soon convert your audience into a comatose state. They may be with you physically, but their minds may be soaring elsewhere amidst personal fantasies of power, sex, fame, love and money!

How can you deliver the goods in the body yet avoid having your audience catch up on a few zzzzzzzzz's while you're doing it?

Imaging: The Chinese Were Right

It's "thought game" time again. I'm about to describe a scene to you. Don't *do* anything yet. Don't even try to guess what we're up to. Just relax and let your imagination do the work. Ready?

Hot August morning in rural Kentucky . . . shimmering blue sky . . . boy in tattered blue overalls . . . ragged hole in right knee . . . red patch in seat . . . barefoot . . . carrying "beat up" fishing rod . . . bent safety pin fish hook . . . coffee can containing worms . . . lazily walking down dusty footpath toward a crystal clear lake.

Okay. *Who* painted that picture? Norman Rockwell, right? Wrong. Mark Twain, right? Wrong. I ask you again . . . and *think* this time. . . . *Who* painted the picture? I, the author, right? Not really. One more time . . . Who? You! That's right, *you* painted the picture.

All I did was list the words. And yes, your recollections of the paintings of Norman Rockwell or the prose of Mark Twain may have influenced your mind "pictures." But, let me assure you of this: If we could have created a magic TV monitor to project each of your mental pictures on a screen, each of them would have been unique, with variations in the color of the sky, the build and coloring of the boy, the thickness of the fishing rod, the shape of the lake. Each of you, working within your own frame of reference, created or recreated your own "boy."

What's the principle here and how does it apply to the structure of a speech? The principle is the principle of *participation.* Instead of a dry recital of the facts, in the body of your talk, give your audience a break.

Let them become your collaborators by drawing upon their own vast reservoir of experience to "see" your words. (After all, we obtain most of our information about this world through our eyes.) In effect, the body of your presentation becomes, in part, a motion picture, with you as the producer-director and your audience as the actors living the scenes.

We are all picture-collectors. We start our "collections" in infancy and, by the time we are adults, we have stored away millions of images, as well as scents, tastes, touches, and sounds. Foolish indeed the speaker who does not tap these art galleries of the mind in the persuasion process.

How can you apply this vital principle in your own speaking? Search out apt images that express not only the intellectual meaning of your words but their emotional import as well. Recognize that Churchill's "We shall fight them on the beaches" was infinitely more moving than if he had said, "We shall do our utmost to confront our enemy at whatever coastal locations he may select to threaten us." Recognize that, "Life, like a many-colored dome, staining the white radiance of eternity," says more about the cosmos than many a learned mathematical treatise. Search for metaphors, analogies.

Observe that one of the inspired authors of the Bible did *not* say, "If the dilatory person will examine and evaluate carefully the activities of an individual of the family Formicidae of colonial hymenopterous insects, you will discover that tenacity and industry in the performance of daily tasks may lead to success." What the prophet said was, "Look to the ant, Thou sluggard. Consider her ways and be wise."

"Wait, just a minute," you say. "Do you really expect me to turn all this serious stuff in the body of my talk into pretty word-pictures? That's ridiculous! My audience would laugh at me or think I wasn't dealing from a full deck!" That's not what I'm suggesting. I'm suggesting that you select a few key elements in your talk and dramatize them by presenting them in picture form. As for the rest of the body, here are a few hints to keep it from becoming a "yawner."

Structure Of The Body

The old "three points" rule is as good now as when you learned it in school. Try to limit the major points you make in the body to no more than three. Why? Because, even if you have lots of time to talk, the mind begins to get confused by too many verbal points. This limitation does not preclude several supporting points for each major point. And, as always, there are exceptions.

Example: If you're the foreman of a plant and the boss has entrusted you with informing the workers of the company's new ten-rule safety

program, of course you'll have to cover ten points rather than three. Such exceptions aside, the "three point" rule is valid.

In your zeal to cover all bases, be careful not to go into excessive detail. A good speech, like a good suit, should cover everything it has to cover, with style, but not excess. Don't make the sleeves or the pants too long.

"John is hit by me." (passively)

"I hit John." (actively)

Concretes Vs. Abstracts, Actives Vs. Passives, Specifics Vs. Generals

Even worse than excess is the constant use of generalities for specifics, the passive voice for the active voice, and the vague for the concrete. Collectively, these misapplications of the language, along with their partners-in-crime, the qualifiers ("almost," "nearly," "virtually," "about,") and their blood relations, the "I think," the "I believe," and the "It seems" families, have the same effect on vigorous speech as aphids on a blooming rose. They suck the life out of it—and out of the body of your speech.

Wherever possible, use the active voice. "I hit John" is far more striking than, "John is hit by me." Wherever possible, use the *concrete* rather than the *abstract*. "I love roses" is better than "I have an affection for living things." Wherever possible, prefer specific nouns and verbs to the general. "He grinned as he pocketed the quarter," is far more interesting than "His physiognomy expressed satisfaction as he inserted the coin into the appropriate aperture of his garb." Takes less time, too.

Spoken Prose For Business Pro's Or Jargon Avaunt!

> Everything should be made as simple as possible, but not simpler.—Albert Einstein

Some time ago, the Power Engineering Society of the Institute of Electrical and Electronic Engineers held its summer meeting at the Disneyland Hotel in Anaheim, California. For some reason (probably because it was a slow news day) there was substantial press coverage. I'm sure that the reporters from the local newspapers, as well as the luminaries from Channels 2, 4, and 7 rejoiced at the opportunity to cover such compelling topics as, "The Use of Damped and Undamped Quasi-Static Aerodynamic Modules in the Study of Wake-Induced Flutter," and "Power System Dynamics Studies for Improved Stability and Minimum Rotor Heating Via Graphic Theoretic Modeling of a Dual-Excited Synchronous Generator." (And how's *your* dual-excited synchronous generator today?)

At the same time, the renowned *L.A. Free Press* saw fit to print an editorial on the nuclear power question. The editorial was headlined (honest) "Kiss Your Ass Good-Bye—the Safety of Nuclear Power Plants."

The Pit of Jargon

Who do you think got the public's attention?

It's axiomatic that one of the chronic problems of business is the language barrier between those who operate that business and the lay audience whose understanding and approval it courts. Many businesses are run by technically-oriented individuals—engineers, financial experts, computer whizzes, and lawyers. Such people are accustomed to precision. They tend to avoid glittering generalizations and oversimplifications. For a variety of reasons they are chary of unqualified statements. The result? Too often, in attempting to communicate with the public or the media their words are jargon words, their explanations difficult, if not impossible for the average person to follow. That is not only frustrating and unfortunate but downright dangerous, for many lay persons are suspicious of "the high priests of technology," and fearful of that which they do not understand. Confused and alarmed, they fall easy prey to those who are limited by no such devotion to precision, or even strict fact.

What to do? You want to be truthful, but you also want to avoid entangling your audience in the strangling coils of complexity. You've been harangued to a fare-thee-well by the proponents of KISS (Keep It Simple, Stupid). Yet, you don't want to simplify to the point that you throw the baby out with the bathwater.

I am not completely a believer in the KISS principle. I believe, with Doctor Samuel Johnson the great 18th century essayist, that: "He that thinks with more extent than another will want words of larger meaning."

The inescapable fact is that some things are not that simple. Are we then caught on the horns of a dilemma—falling into the pit of technical jargon on one hand, or engaging in soupy simplifications on the other?

I think not. We can have our words and not have to eat them, too. Here are some suggestions:

- *Know your audience.* Not everything has to be calibrated to that mythical twelve-year-old mentality (and don't underestimate the twelve-year-old. Have you talked to your kids lately?). Before you make that speech or give that interview, try out some of your pet explanations on people who are like the people you are trying to reach. Listen carefully to their questions. Check in on their understanding by asking them questions, by requesting from time to time that they summarize their understanding of what you've told them. Keep adjusting the language of your explanations until they can give you back what you gave them. (And there's nothing wrong with doing that during your talk—or during a media interview either.) Remember that technical jargon is okay—with a technically-qualified audience. Use your AUDIENCE AUDIT as a guide to your listener's level of comprehension.

- *Use picture words and phrases.* To the layman, the geometric subtleties of the torus of a nuclear reactor, for example, are not only bewildering, they are uninteresting. It may be enough to say, "The torus is shaped like a donut."

- *Use analogies.* When asked, "What time is it?" you don't have to respond with a detailed account of the manufacture of a watch. When asked, "Is nuclear power safe?" you don't have to usher the audience into the number-infested jungle of probabilistic statistics. A simple analogy, such as, "A nuclear power plant is nothing but a giant safety device that incidentally produces electricity," may suffice.

- *Be concise.* Especially in media interviews restrict yourself to short, quotable, declarative statements. *But* watch out for "Yes" or "No" answers that may be either ambiguous or embarrassing! *Beware of overstatement.* Although it is desirable to state your facts in interesting fashion, avoid exaggeration. Words such as "fantastic, fabulous, hellacious, absolutely," et al are best reserved for a discussion of your golf or tennis game. Overstatement tends to erode credibility.
- *Use effective delivery to emphasize key points.* (See section on "Delivery Style.")
- *Be candid.* That doesn't mean wear your heart on your sleeve. And it doesn't mean volunteering information that hasn't been asked for. It means, however, not to leave yourself open to a criticism leveled by one Walter Scott character at another, i.e., "Candor, Sir, is a commodity of which you are never unnecessarily profuse."

Exercises

- Look at any talk or the notes for a talk you have delivered in the past, or are planning to deliver. (Or use notes from previous exercises.) Select those portions of the body of the talk that contain the nucleus of your message. Do the words conjure up vivid, emotion-arousing pictures, sense impressions, feelings? Are they specific, concrete, visual?

  How can you make them more interesting, more dramatic? Put your personal picture-machine to work. Dream up some metaphors, descriptions, analogies that will clearly and entertainingly illustrate your point.
- Peruse some of your favorite poems, stories, novels, plays. Pick out the "pictures" the authors use. Don't be afraid to "steal" some of them if they fit a talk you're planning. (Thomas Carlyle, the great English historian, once stated, "He is most original who steals from the best sources.") Do they give rise to some original pictures in your own mind? If so, jot down those inspirations.
- Keep a small notebook handy during the day. Jot down any original and picturesque ideas that come to you, happy analogies, powerful images that occur. Steal from yourself when you're planning the body of your talk. (See section below on "The Quotebook.")

- Reword the following quotations in simple, concise English.

Puzzle Passages

"Objective consideration of contemporary phenomena compels the conclusion that success or failure in competitive activities exhibits no tendency to be commensurate with innate capacity, but that a considerable element of the unpredictable must inevitably be taken into account."[1]

"The remarkable alteration of his character or conduct may not be imputed to the arts of flattery, which had besieged the son of Valentinian from his infancy, nor to the headstrong passion which that gentle youth appears to have escaped. A more attentive view of the life of Gratian may perhaps suggest the true cause of the disappointment of the public hopes. His apparent virtues, instead of being the hardy productions of experience and adversity, were the premature and artificial fruits of a royal education."

"Gaviola's nomenclature differs from two current usages. In one of these, on the mirror itself the x axis is customarily represented as horizontal, the y axis vertical, and the longitudinal distance along the optical axis is z, instead of Gaviola's y. However, most descriptions of testing with a Foucault device give motion toward and away from the mirror as x, lateral movement at right angles to this as y, which is just the opposite of the Gaviola convention."

Answers to Exercise above

I returned, and saw under the sun, that the race is not to the swift, nor the battle to the strong, neither yet bread to the wise, nor yet riches to men of understanding; nor yet favor to men of skill; but time and chance happeneth to them all.—Ecclesiastes (King James version)[1]

People were disappointed in Gratian because his virtues were only skin deep.

Gaviola labels things differently from others.

[1]Strunk and White, *The Elements of Style*, 1979, Macmillan Publishing Co. Inc., page 23.

(You don't like these summaries? Good! Make up your own!)

STEP 1. The Audience Audit. Know who they are—and where they are coming from.

STEP 2. Identify and play upon the audience "Hot Buttons," i.e.
Fear–Defuse
Anger–Defuse
Pride–Reinforce
Self-Interest–Reinforce
Love–Reinforce

STEP 3. Establish your purpose.

STEP 4. Create a brief, credible introduction that builds immediate rapport with your audience, whether you are introduced by someone else or you introduce yourself.

STEP 5. Hook the audience from the start.

STEP 6. Make the body carry the burden of your argument.
–The Three Point Rule
–Use Picture Words
–Use Analogies and Examples
–Use Concrete, Specific, Active Words
–Cut Down Qualifiers
–Avoid Jargon

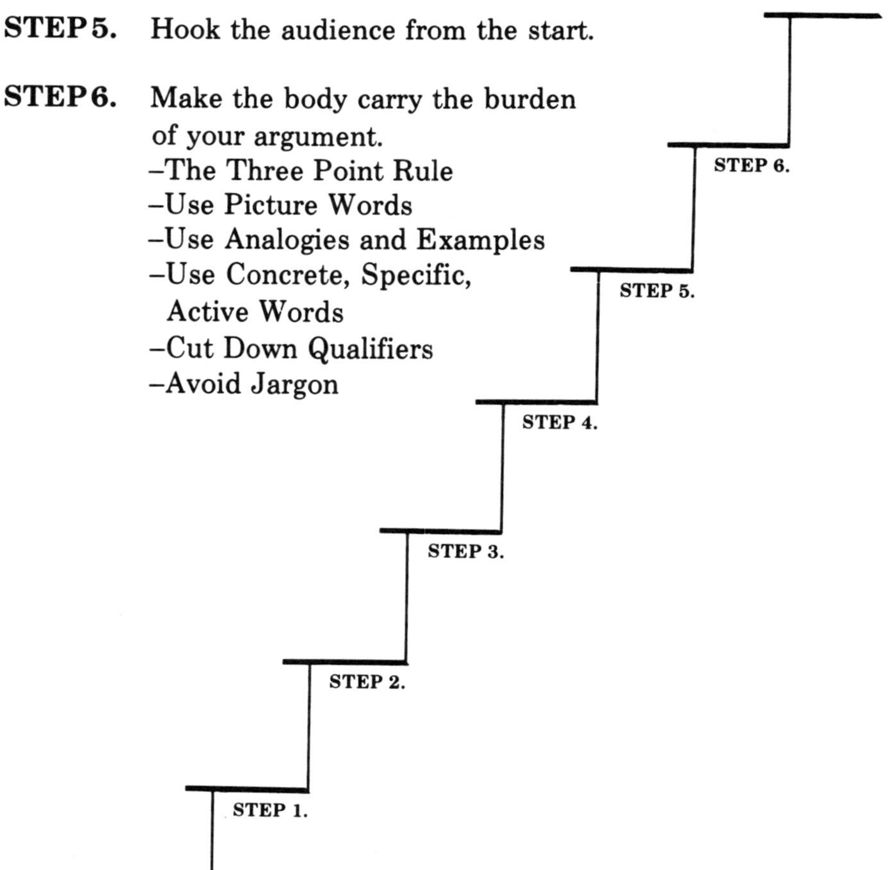

Topic 7:

What To Do After The Body's Laid To Rest.

Asking For the Order.

Objectives:

- To implement the PURPOSE.
- To end the presentation on a persuasive note.

Average reading time:

7 minutes

Exercises:

2 (with variations)

> Press hard, there are three copies.—Old sales technique for distracting the buyer

What Happens After The Body Is Laid To Rest?

Though your spoken prose may not be immortal, the body of your presentation is *not* laid to rest after you have delivered your major supporting points.

You have carefully delimited your topic, identified your audience and its emotional triggers, established a firm and binding PURPOSE. Let's review briefly: You have (it is hoped) "hooked" your audience with one of your creative "hooks." You've ushered them through the body, leading them point by point in logical succession to the conclusion you wish them to accept, sweetening the way with selective use of images, analogies, anecdotes, quotations, and enlivening your presentation with an energetic and varied delivery style. Is your job done?

Not if you want to enjoy the profits of persuasion!

Your most important task lies ahead: the implementation of your PURPOSE. Although the entire structure of your presentation has, if you have followed our method, revolved around your PURPOSE, much remains to be accomplished. You need to indicate to your audience (and none too subtly, either) just what proposition it is you wish them to accept, or at least consider seriously. You need to ASK FOR THE ORDER.

Those of you who have ever been involved in marketing or sales may quickly recognize the phrase "ASKING FOR THE ORDER." It is what the salesman does to "close" the sale. It is what the Cadillac salesman says at the conclusion of the test drive. It is what the Encyclopedia Britannica representative does after he or she has ushered you through the glories of that esteemed publication. It is what the President of the United States does when he is endorsing his tax or defense program to the Congress. It is, indeed, the final step facing the enamored swain when, on bended knee, he implores his adored one to join him in a life of nuptial bliss. And it is what the Chairman of the Board does with the Board of Directors to enlist their support for a favorite program or policy. *It is the last, and most important step in the spoken persuasion process.*

Conclusion—The Summary

In order successfully to "close the sale," the speaker must first summarize. That does not mean "reiterate," or introduce new arguments, additional facts, reinforcing evidence. It means, in a minute or less, to remind your audience where you've been together. Going back to our "nuclear safety" presentation for a moment, a concluding summary might go like this:

"What have we learned this evening? We've learned that in thirty years, the nuclear power plants of America have compiled more than four centuries of operating experience without a single member of the public being injured or killed by radiation. We've learned that, according to the nation's most credible medical authorities, low level radiation from commercial nuclear power plants presents no significant health danger to employees or the public. We've learned that excessive dependence upon fossil fuels may be dangerous to the environment, that excessive dependence on foreign oil may be risky. Finally, we've learned that if America is to prosper and grow, we need not only consider new (but as yet unavailable) energy technologies such as solar and wind power, but recognize that nuclear power can serve a substantial portion of our energy needs safely and economically."

Conclusion—Asking For The Order

The summary is *almost* the last word in your presentation. But one element remains: TO ASK FOR THE ORDER, which is simply another way of saying: TO BRING YOUR PURPOSE HOME. In various "closing" situations, "asking for the order" might be expressed roughly as follows:

Cadillac sales representative: "It's a beautiful machine, isn't it? And, we can deliver it with your own choice of paint colors and finishes by the end of this month. Would you sign here? Also, you get the 50,000 mile warranty with the model you've selected."

Encyclopedia Britannica representative: "You've seen the magnificent 1987 edition. You've told me that the Britannica would substantially help you in your work and in the education of your two children. If you sign up now, you'll have the set in two weeks, and you won't be billed until June."

President of the United States: "And so, if we are to have a more equitable tax system, one that is fair to all the citizens, I urge you to approve tax bill H-33445."

Chairman of the Board: "Ladies and gentlemen, my new acquisition plan will increase our company's profits, raise our credibility in our field, and enhance the positive interest of the financial community in our future. I recommend a yes vote, at this meeting if possible."

Swain: "Mary, I've told you I love you and want you to be my wife and for us to share our lives together, forever. Please say you will."

Please note that "Asking for the Order" *does not* mean:

- A long and tedious repetition of previous arguments.
- A vague and hyper-subtle request for action or acceptance. (Tact and subtlety are fine in their place. But if you substitute a hint or a carefully camouflaged appeal for the "order," your PURPOSE may never see the light of day!)

"Asking for the Order" *does* mean:

- An honest, straightforward and concise statement of what you wish the audience to do, think, or consider, for their own good.
- The logical conclusion of the main points you have made in the body. (Notice, also, that in the examples cited above, the speaker usually reinforces the benefits that the audience will enjoy as a result of following the recommended course of action. Notice, further, that, in some of the models, the speaker also injects a sense of urgency into his or her appeal to the "customer," trying to elicit a positive response right now. In some instances the immediate action step may not be appropriate. But don't be unnecessarily shy!)

Exercises

- Compose a summary of a presentation you've been planning or may soon deliver. Limit the summary to no more than one minute. Analyze its emotional as well as factual appeal. Answer such questions as: Does it truly summarize my presentation? Does it reinforce the salient points I've tried to make? Does it vividly, persuasively, and clearly implement my PURPOSE? And, finally, does it set up my "Asking for the Order?"
- Going back to the PURPOSE of your persuasive presentation, compose an "Asking for the Order" conclusion to your talk. Remember that it should:

—Be brief.
—Be clear.
—Contain at least one reminder of the benefit to the audience of following your recommended course of action.
—Have a sense of urgency.

Try it out on a friend or colleague. How well did it persuade them?

Several successful speakers I have known will, once they have clearly established the PURPOSE of their presentation, immediately write their "Asking for the Order." It's not an approach I would discourage the reader from considering.

STEP 1. The Audience Audit. Know who they are—and where they are coming from.

STEP 2. Identify and play upon the audience "Hot Buttons," i.e.
Fear–Defuse
Anger–Defuse
Pride–Reinforce
Self-Interest–Reinforce
Love–Reinforce

STEP 3. Establish your purpose.

STEP 4. Create a brief, credible introduction that builds immediate rapport with your audience, whether you are introduced by someone else or you introduce yourself.

STEP 5. Hook the audience from the start.

STEP 6. Make the body carry the burden of your argument.
–The Three Point Rule
–Use Picture Words
–Use Analogies and Examples
–Use Concrete, Specific, Active Words
–Cut Down Qualifiers
–Avoid Jargon

STEP 7. Ask for the order.

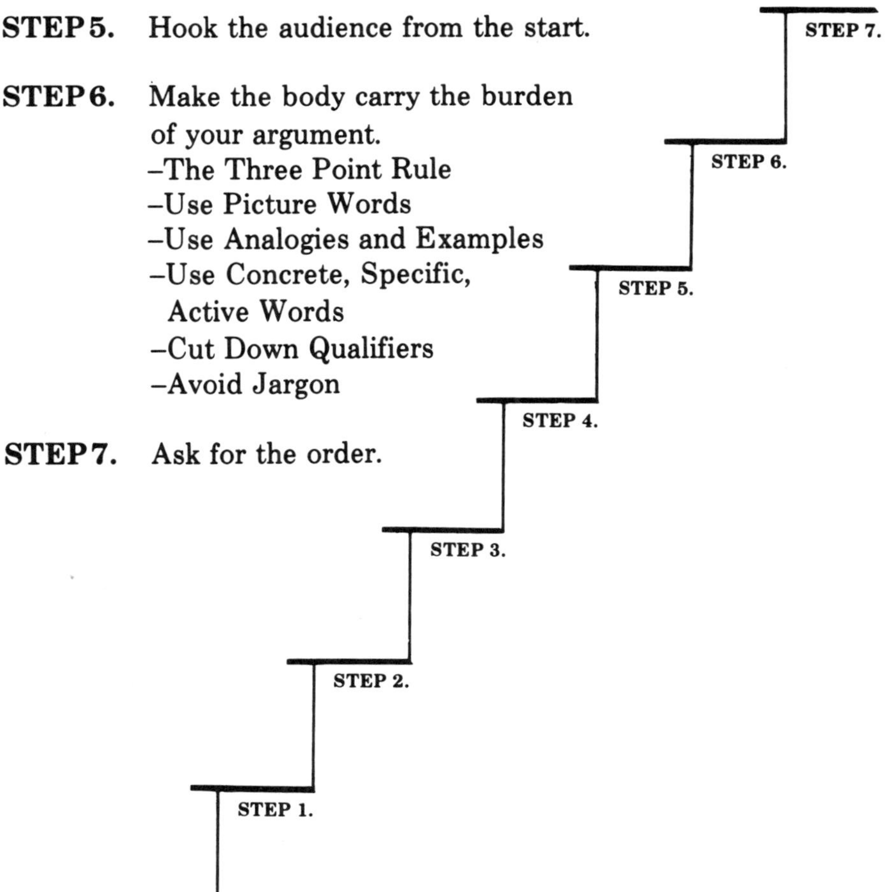

Topic 8:
The Quotebook.

Objective:
To provide a means whereby the speaker can enhance the wit, credibility, and persuasiveness of presentation *content*.

Average reading time:
4.5 minutes

> He is most original who steals from the best source.
> —(adapted from Thomas Carlyle)

Every speaker would like his or her presentation to include some judicious wit, some humor, selective documentation of principal points, a touch of originality, and a little sparkle.

Although there is no foolproof formula for achieving all of these goodies, there is one tool that can help you along the way—The Quotebook.

The Quotebook is simply that, a book of quotes. Not, however, quotes from Bartlett's *Familiar Quotations*, or any of the other "handy-dandy" compilations of witticisms and aphorisms available on any library or bookstore shelf. The problem is just that: such books are available to all, and the probability of the "one-liner" you have selected being already quite familiar to your audience is rather high. The use of clichés saps your reputation for originality, and possibly marks you as too uninspired or too lazy to come up with anything original.

So you're not Oscar Wilde, H. L. Mencken, Joan Rivers, or Bob Hope. Where, then, do we turn for our memorable morsels of information, our pleasantries, our quips and anecdotes? Joe Miller's Jokebook? No, no, a thousand times no. Where then? Here are some recommendations:

- *Your Daily Newspaper.* Current quotes, especially from political figures, sportswriters, celebrities, and particularly professional athletes and their coaches are a rich source of humor and, occasionally, wisdom. (Lou Holz, for example, the Notre Dame football coach, has a gift for repartee and for funny quips. Jim Valvano, basketball coach at North Carolina State, is another. Lester Hayes, star defensive back for the National Football League's Los Anggeles Raiders, is a veritable gold mine of bizarrely humorous remarks.) Read the newspapers. Search out the pungent, the pithy, the comic quotations. Shamelessly plagiarize or adapt them. Others may have run across them too, but most will not—or will not recall them, and these quotes will freshen up your presentation quite effectively.

Other useful sources of "instant wit" include:

- *Magazine Articles.*
- *TV Comedians such as Johnny Carson.*
- *Speeches by other Speakers.* Just be sure not to use the speaker's gags on the same audience he has already addressed!
- *Personal Conversations.* Listen attentively to your friends, colleagues, the party "comedian." Since he or she is offering their material gratuitously, you can use it gratis.
- *Yourself.* Don't underestimate yourself. You, too, are capable of being funny, wise and witty. If you catch yourself committing wit, jot it down. Others' music may be sweet, your own may be sweeter. Which brings up a device that, with a little imagination and boldness, you can use to your own advantage. It's called the "switch." Consider for example a well-known proverb, "Nothing ventured, nothing gained." But, suppose, in your presentation, you are expatiating on the advantages of caution. Simply change the ending of the cliché, and you have, "Nothing ventured, nothing lost." Keeping the former proverb in mind, go through the lists of all-too-familiar quotations, and see if there is a way you can "turn" it to extract a different, perhaps amusing meaning from it. If the result makes you laugh, perhaps it will make others smile.

So far, we've talked of sources and devices. Given that, by dint of a little attentive work, you have compiled a collection of more or less original quotes for various occasions, how do you store that valuable information?

Enter The Quotebook

Next time you drop into your stationery or office supply store pick up a binder and a package of loose-leaf paper (preferably with reinforced holes so they won't fall out of the book). My preference is either 7½" x 10", three-hole, or 8½" x 11", three-hole with alphabetized tabs already attached. Such notebooks are readily available for under $10. I prefer the smaller size because it's easier to carry, but the larger size is also suitable.

Organizing The Quotebook

Jot down the verbal baubles you pick up along the way on small pads, or cards, which you should carry with you. (Don't wait until you get home to write down that latest gem; you may have forgotten it by that time.) As soon as you return to your home or office, enter the new quotation into the Quotebook. What works for me is to organize the quotes by *topic*. E.g. "Advertising under "A", "Business" under "B", "Shareholders" under "S", etc. Allow at least four pages for each subject. Recognize your interests, taste, zeal, and luck will determine how large each section grows. The beauty of the loose-leaf binder is that you can expand existing sections or add new sections as you wish.

Another way of organizing your Quotebook is by *presentation*. Some successful speakers I have known keep sections labeled, "Opening Lines," "Closing Lines," "Biblical Quotations," etc. You may wish to keep two sets of quotations, organized both by general topics, or by presentation, and cross-reference them. Thus, a witticism filed under "Business," might also be cross-referenced to "Opening Lines—Business Audience." Since no two individuals are exactly alike, no two Quotebooks will be exactly alike, and that's another guarantee that, when you do use a quip or pithy piece of information you've picked up, you're not likely to be accused of cliché-ism.

Above all, keep your Quotebook current. You'll often find that last year's brilliant sally is no longer appropriate. Or that you're in the market for a particularly "now" observation for a presentation you are going to make next week. Be alert at dinner parties, meetings, other gatherings where a stray comment may be just what you're looking for. Keep a small pad next to you when reading. You'll be surprised how quickly —and how usefully—your Quotebook will grow.

You have now reached the end of Part II Building a Persuasive Presentation.

DO NOT MOVE FORWARD INTO THE NEXT PART OF THIS BOOK UNTIL YOU

- Review Part I—Delivery Style (and filled out your SPEAKER'S ASSESSMENT Checklist again. You should make changes to reflect what you have learned about style.)
- Review the summaries at the end of each "topic" section of Part II—Building A Persuasive Presentation.
- Review and complete SPEAKER'S ASSESSMENT Checklist Part II. (See following page.)

SPEAKER'S ASSESSMENT CHECKLIST

Fill out this checklist, paying particular attention to your areas of perceived strength and weakness. Each time you prepare a spoken communication, review this checklist as you work on Building A Persuasive Presentation. As you progress you should be adding to your list of strengths and reducing your list of weaknesses. Be sure to refer to this checklist before making any presentation.

The AUDIENCE AUDIT is helpful because:

____

____

____

____

The Five Basic Audience Emotions are:

____

____

____

____

____

PURPOSE is important because:

____

____

____

____

A "hook" is:

____

____

Ways to "liven up" the Body are:

____

____

____

____

Strengths of my speech structure are:

____

____

____

Weaknesses of my speech structure are:

____

____

____

The first thing I need to do when I speak is:

____

____

____

____

____

Part III
Questions As Tools of Persuasion

Questions As Tools:
Introduction

Objective:
To gain understanding of the use of the question-and-answer process as a tool of persuasive speaking.

Average reading time:
5 minutes

> To persuade or not to persuade—that is the question.
> —After Shakespeare

The sales vice-president of a large, direct-selling company for which I conducted communications training some time ago once told me, after a particularly active question-and-answer session with a large audience of the company's distributor-customers, "That was great, just great!"

"Why was it so great?" I asked.

"Because, don't you see," he replied, "we sell best when the customers are asking questions!"

Well, the sales Veep was himself one of the most successful salespersons I'd ever encountered, virtually a legend in his own field. So I figured it was worth asking *him* a few more questions. Our conversation went something like this:

"Well, that's an interesting observation. But *why* do you contend that you sell best when the customer asks questions?"

"Three reasons, Leonard. First, it means that the prospect is *involved.*"

"Even if the questions are negative or critical?"

"Listen, pal, even negative or critical questions are better than no questions at all. You see, it means that the prospects are participating in the process. If they raise objections, it means they are expressing them, getting them out in the open, where we can deal with them."

"All right, that's one reason. What are the other two?"

"It tells me, that, even if they're not there yet, they are at least considering buying. I read in a psychology book once—and I've found it to be true in my personal experience—that when a person argues with you about something, it may be his way of inviting you to convince him. It may show a readiness to change position. That's worth gold!"

"And the third reason?"

"The third reason is that it establishes or reinforces a relationship between us. Sure, when I'm up on the platform making my pitch, I try to tune in on my audience's reactions. But I have to rely on their body language, facial expressions, attention or lack of it. But when we open the meeting to questions, boy! now they're *talking*—and it doesn't matter much whether they are talking to me, or back to me, or with me. We're talking together; we're sharing a communications experience. That opens the door."

Another, more scholarly way of putting the question-and-answer persuasion process into perspective is the following:

> The whole character of thought as Plato conceives it is the dialogue of a mind with itself. "A person who really thinks, elicits ideas from himself by questioning himself, and tests those ideas by questioning: he does, in fact, the same sort of things with himself that Socrates did with other people."[1] The mind, so to put it, asks itself a question to which it submits tentative replies, suggestions, or ideas. They appear vaguely and at random; they demand clarification, rectification, organization. They need to be separated from other notions, which seem but are not similar. They need to be reduced to prior notions from which, upon examination, they flow. They need to be followed out to further notions which they involve or imply. . . The Platonic dialogues are, indeed, refinements upon the actual method which Socrates employed in discussion with others.
>
> —Introduction by Irwin Edman to *The Philosophy of Plato*
> The Modern Library, New York, p. xxvi.

[1]P.L. Nettleship: Lectures on the *Republic* of Plato

While you are talking, even before the Q & A session begins, your audience is in active contact with you.

They analyze what you're saying—and decide whether they understand, agree, or disagree.

They engage in obvious and subtle body language. They may lean forward, eyes shining. Or they may lean away from the speaker and fold their arms forbiddingly across their chests.

They yawn.

They fan themselves.

They whisper to their neighbors.

They study their programs.

They gaze out of the window.

They look at their watches. (If a lot of them are doing that, you're in big trouble!)

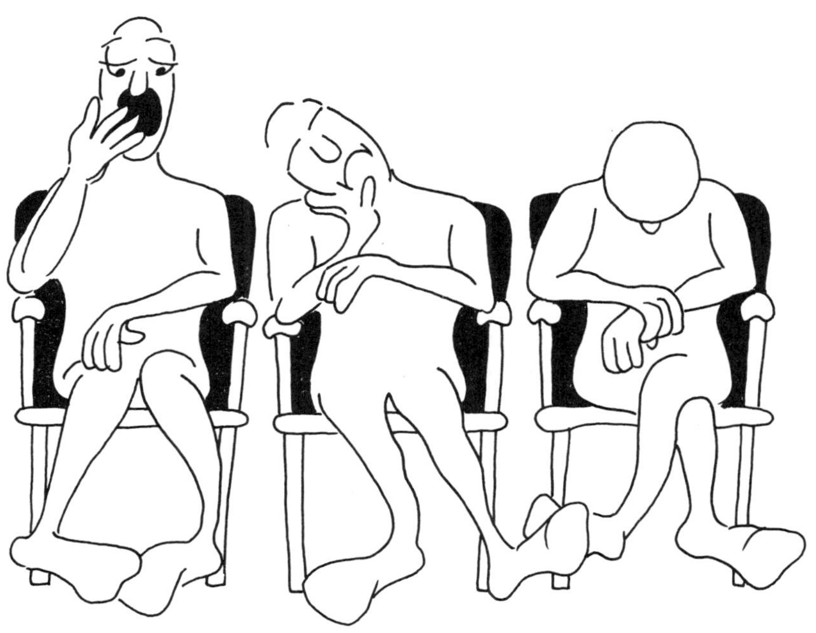

What's Wrong With This Picture?

And, they ask themselves and the speaker questions. The "Socratic" process is taking place. There is a *dialogue* going on. Silent as it is, you had better be aware of it.

The Q & A session is merely a continuation of that dialogue on an *audible* level. It offers you, the aware speaker, a golden opportunity to reinforce the points you came to make.

Regrettably, many speakers waste this opportunity. Though they claim they really enjoy Q & A sessions and actually find them easier to handle than "set" speeches, they often blow this "golden opportunity."

It's hard for me to imagine a speaking situation, public or private, in which the audience and the speaker do not benefit from a Q & A session. So, step one is: If you're planning to talk to someone, make sure that a part of your time together is devoted to questions-and-answers. Socrates, Plato, and the sale Veep were *all* right: Dialogue is the way we think, and dialogue is the way we learn.

The question-and-answer process is a vital part of the persuasion process, because dialogue is usually more fun than monologue. More importantly, because it gives the audience the opportunity to express, aloud:

- Their agreement.
- Their disagreement.
- Their need for further explanation.
- Their prejudices.

It gives the bold ones a chance to attract a little attention to themselves. It gives the timid ones a chance to listen to someone else besides the speaker. It enhances rapport between audience and speaker, by demonstrating that the speaker is willing to listen and respond as well as simply talk, talk, talk.

Most of all, it brings things out into the open, gives the speaker a chance to recognize and defuse objections and finally provides numerous openings to reinforce his or her PURPOSE.

If the program chairman has not planned for a question-and-answer session at the conclusion of your remarks, make darned sure you do. If you haven't planned to let your audience ask questions at the conclusion of a private interview, you're making a big mistake. Be brave. *Invite* questions. And mean it. You'll be doing yourself a big favor.

In the next four sections we examine the "how's" of using questions as tools of persuasion.

Topic 1:
Preparing for Questions.

Objective:
To prepare for audience questions.

Average reading time:
2 minutes

Exercise:
1

> . . . the experienced politician soon discovers that the questions nearly always follow a familiar pattern, and he long ago has memorized the best way of dealing with them, no matter how original and embarrassing they may sound to the audience...—Clayton Fritchey, "Now, If Ever, We need the Stirring Word," *The New York Times Magazine,* March 6, 1960, p. 13

You should prepare for the question-and-answer session as thoroughly as you do for the talk itself. Here are some suggestions:

- When you do your AUDIENCE AUDIT (see above, Part II, Topic 1) make a list of every important question, positive and negative, that you think the audience may ask. Make certain that your knowledge of your topic is such that you have the information necessary to respond intelligently. Practice the answers to the questions until you're confident that you won't be stumped. (It's often a good idea to ask a colleague to play audience for you and fire away with questions so that you can practice your answers in a realistic atmosphere.)
- Review the audience's "Hot Buttons" ("Emotional Triggers"). What questions may I anticipate, based on the audience's feelings about my topic? My company? How would I answer such questions with the object of defusing or reinforcing those emotions?
- Review your PURPOSE (see Part II, Topic 3). Remember that your PURPOSE is the foundation of everything you do. Now, reexamine your audience question list and select a few that relate pretty closely to your PURPOSE. Let's say that your PURPOSE is, "To convince my audience to sign the anti-protective tariff

petition during the Q & A." Let's further suppose that a member of the audience says, "Well, I agree with your position. But what can I do to help?" Clearly, that's a *direct opportunity* to "ask for the order," i.e., "Well, you can start by signing the tax petition yourself. Smith is manning the desk back there and will be happy to give you one. Perhaps later you can join us in persuading other voters to do the same."

Okay, that was an easy one. Suppose, however, that your audience is not ready to reinforce your PURPOSE. Suppose, instead, they are still on the fence. Then, in addition to "asking for the order" at the conclusion of your remarks, you might handle a question as follows:

Question: "Well, that's your side of the story. Where can I get some information on the other side?" This gives you several choices. If you wish to be magnanimous, you may, if you have it, tell the questioner where to get the "other side's" information. Or, you may simply want to refer that question to someone who can furnish the information. Either way, you need not stop there. You can add, "You seem hungry for information. That's good. We think an informed electorate will make the right decision. If you'd like some more detailed information about our position, by the way, please pick up one of the brochures at the door."

Get the idea? Don't assume that because you've "asked for the order" at the conclusion of your talk that you are now free of the obligation of mentioning it again for all time. The more you can repeat the "order," the more you can reinforce it, the better, especially during the Q & A session.

Exercise

- Select the topic, occasion, and audience for a real-world persuasion opportunity you may have. Do your AUDIENCE AUDIT, identify audience "hot buttons," and clearly define your PURPOSE. Now, make up a list of anticipated audience questions. Jot down notes as to how you would answer these questions. Pick out questions that give you an opportunity to reinforce your PURPOSE. Frame specific responses to those questions, including "asking for the order" at whatever level your AUDIENCE AUDIT indicates is appropriate.

Make this exercise part of your planning for *every presentation you ever make*. I know of some speakers who, as a matter of routine, begin their speech planning by listing anticipated questions—and their responses—right after they do their AUDIENCE AUDIT and identification of PURPOSE.

Topic 2:
Mini-Speeches for Maxi-Answers.

Objective:
To learn the use of the Mini-Speech response as a way of reinforcing PURPOSE and controlling time during the Question-and-Answer session.

Average reading time:
5 minutes

Exercises:
3

> Pardon the length of my letter. I did not have the time to be brief.—Chateaubriand

Many speakers, confident in their ability to handle Q & A, like to "wing" it. Such free souls often end up with broken "wings." Having developed your anticipated audience question list, it's vital to prepare a series of concise, thoughtful, well-worded responses that will satisfy the questioner, and help to support your PURPOSE. I call these responses "Mini-Speeches," and they have a variety of excellent uses. "Mini-Speeches" also help you avoid common Q & A errors such as:

- Overanswering—Does the audience really want to know *that* much about the subject?
- Rambling—"What is he talking about and why is it taking so long?"
- Losing sight of your PURPOSE.
- Stammering, clearing your throat, and all the other manifestations of sinking self-confidence.
- Being caught unprepared.

Overanswering Is Underwhelming

In dealing with non-technical matters for a lay audience, your Mini-Speech response can last anywhere from 15 seconds to a maximum of a minute and a half. An answer that runs less than 15 seconds may leave you open to the criticism of being flip, or "sluffing-off" the question. (But see Topic 3, "Categories of Questions" below.) An answer that takes longer than a minute and a half may end up boring the audience, and making them feel you are wasting valuable time that could be devoted to other questions. It is no coincidence that TV commercials run 15, 30, 60, and (infrequently) 90 seconds. The advertising agencies and sponsors who create them know that the audience attention span should not be unduly stretched. Today, a populace that is used to "instant" everything from coffee to news to gratification, simply may not sit still for longer explanations.

Of course there are exceptions. If the subject matter is terribly compelling, if you are a totally charismatic speaker, if the ambient air temperature is perfect, perhaps you can get away with longer responses. But why bother? If during a Q & A session you can't say what you want to say in 15, 30, or 60 seconds, perhaps your information is not as well-organized as it should be. Or perhaps you've lost sight of your PURPOSE.

These Mini-Speech responses, indeed, may provide Maxi-Answers, and, in this instance at least, less may be more. (For more on Mini-Speeches and their use in media interviews, see Part V Messages, Mini-Speeches, And The Media.)

Let's look at an example. Suppose your purpose is to reassure your audience that nuclear power is safe. (That's a tough "sell," and controversial, which is one reason I've chosen it.)

Now, during the Q & A session a member of the audience may raise her hand and ask, "What proof do you have that nuclear power is safe? I've heard about a lot of scary things like Chernobyl and Three Mile Island."

You could, to be sure, enter into a lengthy, possibly technical description of the emergency core cooling system, the uranium isotopes in the fuel rod pellets, the geometric configurations necessary to create criticality, the temperatures and pressures in the interior of an operating nuclear reactor, the function of the control rods in preventing an accident, and on and on and on. If you did so, would you have satisfactorily responded to the questioner? Would you have reassured your audience? Would you have dealt adequately with their "hot buttons"? Would they have understood and retained the information? Chances are, that unless they were a technically-trained audience, they would not.

But suppose you've done your homework. You recognize your audience's concerns about the risks of nuclear power. You know that their "hot buttons" are fear and possibly anger. You realize that they are not nuclear physicists or professional engineers. And you also know that they don't really want to listen to a complex, technical explanation.

So you've prepared a "Mini-Speech" in response to that question, a question, incidentally, that you most certainly would have anticipated if you'd done your AUDIENCE AUDIT. Your prepared "Mini-Speech" might go something like this:

"I recognize and share your concern. After all, my wife, my children, and I also live in this community. And yet, to us, a nuclear power plant is nothing but a giant safety device that incidentally produces electricity. We've had operating nuclear power plants in this country since 1957. Today, 16% of the electricity in the United States is produced by some 100 nuclear power plants. Collectively, those plants have amassed more than 400 years of operating time, since 1957, and during that time no member of the public has been killed or injured by radiation from these plants—including Three Mile Island! How can you beat a 100% safety record?

"Any thinking person would be concerned about Chernobyl and the possibility of a tragedy like that occurring with a U.S. commercial nuclear reactor. I'm not an expert on Russian nuclear reactors, but I can tell you this: U.S. commercial reactors are designed and built entirely different from the Russian reactors. So a Chernobyl kind of accident is simply not something you'd anticipate in an American reactor.

"No technology in the history of the world has been so regulated by and oriented toward safety considerations. And we certainly need the electricity those plants produce, if we're to keep the lights on, the factories running, and the hospitals and schools open, without the costs and anxieties connected with another Middle Eastern energy crisis. I hope you'll agree that, in fact, nuclear power plants are safe and needed." (Length of answer, about 200 words. Duration about one and one-half minutes.)

For those members of your audience who are pro-nuclear power, that won't be news. But they're on your side already.

Don't expect, however, that those words will magically convert the strongly anti-nuclear faction of your audience to your way of thinking. They won't—though it may give them some information to consider. But you may influence those members of the audience who haven't yet made up their minds on the issue. And you may reduce the apprehensions of the woman who asked the question.

Let's take a closer look at this model "Mini." It begins with an effort to establish rapport and identity with the questioner. ("I recognize and share your concern.")

It continues with a "*Hook.*" ("... a nuclear power plant is nothing but a giant safety device. . .")

It offers some specific evidence for the speaker's position. (16% ... 400 years . . . 100% safety record.)

Finally, it asks for the order. ("I hope you will agree . . .")

In other words, the structure of a "Mini-Speech" is very similar to that of a longer speech; the major difference is that it is *compressed.*

Of critical importance is that the entire "Mini" reflects not only a planned response to an anticipated question, but even more importantly, a response that not only endeavors to defuse a negative emotion, but one that reinforces the speaker's PURPOSE, i.e. "To persuade the audience that commercial nuclear power is both safe and needed."

Believe it, if you follow this approach to answering post-presentation questions, you will enjoy greater control of the give-and-take with the audience, reduce the probabilities of an embarrassing gaff, and work alertly to reinforce your PURPOSE.

Should every "Mini-Speech" response contain a "commercial"? No. That would, in time prove tedious to your audience and destructive of your credibility. The idea, however, is to "salt in" PURPOSE-reinforcing "Mini's" throughout the question-and-answer session, wherever they may be tactfully inserted.

There are those self-anointed "experts" in the art of spoken communications who recommend that all "Mini-Speeches" be confined to 30 seconds or less. That is arrant nonsense. In a non-media situation (indeed in many media situations), your answer might be shorter *or* longer. The kind of fossilized technique that would *require* an answer of precisely 30 seconds to every question is simply not in touch with the real world. That's like a doctor prescribing the same medicine for every malady.

Steps In Preparation Of The "Mini-Speech"

- Review the AUDIENCE AUDIT and PURPOSE you have developed for the presentation itself.
- Prepare a list of anticipated questions based upon your perception of your audience, its knowledge of your subject, and its "hot buttons."
- Frame "Mini-Speech" answers, 15-90 seconds long (time yourself, until you get the "feel" of it) that provide audience-satisfying answers.
- From among those, select a few that palpably reinforce your PURPOSE. Practice them, not until you have them memorized verbatim (which would make them sound "canned"), but until you have a clear idea of what you want to say and how long it will take to say it. Try to begin your response with a "Hook," use imagery where you can, and don't forget to "ask for the order."

Exercises

● Review any speech you've made, or plan to make.

Identify:

Audience "Hot Button"

Purpose

Anticipate critical questions that might be generated by your talk. Make a list.

● Make "Mini-Speech" responses to those questions. Include:

—A Hook

—An appeal to the emotions

—An image or analogy

Conclude by "Asking for the Order."

Read both question and "Mini-Speech" response into your tape recorder. Critique yourself on delivery style, content, credibility. Refine, if necessary.

● Follow the same plan before a real-world presentation. Get a group of friends (including those who disagree with your position!) to give you a "dry run" on the Q & A session. (It will save you a lot of grief during the real thing!)

Mini-Speech "Tip": Start, right now, keeping a dossier of "Mini-Speeches" for all occasions. Include them in your Quotebook. (See above, Part II Topic 8: The Quotebook.)

Topic 3:
Categories of Questions.

Objective:
To identify common varieties of questions and improve the ability to deal with them.

Average reading time:
8.5 minutes

Exercise:
1

> He, Mr. Kennedy, nodded gravely at the questioners as they questioned... to indicate that he understood the sometimes complex questions; and to encourage and put at ease the questioners in case they were nervous. It was reassuring, the essence of courtesy, and exceedingly pleasant to watch.—Reporter Charles Cooke describing John F. Kennedy's handling of a press conference.

Audience questions fall into three major categories:

- *Friendly questions*, intended to express approval or elicit further information favorable to your position.
- *Neutral questions*, usually requests for clarification or further information, or raising minor objections. These are particularly important in that they indicate the possibility of a "sale."
- *Adversary questions*, which, in turn, are subdivided into:
  —Attempts to contradict your information, or erode your credibility.
  —"Nuisance" questions, characteristically raised by individuals whose prime purpose is to attract attention to themselves.

In handling all three categories of questions and questioners, the following guidelines will be useful:

Be responsive. Feel and act as if you really want to deal with the question. (When you say, "And now I'd be happy to answer your questions," look like you mean it!)

Be audience-oriented. Remember, it's not just the questioner you're trying to influence but as many members of the audience as possible. Courtesy and responsiveness to the questioner cannot fail to enhance your image to the entire audience. This principle is particularly valid in the handling of adversaries.

Answer the question in the language of the question. If the language is sophisticated the answer may be sophisticated—but be sure your interrogator is reasonably representative of your audience. If not, at the conclusion of your response say something like, "Did everyone get that?" If not, clarify. (Do the same with the media reporter.)

Listen carefully. Try to understand the true import of the question and, if possible, the motivation of the questioner, as he or she talks. Don't be in a rush to answer, until you are sure you are answering the question that has been asked. Sometimes, it is wise to repeat the question to be sure the audience has heard it. Don't hesitate to request clarification, if you're not sure you understand. And don't be afraid to rephrase the question somewhat, for clarity—and to make it a little easier to answer! Above all, look and behave as if you really want to hear the question. Good listening in itself is a persuader!

Handling Friendly And Neutral Questions

Follow the above procedures and stimulate feedback by asking, "Does that answer your question?" (If the answer is "No," request clarification and respond.) Don't forget to reinforce positive emotions and your PURPOSE.

Handling Adversary Questions Or "Gotcha's"

These can be challenging and difficult. On the other hand, dealing effectively with adversary questions enhances your credibility with the entire audience. Adversary questions fall into several categories:

- *Questions that are really statements.* These often begin with phrases such as, "Wouldn't you agree . . ." "Isn't it a fact that . . ." "Are we to believe that . . ." The questioner really doesn't want an answer. What he or she really wants is a chance to get "up on a soapbox" and make a "Mini-Speech" (or longer!) attacking your position. ("Gotcha!")

What to do? At first, you must be courteous. If the "question," becomes a speech, however, you have to take action. The best way to do that is to inquire politely but firmly, "Well, that's an interesting statement. What was your question?" If no reply is forthcoming, move immediately to the next question.

If the adversary attempts to continue his or her speech, a polite interruption is in order: "I can see you're interested in the subject, and I'd like to let you go on, but that would be unfair to the other people in our

audience who have questions. Please forgive me if we move on." And *immediately*, without hesitation, recognize another question from the floor. Otherwise, you'll become the audience for someone else's unfriendly speech! (See also, Part IV Topic 3, "The Delicate Art of Interrupting.")

- *Closed-end questions.* These are questions that could be answered in a few words. That's okay, if they're the right words. Otherwise, the questions themselves erode the speaker's credibility.

  Examples:

  "What is the source of your information?"
  "Who told you that?" ("Gotcha!")

Answer such questions quickly and factually, then promptly move on to the next questioner.

- *Attacking questions.* These are intended to put you on the defensive to get you to "blow your cool." Examples:

  "What are your real motives in saying that?"
  "How do you account for . . .?"
  "Do you really expect us to believe that?"
  "Why don't you tell the truth?"
  "Aren't you really a hired gun?" ("Gotcha!")

When confronted by these provocations, keep cool, remain courteous, and answer the questions as concisely and sincerely as possible. Work in a "Mini" if you can. If the going gets really rough, you may wish to inquire politely as to the motives of the questioner. But that can be risky and, though tactfully handled, it may erode the adversary's credibility, and could lead to a personal exchange.

- *Yes-no/true-false questions.* Also known as, "When did you stop beating your wife?" questions. Examples:

  "Can you guarantee that? Yes or no?"
  "Are you afraid to tell us where you got that information?"
  "You believe in fair play, don't you?"

NEVER ANSWER YES OR NO, UNLESS IT SUITS YOUR PURPOSE. Always go on to explain. Better still, don't use "Yes, but..." or "No, but..." Try a response like, "A yes or no answer to that question wouldn't clarify anything. In order to respond in any meaningful way, I have to explain that . . ." Once more, this is a good place for a "Mini-Speech."

● *Leading questions.* These are used by an adversary who wants to play "District Attorney" and really put you on the spot. They usually take the form of:

> "You're not advocating a return to the Middle Ages, are you?" ("Gotcha!")
> "Wouldn't you favor keeping America strong?"
> "We all want to play fair, right?"

Don't play the game. One question at a time is enough. If the interrogator tries to ask a series of leading questions, simply say politely, "I'd really like to give the other people in the audience a chance to ask some questions. As interesting as yours are, and as much as I'd like to engage in a dialogue with you, it's simply not fair to those other people out there. If you'd like to continue after the meeting, I'd be delighted." And then, *immediately* and *without delay* turn to other questions from the audience.

> *A reminder.* If you've done a thorough AUDIENCE AUDIT, you'll know whether there are adversaries in the audience, and will have anticipated most of their questions. You'll also have practiced your response to the adversary questions. REMEMBER: THE SECRET OF THINKING ON YOUR FEET IS TO PREPARE OFF YOUR FEET.

● *Nuisance questions.* A very special category of adversary is the asker of what I call "Nuisance Questions." "Nuisance Questions" are often not sincere. They are efforts on the part of the querist to attract attention to himself or herself. "Nuisance Questions" should perhaps be called "Nuisance Intervention" for they may involve long, incomprehensible questions, digressions, unrelated or inappropriate remarks, "social conversation" with the speaker or an infinite series of follow-up questions. Because this kind of intervenor is often in need of recognition (and could grow insistent or even ugly if ignored or ridiculed), you must initially be patient and let him or her talk. After a minute or two of listening, however, you cannot let this individual's need for psychological support supplant the purpose of the meeting. You must "cut him off at the pass," and move forward with the Q & A session. Otherwise you will not only begin to lose the rest of the audience, but project the image of a weak discussion leader.

At this point, in the most friendly but firm manner you can muster, you have to say something like: "Well, I can see you're stimulated by our subject and by the occasion, and I'd like to hear from you further, but it just wouldn't be fair to the other people in the audience. Unfortunately, our time is limited and I do want to hear and respond to some of the other questions. If time permits, I'll get back to you. And I'd certainly be happy to stay after the meeting and exchange ideas with you." Then, without waiting for the individual's overt or implied consent, move immediately to a question from someone else.

Another way to move away from this kind of trouble (and useful in handling other adversary exchanges as well) is to summarize a point you think the adversary has made and move on to the next question. Example: "The point has been made that there are two sides to the nuclear story, and people should look at as much evidence as they can obtain with respect to this issue. Any questions or comments from anyone else?"

Yet another technique for taking the spotlight away from an adversary is to point out, objectively and calmly, the purpose of the meeting (or the discussion) and the futility of arguing further about a minor point. If the point is a major one, explain that not all issues can be resolved in a minute or two and segue into a "Mini-Speech" to reinforce your position.

To the greatest degree possible, seek to identify yourself with the audience and to isolate the adversary, either because of flaws in his or her argument, or because of the individual's attempts to "hog" the limited time of the meeting.

Adversary elements in an audience can be a challenge. If you prepare properly and handle yourself with calmness and confidence, you can not only prevail, but gain additional respect and credibility with the whole audience.

(For more on "Adversaries" and "Gotcha's," please see Part IV "Conflict Management" below.)

Exercise

- What other categories of questions can you think of? How would you deal with them?

Topic 4:

The Magic Turnaround.

Objective:

To improve the ability to turn questions toward the Speaker's PURPOSE.

Average reading time:

4.5 minutes

Exercise:

1

> You can fool some of the people all of the time and all of the people some of the time—and that's usually sufficient.
> —(With apologies to President Lincoln)

Earlier, we talked about "matching up" "Mini-Speeches" with anticipated questions. That's relatively easy. If, for example, your subject is nuclear power, your PURPOSE to reassure the audience that nuclear power is safe, and an audience member asks, "How safe is nuclear power?" you're home-free. The question is *directly* related to your PURPOSE and your "Mini-Speech." On the other hand, suppose that the question is not directly related to your "Mini." Suppose the question is, "What about coal power? I've heard that coal is cheaper and safer than nuclear." What do you do then? Do you give up on your "Mini-Speech" simply because the question doesn't directly call for it?

Not if you really want to achieve your PURPOSE. You use the QUESTION TURNAROUND technique. Here's how it works:

PURPOSE: To reassure the audience that nuclear power is safe and necessary.

PREPARED MINI-SPEECH: (See pp 153-154.)

AUDIENCE QUESTION: "What about coal power? I've heard that coal is cheaper and safer than nuclear."

Structure your response as follows:

- *First, respond honestly and informatively* (If you have the information) to the question. E.g., "There is no question that coal is and will be a valuable source of fuel for electric generating plants. You may be aware, in fact, that the United States is the Middle East of coal; we have estimated coal resources good for several centuries. So, it's plentiful. The cost of building coal plants, however, has been increasing and today the costs of a coal plant of let's say 1200 megawatt capacity are approaching those of a nuclear plant. The cost of coal as a fuel for generating electricity, however, is higher than the cost of nuclear fuel, and many responsible studies have indicated that the combined cost of construction and fuel makes coal power more expensive than nuclear—especially when you factor in the cost of scrubbers and other astronomically expensive anti-pollution devices required for coal-burning plants. As for the safety factor, coal mines cause black lung disease that ruins the health and takes the lives of many coal-miners each year, not to mention acid rain and other environmental problems." Length of response: about 200 words. Time: between 60-90 seconds, depending on your individual words per minute (wpm) rate.

Now you've *responded* to the question honestly, and within your limitations, informatively. You've psychologically satisfied the querist's need for recognition and response. But, how do you get to your planned "Purpose-Reinforcing" "Mini-Speech?"

- *Second, use the Transition or "Bridging" Technique.* Select a key word, phrase, or idea in the original question, or in your initial response as a stepping stone to your "Mini-Speech." Example:

> "Though coal has its virtues, it's not without its drawbacks. Nothing is absolutely perfect, not even nuclear power. And I recognize and share your concern. After all, my wife, my children, and I also live in this community. You know, to us, a nuclear power plant is nothing but a giant safety device that incidentally . . ."

Using the drawbacks of coal power you segue to the impossibility of perfection, and from there to shared concern about nuclear power plant safety. Now you're on your way.

- *Thirdly, by Completing Your Planned "Mini."* You now simply continue with the remainder of your prepared "Mini." You have, in effect, made "lemonade" out of a "lemon" question. You've

Bridging

reasserted control. You've returned to familiar and comfortable territory. And you've reinforced your PURPOSE, despite the fact that the original question was not directly related to your "Mini." At the same time you have not omitted the crucial first step, i.e. a satisfactory response to the original question.

To review, in using the MAGIC TURNAROUND, it is essential that you first respond to the original question. You cannot reply to a question about coal power by saying, "Let me tell you about the advantages of nuclear power." Your audience will conclude that you are either unresponsive, devious, or bereft of your senses. Worst of all, they could say, "He's just a politician. No matter what you ask he says what he wants to say."

That cannot happen if you honestly respond to the original question and build a reasonably logical bridge from that question to your "Mini."

What the MAGIC TURNAROUND gives you is . . . independence. Never again do you have to kick yourself for "blowing" an opportunity to hammer home your PURPOSE because you weren't asked the "perfect" question. If you have a collection of "Mini's" to suit various topics and purposes, you'll usually be in control of the question process and use that process not merely to provide information or give your audience an opportunity to express themselves, but to "ask for the order" again and again.

It won't hurt your self-confidence, either.

Exercise

- Make up some questions not directly related either to your prepared "Mini-Speeches" or your PURPOSE.

Following the guidelines set forth in Topic 4, practice the MAGIC TURNAROUND technique. Don't forget to segue to your prepared "Mini-Speech."

(If you're working too hard, perhaps you need more "Mini-Speeches"!)

Topic 5:
What If They Gave A Q & A Session And Nobody Asked Anything?

Objective:
Not to be devoured by silence.

Average reading time:
3 minutes

—the rest is silence.—Shakespeare, *Hamlet*, V, II

You've completed your presentation and have confidently opened the floor to questions. Expectantly you wait for the first hand to go up, armed to the teeth with "Mini-Speeches," and confident in your ability to field any imaginable query. A moment or two goes by. Nothing happens. Your friendly, encouraging smile now feels pasted to your face. Another few moments go by. Still nothing. Your mouth grows dry, your palms get clammy. WHY DOESN'T SOMEBODY ASK SOMETHING?

Not to worry. It could happen, but if you plan properly and exhibit some patience it need not. Here are some tips on opening the Q & A session:

- *Be patient.* People often hesitate to ask the first question because they are afraid of asking something foolish. Or they are timid. Or they are simply thinking over what you've said and deciding what, if anything, they wish to ask about. Though the few seconds it takes for someone to raise his or her hand may seem like an eternity to you, keep that pleasant look on your face. Pick out one or two of the livelier faces in front of you and establish some friendly eye contact. That often stimulates a question. *Don't say anything.* (Grit your teeth if you have to.)
- *Repeat and amplify the invitation.* If the silence goes on too long, say something like, "Is there any aspect of nuclear power you don't understand, or wish to question? How about the costs of building a plant?" That's called priming the pump. DO NOT, under any circumstances, criticize the audience or yourself either overtly or covertly with such remarks as, "Well, you're a lively bunch, aren't you! Come on, isn't there someone who's interested

enough to ask a question?" Or, "Well, I guess I haven't done much of a job getting you excited about the subject..." Remarks such as these are guaranteed to turn the audience *off.*

- *Don't leave it to fate.* Prior to the meeting, pick out a few "ringers" and arrange for them to start the proceedings with a few sharp—even mildly controversial—questions. That usually gets things rolling.
- If you've been patient, primed the pump, planted a "ringer" and the audience is still sitting on its queries, it's time to follow the advice of some sage, "Speak out, stand out, and get out." Without further comment, you move smoothly into your "close," adding, "If anyone has any questions or comments, I'll be right here and I'll be happy to talk with you after the meeting. Thanks again."

No fuss, no feathers, no embarrassment. It may just be that you've covered the subject so thoroughly that you've eliminated the need for a Q & A. Or, perhaps they are all eager to get to the cocktail party!

Topic 6:
Closing The Meeting.

Objective:
To leave a persuasive final impression.

Average reading time:
2 minutes

Exercise:
1

> Good night, good night! Parting is such sweet sorrow, That
> I shall say good night till it be morrow.
> —Shakespeare, *Romeo and Juliet,* II, II

In the previous section, I suggested that you might close the meeting by saying "Thank you." Actually, that's not the whole story. There's still some work to do. Let's examine the closing of the meeting.

You've completed your talk and it has been reasonably well-received. You've gotten through the Question-and-Answer session and even managed to inject a few "purposeful" "Mini-Speeches" into the process. Now comes the close.

But just how *do* you close both the Q & A session and the meeting? You can do what most speakers do, saying something like, "Well, it sure has been a pleasure talking with you today. Thanks for the opportunity." Or conclude with an equally bland, perfunctory, and purposeless statement. Or you can *use* the time to reinforce your PURPOSE one last time. (Remember: the two most important segments of any communication are the opening and the closing. These are the initial and the final impressions left with your audience; they are worth gold.)

Rather than a pro forma closing salutation, you can close with a "Mini-Speech" that once more reinforces your purpose. Example:

> "I've enjoyed talking with you today about the pro's and con's of nuclear power. I've been particularly impressed by the openness and sophistication of some of the questions. Let me leave you with this: nuclear power is not without its risks, but I believe those risks are manageable and that if America is going to continue to grow and prosper nuclear power is a viable and

Did They Like It Or Are They Glad It's Over?

needed technology. I hope you'll think all of this over and come to your own conclusions. That's the way a democratic society works. Thank you."

You've sent them on their way, hopefully, with those brave words ringing in their ears, instead of an all-too-easily dismissed cliché.

You've made the "closing" do some work.

"Closing" Exercise

- Write a 30-second "closing" to one or more talks you've given or expect to give. Include:

—Summary of topic (very brief!).
—Compliment the audience (if genuinely deserved).
—Express thanks for opportunity.
—Ask for order (expression of your PURPOSE).

Tape-record your "close." Then play it back and critique it. What's your final impression of the speaker? (If you're not satisfied, make repairs.)

A speaker should stand up, speak up, and shut up . . . but not before you take one last whack at your PURPOSE!

SPEAKER'S ASSESSMENT CHECKLIST

Fill out this checklist, paying particular attention to your areas of perceived strength and weakness. Each time you prepare a spoken communication, review this checklist as you work on Questions As Tools Of Persuasion. As you progress you should be adding to your list of strengths and reducing your list of weaknesses. Be sure to refer to this checklist before making any presentation.

Listening to audience questions is important because:

____

____

____

____

A MINI-SPEECH is:

____

____

A MIDI-SPEECH* is:

____

____

The MAGIC TURNAROUND is:

____

____

____

How many MINI- and MIDI-SPEECHES have I prepared for my next speaking assignment?

____

My strengths in the Question-and-Answer session are:

____

____

____

____

____

____

My weaknesses in the Question-and-Answer session are:

____

____

____

____

____

____

*Hint: A "Midi-Speech" is like a "Mini-Speech" but somewhat longer.

Part IV
Conflict Management—Ruling The Unruly

Introduction

> Sometimes the response to fight or flight can be helpful. It can give you a quick burst of energy at the right moment, enabling you to go beyond your normal limitations and make a great effort.
>
> —Dr. Thomas Tutko, sports psychologist

In the best of all possible worlds this chapter would not be necessary. We would all, with luminous logic and exemplary compassion, reason quietly with one another. Well, it isn't and we don't.

The dialectic of most people's lives includes generous helpings of disagreement (sometimes honest and sometimes not), criticism (sometimes just, sometimes unjust), and downright conflict. Translated into the domain of spoken communications the adversarial possibilities seem to burgeon. Whenever you stand in front of others of our species, and talk to them about something *important*, you can expect resistance.

If it weren't for the human tendency to disagree, the art of spoken persuasion wouldn't be as much fun as it is!

The observations offered and techniques described in this section are primarily directed toward the Question-and-Answer process that usually follows the spoken presentation. (See also Part III, above.) With a little imagination, however, the analyses and remedial actions recommended can be transferred to debates, panel appearances, symposia, and the like, wherever, indeed, the speaker may encounter opposition.

Since this is a manual on spoken communications, not a primer of clinical psychology, please recognize that the *scope* of our examination of the adversarial process will be limited to what a good speaker should know about different adversary types and what to do about them. Though it is not uncommon to discover various adversary traits combined in one individual (e.g. "The Bully" and "The Rival"), our "Adversary Menagerie" is a general one and we rarely examine subspecies. In some instances, adversary traits and attacks may be exaggerated for clarity and purposes of analysis. (Though, several high-placed executives who have been exposed to this material have said, typically, "Exaggerated, hell! I had to deal with a guy just like that only a few weeks ago!")

One of the rewards of dealing effectively with adversaries is that, when you are successful, you have not only persuaded the neutral segments of your audience, but may actually give your opponents, even the dedicated ones, something new to think about. Take heart! Conversions have been known to take place not only in the religious sector, but in the arena of business, as well.

Topic 1:
The Adversary Menagerie.

Objective:
To develop the ability to identify and deal with various types of adversaries.

Average reading time:
17 minutes

Exercises:
3

> The tongue's not steel, yet it cuts.
> —Edward Bulwer-Lytton

A Few Preliminary Tips

Before proceeding to categories of adversaries and appropriate responsive, persuasive behavior, a few principles should be observed:

- Never laugh at an objection, or an objector—unless the entire audience laughs first. And then you may want to adopt a counter-strategy and defend the right of that individual to raise even outlandish objections.
- Never treat an objection or a criticism scornfully or sarcastically. If in doubt, employ the "defend their right" strategy. (Voltaire is reputed to have said, "I do not agree with your opinion, Monsieur, but I will defend to the death your right to voice it." If it was good enough for Voltaire, it should be good enough for us.)
- Remember, that in many instances, your adversary may not wish to honestly explore the facts, may be unalterably opposed to your position, or may have ulterior motives for attacking your position, your argument, or you, personally, for that matter. Your primary concern should be for your *audience*. Even though you may be capable of ridiculing or embarrassing your adversary, what effect would that have on the audience? Perhaps they would support your asperity. Perhaps they would identify with the adversarial

member of the audience, and resent it. The entire audience, or segment you particularly wish to persuade, should always take precedence over your immediate adversary.

- Wherever and whenever you can, try to identify with the audience's concerns. The sure road to defeat is to permit your adversary to co-opt the issue, to establish a positive identity between his or her position and that of the audience. Take the "high ground" first.
- Don't be afraid to "give in" on relatively unimportant points, if you can honestly do so. ("You're right, Charley, the figure really is 15% rather than 14%.") If you "give to get" you've got the principle of reciprocation working on your side. Your credibility and trustworthiness in the audience's eyes will be enhanced by small confessions.

The Adversaries Gather

You're on your feet on the platform, delivering a presentation on a not-necessarily-popular subject. ("Why earnings are down." "Why prices are up." "Why we are cutting staff." Fill in your own blank.) You notice that members of the audience are fidgeting in their seats, shaking their heads negatively, whispering animatedly to their neighbors, or merely staring at you, stony-eyed, arms folded across their chests. If you are lucky, you may be permitted to finish your presentation uninterrupted. But, beware the Q & A session. You're liable to be hit by such objections as:

"Come on, do you really expect us to believe that?"

"Who are you kidding? I've heard that doubletalk before, and I don't buy it!"

"I was at that meeting and the president didn't say anything of the kind!"

"That's not the way I would handle the situation. I had a similar experience a few days ago, and what I did was . . ."

"What are you smoking, anyway?"

"???"

"Let me say this about that. The facts are . . ."

"We've heard all that before. So what else is new?"

or (in extreme cases)

"One, two, three, four, what on earth are you conning us for?"

Hopefully, you may never face a collection of adversarial comments like that at one time. Hopefully, you may not too often encounter even one or two of them. But you might. And, the complete speaker should be prepared to identify and deal effectively with such interventions. Let's take a closer look.

"The Scoffer"

"Come on, do you really expect us to believe that?"

Species: "The Scoffer" (Could also be a crossbreed with "Rival" or "Bully.")

Identifying Marks: Tries to identify with audience skepticism. Or engender same. May employ humor. Desires to attack your credibility—or your motives. Or both.

Your Strategy: If he or she interrupts during your presentation and your AUDIENCE AUDIT and your observations on the platform indicate that the audience is not squarely mobilized behind him, politely acknowledge his question, indicate that you will deal with the comment during the Question-and-Answer session. Then leave it up to him to bring up the point again during Q & A. Often he will not! If a vital point is in question, bring it up yourself at that time and deal with it. Or, if the point has already been dealt with in your talk, indicate that. (But don't say, "As I said before . . ." That can be interpreted as a put-down.)

If the "Scoffer's" point needs to be rebutted, your strategy is to reaffirm your identity with the audience's interests. Say something like, "I certainly would not expect you—or the other people at this meeting—to accept this on *faith*. But I suggest that a reasonable person would certainly give it serious weight, when you consider that... (followed by your supporting information).

If the going gets rough, and the "Scoffer" persists in unjustly pursuing you (indeed, becoming in the process a "Rival," or a "Bully," or even a "Yeller"), you may politely:

- Question his authority or expertise.
- Question his seriousness.
- Compare him to other discredited scoffers. ("There were also many people, back at the turn of the century, who said, 'It'll never fly.' ")

"The Yeller"

"Who are you kidding? I've heard that doubletalk before and I don't buy it!" (delivered in a loud voice)

Species: The "Yeller" (Crossbreed: "The Bully" or "God's Angry Man.")

Identifying Marks: Yells. Explosive. Rude. Often red-faced. Filled with righteous indignation that may not even stem from what you're saying. "Yellers" are often not consciously pugnacious. Their attacks may reflect defensive behavior, usually when they feel threatened, or are under excessive tension. Their behavior may range from long, impassioned orations, to sudden explosions of profanity.

Your Strategy: Either way, your initial reaction should be to let the explosion take place, let the "Yeller" yell (for awhile at least), let him get it off his chest. Usually, that cools them down. Then, in the most reasonable, courteous way you can, either present your counter-argument, suggest that the issue cannot be discussed in that kind of emotional atmosphere, or recommend that the discussion be picked up at a later time.

Most importantly, let the "Yeller" discredit himself with the audience. Unless your audience is comprised mainly of really hostile elements (and you should know that *beforehand* by your AUDIENCE AUDIT), the audience will soon tire of his bullying and his shouting.

If there is a moderator, ask for fair play. ("I'd appreciate an opportunity to answer that.") If you sense that the audience has had enough of his rudeness, appeal to them. ("I'd appreciate the opportunity of completing my remarks. Then I'll do my best to respond to that gentleman's comments.")

If the "Yeller" becomes abusive, look hurt and embarrassed for *him*.

If, despite your courteous attempts to proceed, he continues interrupting, merely stand there, shrug your shoulders—and wait. If the audience is anything but universally hostile toward you (and if so, what are you doing there in the first place? Are you some kind of masochist?), they may shut him up for you.

"The Show-Off"

"I was at that meeting and the president really didn't say anything of the kind!"

Species: "The Show-Off" (Crossbreeds: "The Rival," "The Bully," "The Ringleader.")

Identifying Marks: Vain. Competitive with the speaker. Attention-loving. More interested in calling attention to himself or herself than to the topic. Can, if carelessly handled, become a "Yeller."

Your Strategy: Recognize that his or her intervention may very well be prompted not by sincere concern for the issues, but by the desire to attract attention. It is vital, therefore, that you give the "Show-Off" at least token recognition. ("Say, that's an interesting point you raise there. I can see you've done some homework. May I point out, however...") In some cases, that will be enough to end, or at least palliate, his intervention. If he persists in interrupting, or repeats his criticisms, use the tactics covered under "The Rival" and "The Yeller."

Suppose the "Show-Off's" (or any adversary's) information is correct. In that case, grit your teeth, and admit they are correct on *that* point. If giving in on that point destroys your entire argument, you should have prepared better. (Do your homework. Carefully check all statistics and figures.) In that case, pick up what pieces you can and use the candor you have exhibited to reinforce your credibility in other aspects of your presentation. If all else fails, adapt a reasonable and frank stance. Say, "You know, Harry, you're right on this one. I just have to admit it. But on that other point..." There's no point in simply stewing about being wrong! On the other hand, if he's wrong, go very gently about the business of showing him up, lest you suddenly find yourself confronting a "Yeller." ("I can see how Harry might have missed that point, it's a pretty complex one. But the *facts* are . . .")

"The Rival" Or "The Ringleader"

"That's not the way I would handle the situation. I had a similar experience a few days ago and what I did was . . ."

Species: "The Rival" or "The Ringleader" (Crossbreeds: "The Scoffer," "The Yeller," "The Show-Off.")

Identifying Marks: Penetrating voice. Aggressive demeanor. Hypercritical attitude.

Your Strategy: If he knows what he's talking about, this is a dangerous adversary. Whatever his inner motivations, his attack is designed to do one thing: stultify your leadership, create skepticism about your proposition, and replace you as audience-leader. Recognizing this, you've got to react vigorously, but without being defensive. The strategies employed for "The Show-Off" and "The Scoffer" are appropriate. If "The Rival" blows his cool, he may become a "Yeller," in which case, switch to your "Yeller" strategy. That may not be as bad as it seems, because, in becoming a "Yeller," the would-be "Rival" may lose the bulk of his credibility.

"The Clown"

"What are you smoking, anyway?"

Species: "The Clown" (Crossbreeds: any of the above four categories, though he may be too flip to become a "Yeller.")

Identifying Marks: As in the case of "The Show-Off," his prime wish is to attract attention to himself. The fact that, to do so, he must attract attention *away* from you is incidental. Nothing personal, but he may seriously impede your efforts to persuade your audience, simply by distracting them. If he's also a "Rival," laughter may be his way of eroding your credibility.

Your Strategy: If the audience seems amused by his comment, be a good sport, and share their amusement. If not, simply look at him tolerantly. You might even resume what you were saying with the words, "But seriously..." or "Moving right along..." But if you opt for this approach, be good-humored about it. Try to turn the situation around to one in which you and the audience are laughing not *with*, but *at* him. Otherwise, see strategies under "The Scoffer," "The Show-Off," and "The Rival."

"The Passive/Absent"

"? ? ?"

Species: "The Passive/Absent"

Identifying Marks: Whispers to neighbor, reads material (not necessarily related to your talk), repeatedly fidgets, looks around the auditorium, or simply sits and stares.

Your Strategy: What we have here is a difficulty that manifests itself only when conversation or feedback is needed. Provided he or she doesn't distract others, they are relatively harmless, as compared with the other species in our "Adversary Menagerie." Their apparent passivity, however, can mask resistance, hostility, preoccupation, almost anything. Since their passivity is not as overt as the hostility of the "Yeller," the "Scoffer," or other difficult types, the best thing to do is to ignore them —*unless* their participation (particularly in a small group or on a panel) is vital to the success of your presentation. In that case, try:

- Encouraging their participation by asking them an easy question. ("Mary, do you think we're on the right track?")
- Flatter them by appealing to their expertise. ("Phil specializes in tax questions. Phil, what's your opinion?")
- Single them out—cautiously. ("Karen, we haven't yet heard from you. Is there anything you'd like to add?")

(Be very careful that your question is not delivered in a manner that will make the "Passive" feel that you are criticizing him.)

Do not ask "Passives" close-ended questions; that is, questions that can be answered "Yes" or "No." Ask open-ended questions, such as: "What do you think is happening to this program?" or "How do you feel about that point?" This gives them an opportunity to express their feelings.

A little facial and body language is appropriate here. After you ask the question, look at the "Passive" in a neutral, but friendly way. Look at the lips rather than at the eyes. If after 20 seconds, the "Passive" does not respond, you may try to "prompt" a response by saying, "Is there some aspect of the program you'd like to comment on? How about the new safety policy?" If the "Passive" still remains unresponsive, tactfully conclude your efforts by saying, "Well, perhaps now is not the time to discuss that aspect of the program. Let's give it another shot tomorrow."

When you do get a response, don't be in a hurry to reply! Listen actively, and respond only when you are certain that the "Passive" has completed his or her thought.

"The Interrupter/Nonstop Talker"

"Let me say this about that. The facts are blah... blah... blah... etc."

Species: "The Interrupter/Nonstop Talker" (Crossbreeds: "The Scoffer," "The Show-Off," "The Rival.")

Identifying Marks: Thinks nothing of interrupting the speaker or anyone else. Launches into endless diatribes, often digressing into topics not directly related to the subject at hand. Uses "cute" little devices to keep you from intervening, such as "Just a moment, I'm almost finished," or "Please let me finish," or "I'll let you answer in just a minute, but first ..." or "I have this one small point to make..." The "Interrupter," especially the practised interrupter, is very difficult to "cut off at the pass." Here's what you do.

Your Strategy:

- Listen for awhile. That's common courtesy, and he may actually finish!
- After a suitable "waiting period" (a minute to a minute and a half) politely *interrupt*. Raise your hand in a non-threatening manner. Say his name if you know it. Smile. Talk louder than he does. Say, "I can see you've done your homework, but, in the interest of time, may I suggest we continue later. I'd like to give these other folks a chance to talk." (Note: you are now allying yourself with the audience against him.) Be friendly, but firm. Be persistent. (He

probably will be.) Finally, say, "May I add something to that?" or "May I say something?" then proceed to take over, without pausing. (See also, Topic 3 below, "The Delicate Art Of Interrupting.")

- If the "Interrupter" persists, it's time for stronger measures. Say, "I'm sorry, but I simply don't think it's fair for you to monopolize the floor. I realize you're sincere in what you're saying, but we have to give these other people a chance." Then, without pausing, recognize another question. Or pick up with a point you wish to make.
- If, in spite of these strong measures, the "Interrupter" persists in talking away, simply shrug your shoulders, look in embarrassment at the audience and wait. He'll either hang himself, or the audience will shut him up.

"The Chairman Of The Bored"

"We've heard all of that before. So what else is new?"

Species: "Chairman Of The Bored" (Crossbreeds: "The Scoffer," "The Show-Off," "The Rival," "The Ringleader," "The Bully," "The Yeller.")

Identifying Marks: So blasé that nothing is ever new or exciting. He or she has seen and heard it all. Close to the surface, of course, is the attitude that this individual knows it all, and can't possibly learn anything from anyone else. Besides, he probably doesn't like the subject, or you, for that matter. Dissatisfied with what they perceive to be a highly imperfect world, they feel that they have to let others know of their dissatisfaction with the speaker.

Your Strategy: Recognize that the "Chairman" (who may indeed be in the upper echelon) has deep frustrations. Treating him flippantly, or impatiently may result in his becoming a "Yeller" or a "Bully." Tactics:

- Recognize his comment. ("John feels that we're not learning anything new here.")
- Without adopting a hostile attitude, try to isolate him from the rest of the audience. ("Do others among you feel that way?") Chances are they won't but, if they do, it's a good thing to bring it out into the open *right now*. And if they're not getting anything out of your presentation, what happened to your planning, particularly your AUDIENCE AUDIT?
- Give the "Chairman" a limited task, such as suggesting what he believes would be new and productive to him and the others in

the audience. Don't, however, let him monopolize the rest of the meeting. Note his comments objectively and, if they make sense, promise to include them in the program at a later time. Thank him for his input. This last measure provides the "Chairman" in his "Show-Off" incarnation the attention and psychic income he has really been seeking. Having had his "fun" he may subside. Meanwhile, you've shown yourself to be a reasonable and open-minded leader.

"The Heckler"

(Chanting) "One, two, three, four, what on earth are you conning us for?"
Species: "The Heckler" (Crossbreeds: all previous categories inclusive, depending upon his motivation. Or he may be disturbed or downright deranged! Or, in political situations, possibly hired by the opposition to disrupt your presentation.)

Identifying Marks: Heckling has long been part of the political tradition in this country and elsewhere (with the notable exception of Soviet Russia, where hecklers of political officials may have a tendency to disappear). In Britain, where heckling enjoys a long and distinguished history, the heckling is conducted by witty individuals who engage in incisive criticisms and are often themselves the victims of sharp rebuttals from quick-witted speakers. The effect is often to encourage intelligent debate. In America, alas, though there are instances of civilized heckling, heckling can also be brutal, vulgar, or tasteless. People chant meaningless slogans so loudly that the speaker is drowned out. They try to monopolize a Question-and-Answer session with long questions that are merely statements in disguise. They may even resort to egg- or pie-throwing. (Let us hope none of our readers will face these extreme examples of heckling behavior, but they *might*!)

Your Strategy:

- Keep cool. If you've unwittingly fallen into a "mousetrap," in that your entire audience is out to "get" you, something may have gone wrong with your AUDIENCE AUDIT. But, if you're stuck with it, make the best of it. Keep your wits about you. Listen to the heckling with good humor. Try to answer any nasty outburst with a smile, and, if you can manage it, a pleasant rebuttal such as: "Well, there's certainly no mistaking where *you* stand!" or "I feel about as welcome here as an apron salesman at a NOW convention."

- Try to win the audience's sympathy by being good-humored and patient. This does not mean, however, that you should endure gross treatment forever. After having listened for awhile, you raise your hand and ask for their indulgence so that you can answer their comments.
- Appeal to the heckler's (but really the audience's) sense of fair play. "I've listened to you for a while, how about giving *me* a chance?"
- Use the interrupting techniques described in Topic 3 of this section. Once you have the floor, do your best to keep it by ignoring, if you possibly can, any further interruptions.
- If the hecklers are totally unreasonable and refuse to give you your chance, shrug your shoulders, fold your arms, and simply wait them out. The last thing you want to do is leave the platform. That's what the hecklers want. It is the victory they seek. It will give them the opportunity to boast that you didn't have the guts to hang in there. Again, we're talking about extreme cases here, which will probably not occur in your speaking engagements. If they do, comfort yourself with the realization that, although the hecklers may have interrupted, they have, by their brutal behavior, lost credibility, you by your courage and reasonableness have gained it. And that's a victory for persuasion, isn't it?

Like most wild animals, the denizens of our "Adversary Menagerie" can be tamed—with a little understanding, pounds of patience, and the simple determination not to be deterred from your PURPOSE. So drop the whip and the revolver. They are not appropriate to the management of these carnivores. Use a chair if you have to but, most of all, *kill them with firm kindness*.

In this, as in other adversary situations, you can be a nice guy and finish *first*.

Exercises

- With the help of a colleague or, better still, a few colleagues, practice the adversarial Question-and-Answer session. Have your associates role-play all of the unruly types enumerated above. Let them come at you pell-mell, even exaggerating their assumed unreasonableness or rudeness. Like D'Artagnan, keep them at sword's length by your footwork, your gentle ripostes, your verbal thrusts if necessary. Above all, try to keep that smile on your face.

- Now, switch. You join the "mob" and try the tactics of the various adversarial types, as one of your colleagues role-plays the speaker. Try to get the feel of "where they're coming from." Make up lists of wretched, tendentious, disingenuous "questions" and statements disguised as questions. Measure your subjective reactions to the speaker's defense efforts.
- Now, switch back again. Try to "tune in" to the adversaries' feelings and attitudes. Use the various techniques we've discussed, including the techniques in Part III "Questions As Tools Of Persuasion."

During your adversary practice drills and, when confronted with the "real thing," don't forget the importance of good delivery style. Go over your SPEAKER'S ASSESSMENT Checklist before every presentation. Continue to grade your progess against the items on that checklist. Don't spoil your audience's appetite for your information by serving it up unattractively.

Topics 2 and 3 below will furnish you with additional ammunition against adversaries.

Topic 2:

How To Persuade By Listening, Or A Soft Ear Turneth Away Wrath.

Objective:

To develop listening as a tool of persuasion, especially in adversarial situations.

Average reading time:

5 minutes

> You can never frighten an adversary into conviction.
>
> —Anon

There's an old adage that goes, "God gave us only one mouth, but two ears. Perhaps He was trying to tell us something." This is a book about speaking, not listening, but I would be remiss not to mention, at least in passing, the role of good listening in the persuasion process. The virtues of listening are many, among them:

- Listening gives you information you need.
- Listening is contagious.
- Listening enhances your credibility with your audience.

Far from being a passive activity, listening plays an active role in persuasion, conveying such important information to other people as:

"I am interested in you (even as an adversary) as a person."

"Even if I don't agree with you, I respect your point of view."

"I think you are worth listening to, and I want you to know I'm the kind of person to whom you can talk."

It may be hard to convince another individual that you respect him or her merely by telling him so, but active, interested listening can convince him.

To Listen More Effectively

Get Ready!

- Become physically alert.
- Concentrate your full attention and interest on the speaker.

Tune Ears In!

- Pay close attention.
- Listen for main ideas.
- Check for facts supporting main ideas.
- Respond to the speaker's feelings or attitudes.

Use Your Eyes!

- Keep good eye contact with the speaker.
- Watch facial expressions for clues to the importance of what he is saying.

"Zero" In With Your Mind!

- Think along with the speaker.
- Pick up the central idea he is trying to convey.
- Get supporting facts, statements, questions clearly in mind as you listen.
- Listen intently for voice tone, emphasis, and inflection that will clarify the meaning behind his words.
- Keep alert to his point of view.

Respond As You Listen!

- React to what is being said.
- Let the speaker know you are following him.
- Concentrate your full attention . . . your full reactions to what is being said.

Listen With A Pencil!

- Keep a notepad handy.
- Develop your own shorthand.
- Concentrate on noting key words and phrases.

Let's consider for a moment, one specific approach to listening as a tool of persuasion, especially in conflict situations.

Ever been approached by a member of the Hare Krishna Society at an airport? They may shave their heads, wear funny white or saffron robes, and generally be perceived as outside the vale of business society, but don't underestimate them. Their roots may be in Calcutta, but their sales techniques are right out of the American mainstream. What is the first thing they do when they see you coming? Right, they give you a flower. Why? Because they know that the average individual, even those who wanted neither the greeting nor the flower, still feel that they now owe the Hare Krishna representative something. It's part of our national tradition, I would guess, this idea that you should not take something without giving something back in return. It's the principle of *reciprocation* in action. (For further on reciprocation see Robert Cialdini, *Persuasion Principles*, PR Journal, October, 1985.)

Without either shaving your head or making a voyage to India, you can learn something from the Hare Krishnas. Listening often begets listening. A soft ear turneth away wrath. Being polite, even genuinely interested in an adversary's question or comment, tends to be disarming. Although there are exceptions, even a fierce antagonist may feel obligated to listen, in return for your attention, to your point of view. After listening to the adversary question, it's frequently a good idea to repeat the question. Why? Because:

- It gives control back to you. Now *you* are the one doing the talking.
- It gives you the opportunity to rephrase the question subtly, perhaps making it easier to answer.
- It gives you time to think of your response.

So, cultivate the art of being a "L.L." That's a "Lovable Listener." As Wilson Mizner once commented, "A good listener is not only popular everywhere, but after a while he knows something."

Topic 3:
The Delicate Art Of Interrupting.

Objective:
To perfect the art of interrupting as a tool for survival and persuasion in dealing with adversaries.

Average reading time:
5 minutes

Exercise:
1

The mind is refrigerated by interruption.
—Samuel Johnson

In the Topic 1 section (pp. 175-185) we touched upon techniques of tactfully interrupting an "Unruly." Now let's examine more fully this delicate subject.

From earliest childhood, most of us are brought up to believe that interrupting is impolite, the act of a rude or uncaring person. But is it so? Do we *always* regard the interrupter as a boor? Do we *always* perceive the act of interrupting as somehow gross and unfair? Of course not! We go through our lives interrupting and being interrupted continually—by our bosses, our colleagues, our children, our families, friends, and even strangers. Are we always angry at being interrupted?

It's a matter of timing–and of attitude. If we are in the throes of making a well-thought-through "pitch" to the boss for an expanded budget on our pet project, and he or she interrupts to ask, "Would you go over that last point again? It sounds valid, but I want to be sure I'm following you." are we angry? Not at all. Indeed, that kind of "interruption" may be a sign of interest, even receptivity. If a friend invites us to a party, and breathlessly assures us it will be the social event of the year, or at least of the week, are we "offbase" if we interrupt the enthusiastic presentation to say, "I'll be there with bells on! What time do you want me?" No way!

So, to be a successful, but non-aggressive interrupter you need first to rid yourself of the misconception that interrupting is bad behavior. You can interrupt when:

- The speaker has omitted some key information. ("Excuse me, Harry, but how much will this new computer cost?")
- The speaker assumes knowledge you do not possess. ("Hang on just a second, Sally. You've lost me. Please define what you mean by a "super prompt critical excursion.")
- The speaker goes too fast for your comprehension. ("Hold on, John, I know you're enthusiastic about this new extrusion process, but you're going a little too fast for me, and I want to understand what you're driving at.")
- The speaker (in this case possibly an adversary) has accidentally or designedly distorted a vital point—or misrepresented something important you've said. ("Wait a second, please. I didn't say the earth was flat. I said it was not a perfect sphere.") Yes, it might possibly be prudent to let the adversary finish his point, but when will that happen? And how long should you wait before correcting a potentially devastating misstatement? (On the other hand, if the point is inconsequential, it may be prudent to ignore it. No use being "picky, picky, picky.")

Having opened the meeting to questions, you recognize that a particular member of the audience is using the question period as an excuse to deliver long speeches or is attempting to monopolize the floor. Should you stand there forever, listening? There is a limit, after all, even to polite listening, isn't there? When your judgement, or audience restlessness indicates the time is ripe, you must put an end to it. Try something like, "I can see that you are very sincere about this subject, and I'd like to let you go on, but it wouldn't be fair to the rest of those who have questions or comments. Could you please wind up, so that I can give someone else a chance?" Rude? Only if the monopolizer is an egomaniac who deliberately intends to disrupt your meeting, or who frankly just doesn't give a damn about the audience. In which case, by being overpolite to that individual you are really being rude to your audience.

The foregoing are examples of *timing*, when it is appropriate to interrupt. Now, a few words about *attitude*: When you interrupt, be helpful, not antagonistic. Be enthusiastic, not irritated. Smile, don't frown. Seek to defend the audience's interest. ("Let's give some of the other people out there a chance to participate.") Where appropriate, seek clarification. ("Can you hold on just a moment? Is what you're saying . . .?") which has the additional virtue of returning control to *you*.

Here are some specific techniques for tactful interrupting:

- If you know it, speak the person's name. (From infancy onward we are taught to listen when someone uses our name. That pause is your opportunity to regain control.)
- Talk louder. (But not stridently.)
- Talk softer. (Often has a hypnotic effect.)
- Talk "through" the other person, but always with a smile, or at least an agreeable manner.
- Say, "May I add something to that?" or "May I interrupt for a moment?" or "Excuse me, but . . ." Then go right ahead and talk. DO NOT WAIT FOR PERMISSION. (It probably won't be granted.)
- Extend your hand gently, almost apologetically, toward the other speaker. (Not in a threatening manner, or too close. Respect the other individual's "space.")
- Establish eye contact and gently shake your head negatively.

No No's

- Don't agree—unless it is to your advantage.
- Don't automatically nod affirmatively to show you are listening. That can easily be interpreted as acquiescence.
- Don't get angry or personal. ("You know, Jack, the trouble with you is you never give anyone else a chance to get a word in edgewise!")
- Don't give up.

Resisting Interruption

Resisting interruption is the obverse of the interrupting coin. Use the same techniques to resist interrupting as you would to interrupt. The main thing to remember is to complete whatever significant statement or line of reasoning you have begun. Don't be mesmerized into stopping because someone else is trying to interrupt. Wave him or her off pleasantly, with a smile. Say, "I know you want to say something, but I'd appreciate the opportunity to finish." AND KEEP ON GOING!

If it comes down to a battle of wills, the one who wants to speak most and has the strongest PURPOSE will win.

What happens if you both refuse to give up, if the level of mutual interruption reaches the point of stridency? If, in short, it becomes a cat fight? Okay, don't be a cat. If you've stoutly resisted interruptions, if you've made an assertive effort to get your two cents in, and your adversary simply will not respond, then . . . back off with a pleasant smile, and let him go ahead and rant. In such a situation, who wins? Nine out of ten times *you* do. But it won't work unless you put up a stiff fight to begin with.

Remember: an interruption is not necessarily a discontinuation of communication. It may be the *key*.

Exercise

- Pair up with a friend, and practice making complete statements in spite of interruptions, using the techniques described in this chapter. Take turns being the "presenter" and the "interrupter." Have a third person observe and provide feedback as to if or when the interrupting process becomes unpleasant, shrill, or raucous. Fine tune your interrupting techniques until you are perceived as the good guy.

Topic 4:
Assertiveness vs. Aggressiveness.

Objective:
Learn the difference between firmness and pugnacity; how to be a nice guy, but finish *first.*

Average reading time:
3 minutes

> In order to persuade someone to your way of thinking it is necessary that he first pass through a stage of resistance ...when he opposes you, marshals arguments contrary to yours, he leaves himself open to convincing.
> —Jesse S. Nirenberg, *Getting Through to People*

Aristotle made the expression "The Golden Mean" famous. He was referring to moderation—intellectual, moral, and aesthetic balance as the key to the civilized individual, adding the stern corollary, "nothing in excess."

Some twenty-three centuries later the wise Greek philosopher's advice is still, well, as good as gold—particularly for the speaker. The speaker, that risk-taker, must each time he or she confronts an audience thread a parlous path between meekness and pugnacity, conviction and sweet reasonableness, energy and intimidation, talking and listening. How forthcoming should the speaker be before he or she is perceived as overly blunt? How enthusiastic should the speaker be before he or she is taxed with "coming on too strong"? How is the speaker to be positive and firm, yet not labeled with that most terrible of all labels, "pushy"?

Aristotle's "Golden Mean" to the rescue. It is merely a matter of moderation, of distinguishing between assertiveness and aggressiveness. Here are the characteristics of the two approaches.

Aggressiveness

Aggression: (**L. aggressus**, pp. of **aggredi** to attack) **1:** a forceful action or procedure (as an unprovoked attack) esp. when intended to dominate or master **2:** the practice of making attacks or encroachments; esp.: unprovoked violation by one country of the territorial integrity of another **3:** hostile, injurious, or destructive behavior or outlook esp. when caused by frustration

Aggressive 1a: tending toward or practicing aggression **b:** marked by combative readiness **2a:** marked by driving forceful energy or initiative **b:** marked by obtrusive energy

(*Webster's New Collegiate Dictionary*)

With the possible exception of 2a, most of the definitions are pejorative, at least from the point of view of the persuasive speaker. Most people (and audiences) tend to respond to hostility with hostility, to an unprovoked attack with counterattack or at the very least, defensive behavior, to obtrusive energy, with obtrusive rejection.

Now, let us contrast aggressive speaking behavior, with *assertive* speaking behavior.

Assertiveness

Once again, Webster:

Assert: (L. **assertus**, pp. of **asserer** fr. **ad** plus **serer** to join) **1:** to state or declare positively and often forcefully or aggressively **2a:** to demonstrate the existence of . . .

Assertive: disposed to or characterized by bold or confident assertion

The key is *degree*, attitude. The aggressive speaker uses overkill.

The assertive speaker is content with stating something positively, with offering a *shared meaning*. Aggressiveness is a weapon for battle. Assertiveness is a skill that, when practiced effectively, responds to the gentle dictum, "Come, let us reason together." The aggressive speaker leaves the impression that his or her opinion is all that counts and that the rest of us better bloody well understand that. The assertive speaker, no pantywaist he or she, is capable of stoutly maintaining a point of view, but is neither blind to the existence of other opinions, nor mulish about hearing out the other guy. The assertive speaker is a caring listener.

In a word, the aggressive speaker creates barriers to persuasion, the assertive speaker lowers them.

SPEAKER'S ASSESSMENT CHECKLIST

Fill out this checklist, paying particular attention to your areas of perceived strength and weakness. Each time you prepare a spoken communication, review this checklist as you work on Conflict Management—Ruling The Unruly. As you progress you should be adding to your list of strengths and reducing your list of weaknesses. Be sure to refer to this checklist before making any presentation.

Types of adversaries I may encounter include:

____

____

____

____

Tactics I will use to defuse and control these adversaries:

____

____

____

____

____

____

The speaker should never ☐ interrupt.
always ☐
sometimes ☐

The Delicate Art Of Interrupting includes:

____

____

____

____

____

____

When closing the meeting, the speaker should

- thank the audience. ☐
- smile. ☐
- reinforce PURPOSE. ☐

My strengths in handling adversaries are:

____

____

____

____

____

My weaknesses in handling adversaries are:

____

____

____

____

____

Part V
Messages, Mini-Speeches, And The Media: Delivering Information In A Minimum Of Time

The security of the nation is not at the ramparts alone. Security also lies in the value of our free institutions. A cantankerous press, an obstinate press, an ubiquitous press must be suffered by those in authority in order to preserve the even greater values of freedom of expression and the right of the people to know.

—Federal District Judge Murray I. Gurfein

Topic 1:

Demystifying the Media: A Beast of Burden or a Beast *and* a Burden?

Objective:

To learn how the persuasive speaker can communicate effectively via the media interview.

Average reading time:

10 minutes

> "In Czechoslovakia, there is no freedom of the press. In America, there is no freedom *from* the press!"
> —Tennis Champion Martina Navratilova

For a growing number of executives, the mass media play an ever-growing role in the public perception of their organizations. In these days of super-sensitive environmental concerns, militant consumerism, and a tendency among many members of the public to view business with a jaundiced eye, the media have decided that business is news.

Fortunately—or unfortunately—depending upon your point of view, more and more executives are being called upon to provide media reporters with interviews—or to participate in on-air panel shows and discussions. The meaning of this "media appetite" for business executives is clear. Be prepared. Be prepared when the reporter comes to see you. Be prepared to spend a lunch with a journalist. Learn the techniques of facing the camera, whether it be in a television studio, on a construction site, or on closed circuit TV.

Those who have been "burned" by the media, and those who have heard about others being "burned," often entertain a sneaking feeling that the world would be a better place without the media. Nothing could be further from the truth. If you recognize that the media need not be a threat but an opportunity, and that the reporter need not be an adversary but a collaborator, you'll be on your way to enlisting the media as your platform for persuasive presentations.

And, if you feel that those media interviews are for the "other guy," you should also recognize that in one way or another your organization is going to get media coverage. To paraphrase Shakespeare, "Some are born to greatness, some achieve greatness, and some have greatness thrust upon them." It's your choice as to whether you wish to be a "thruster"—or a "thrustee."

Still, this chapter may not be for you. It may be that your present position simply does not bring you into contact with the media. Nevertheless, I suggest that you read it through, for two reasons:

1. As you move up the career ladder, the probability of your being confronted with a media interview will grow ever greater. Moreover, the measurement of your management performance may well include your ability to deal with the media.
2. The principles embodied in media interview skills may readily be applied to any kind of verbal communication, in-company and outside the company.

"Some Have Greatness Thrust Upon Them"

The Positive Approach To Media Interviews

The practical tips that follow are distilled from over 15 years in the public relations business, prepping clients for media interviews, and an equal number spent in professional coaching of organizational spokespersons facing print, radio, and television interviews. These tips reflect considerable input from the media professionals themselves, seasoned and skillful radio, television and newspaper reporters, who have no axe to grind, and who are more interested in getting a story out than in doing you *in*.

The subject of handling media interviews is vast and complex. In this chapter, space permits only touching a few highlights of the subject. But they are useful highlights, which, given proper study and application can spell the difference between success and disaster.

The media interview can be a real pressure cooker. But that doesn't mean that it's your goose that gets cooked. In fact, properly approached a media interview can offer you the chance to cook up some tasty fare for your audience.

Topic 2:
What To Do Till The Reporter Comes.

Objective:
To learn how to prepare for a successful media interview.

Average reading time:
10.5 minutes

> Three hostile newspapers are more to be feared than a thousand bayonets.—Napoleon Bonaparte

Let's suppose that for some reason your company becomes of interest to the media. These reasons, often called "newshooks" by the media reporters themselves, could include:

- An accident or problem at the plant.
- The opening of a new office or plant.
- An environmental problem.
- An award for outstanding performance or citizenship.
- A strike.
- A lawsuit.

You can see from even this short list that media interest may be sparked by a positive or a negative occurrence. Either way—and this is fundamental—you should have at the outset a clear, specific, communications *purpose*—an answer to the question, "Why should I agree to this interview?" If the media query comes through your public relations department (or if you are part of the public relations department!), you should ask such additional questions as:

"How can our company benefit from this interview?"

"What negative issues can we defuse?"

"What positive messages do we wish to convey?"

"Where and when will the interview take place?" (Often you can suggest time and place with the reporter.)

"Who is the right person to conduct this interview? Is it me? Or someone else? Or do we need several individuals?"

These and other initial questions that come to mind should be discussed with the p.r., public affairs, the technical departments involved, even the legal department when appropriate.

Analyze The Media Inquiry

- Is this a news interview (often urgent and short)? Or a feature (usually not on a short "deadline," often more lengthy, detailed, and thoughtful)? In print, for example, it's the difference between a front-page news story about an earthquake, and a Sunday feature about the Richter scale. Or a headline item on the 6:00 p.m. television news on who won the election vs. a PBS panel show two weeks later on the nature of the Electoral College.
- How long a "piece" is the reporter looking for? For the nightly news, he or she may only want a 20-second "sound bite." For a major documentary on local labor conditions, they might want to shoot for hours or even days!

Audience Audit

Who is the audience? I mean, the ultimate audience. It may range from stay-at-homers who are watching their favorite morning talk show to businesspersons reading the headlines over their morning coffee.

Profile The Reporter

- Who am I talking to? Not just the name, but some indication of the reporter's attitude toward you and your organization. Is he or she impartial, or prejudiced for or against you? Does the reporter understand your business? What kind of stories has the reporter done on your organization or organizations similar to yours in the past? (If possible, get hold of the articles, or tapes, or transcripts of the broadcast interviews.)
- If you believe the reporter will be prejudiced *against* you, then, confronted with such a potential adversary, a natural question should be, "Why should I do this interview at all?" In general I hold that, even in an adversarial interview, the game is worth the candle—simply because, if you have a sound, well-thought-out agenda of your own, you have the opportunity to defuse some negatives and communicate some positive messages. Moreover, a true adversary, denied access to your information, may either make a public point of your unresponsiveness ("... could not be reached for comment") or present only the viewpoint of your opponents, which can be counted on to do you very little good indeed.

How To Organize And Structure Your Responses

There are two keys to preparing for an interview:

- What will the interviewer ask?
- What do I want to say?

A few years ago, a colleague and media instructor in my seminars, Richard Carlson, an Emmy-award winning investigative reporter, while serving as a senior vice-president of a large savings and loan organization, had the daunting task of facing Mike Wallace on "60 Minutes." One of the first things that Dick did, after following many of the steps outlined above, was to sit down with his public relations people and legal counsel, and make a list of every conceivable question Wallace might ask and every accusatory statement he might make. The resulting list came to over fifty such items.

In the days that followed, Dick carefully composed concise, positive answers to the anticipated questions and statements, and then rehearsed these "Mini-Speeches" with his associates. These responses were taped, critiqued, revised, and practiced, until you could have awakened Dick at four o'clock in the morning with a Wallace-type question, and the "Mini-Speech" answer would have come out automatically. A lot of trouble? Wouldn't you be willing to do the same if you were faced with a "60 Minutes" confrontation and an audience of 40-million viewers?

The effort paid off. Carlson's interview successfully defused the negatives hurled at him by Wallace, and indeed helped him communicate an image of his company as reasonable, efficient, and compassionate.

In all of this preparation, Dick and his collaborators continually asked themselves and one another, "What is our *purpose*? What kind of positive messages can we get across about the company, while at the same time disarming Wallace?" Indeed, if you remember one word from this chapter, it should be the word PURPOSE. (See Part II Topic 3 "PURPOSE, PURPOSE, PURPOSE.")

Length Of Message

A major difference between print, radio, and television news interviews involves the *length* of your responses. Answers to print reporter questions can run a minute, or longer. If the reporter is not clear, or wishes further amplification, he or she simply crosses out, or adds more notes. Further, those notes are not immediately exposed to the journalist's audience.

Answers to TV or radio new reporters' questions (whether live or taped) must be concise. Specifically, the target length should be 20 seconds. Why? Because that is the average length of interview responses used on TV and radio news programs. (Some run a few seconds shorter, some a few seconds longer, but 20-seconds is an excellent standard length.) In the broadcast business this is termed a "sound-bite" or a "news-bite." It is none other than our old friend, the "Mini-Speech" adapted for radio and television.

Since radio and TV news interviews are frequently taped, the reporter must bring the tapes back to the station where he or she and the news editor review the tapes and, under considerable time pressure, select those "sound-bites" that are most easily integrated into the news broadcast. If your answers are too long, no matter how informative or witty they may be, they'll probably end up on the cutting room floor or be edited in a way you may not like. If they are 20 seconds long they may fit in perfectly. [Years ago, I used to advise my clients to frame answers of 30 seconds or less, but times have changed. The "sound-bites" used on most radio and TV news programs these days are now down to 20 seconds or less. Of course, there are occasional exceptions. Should the President of the United States, at a media conference, be answering a question about nuclear disarmament, or the Middle East situation, that's very special. But you're not the President of the United States. If you'd like to check it out for yourself, try timing the responses you hear on the nightly news.]

Topic 3:
What To Do *When* The Reporter Comes.

Objective:
To learn the techniques of the successful media interview.

Average reading time:
11.5 minutes

Exercises:
2

In the media, friends may come and go, but enemies accumulate.—Anon

Live Vs. Taped Interviews

Tape

Disadvantages: Suppose you make some particularly brilliant statement during a taped interview, one that perfectly presents your company's point of view. Will the reporter—or the editor—automatically put it on the air? Of course not. They may decide that it doesn't suit their purpose or fit into their "story" as effectively, or as dramatically as something else you've said. So, there are no *guarantees* that even if your "Mini-Speech" is 20 seconds, has a hook, and is well-delivered that you'll get it on the air. (Wouldn't life be simple if you could?) On the other hand, suppose you goof. Suppose because you have not properly prepared for the interview you inadvertently say something you wished you had not said. Well, a lachrymose plea to the interviewer to "give you a break" may or may not fall upon sympathetic ears. You (and your company) may be stuck with a "baddie." That's why it's so important to dry run your responses.

Advantages: What you say does not go out immediately on the airwaves. If the reporter is merciful (or merely as eager as you are to bring a piece of tape to his or her editor), and if you goof, you can simply say, "You know, I think I can say that a little better. Can we try it again?"

Live

Disadvantages: The biggest disadvantage is that if you say something negative or embarrassing on a live radio or television program it is immediately seen or heard by the vast audience out there in "radioland"

or "videoland." But this disadvantage is not restricted to live broadcasts. Remember, there is no such thing as a "dead mike" when it comes to putting your foot in your mouth.

Advantages: The biggest advantage is the "flip" side of the aforementioned disadvantage, i.e. once you've said something it's out on the air and beyond any human power of being recalled—even by your program host. What an opportunity! If you've prepared properly, you can deliver your positive message with full confidence that all those people out there are getting it at the speed of light. So, don't be intimidated by the live, in-studio interview!

Appearance

The first thing you need to know is that, despite the presence of make-up experts in a studio (should you be in a studio), or even the presence of a sympathetic reporter, you cannot rely on others to insure how you look. YOUR APPEARANCE IS YOUR OWN RESPONSIBILITY. In addition to previous tips in this book (See Part I Topic 7 "Dressing For The Persuasion Occasion") here are specific reminders for television appearances:

- Avoid white blouses or shirts. Though it isn't as true as it used to be (cameras are better), pure white still tends to "bloom" or "flare" a bit. You're better off with solid colors, especially tans, greys, and toned-down blues.
- Avoid large prints or floral patterns. Opt for more conservative narrow stripes or solids.
- Avoid flashy jewelry, rings, watches, and the like. No diamond pinky rings—unless you're a candidate for a role in "Godfather III." If female, avoid jewelry that clinks or rattles.
- Make sure your tie, your seams, or whatever else is straight. Don't depend upon anyone else to tell you your shoes are unlaced before you trip over them. Check out your own hair in a mirror before you go on camera.
- If you are sweating, have a "high" forehead, or an oily skin, either pat yourself down with some translucent or skin-colored powder, or simply "blot" (blot not rub) the shiny areas with a tissue. The least appearance of "sweating it" works to your disadvantage. Use a light application of base makeup. Male executives with heavy beards should shave before facing the camera.

Conduct Toward The Interviewer

- Be courteous. Being courteous, however, doesn't mean being a doormat. Recognize that as an interviewee you, too, have rights.

The right to be treated, if not with deference, at least with some semblance of politeness. Nor are you obligated, like an obedient child, to acquiesce in every statement or question your interviewer asks. There's nothing wrong, for example, if you're asked a question outside of your area of expertise or responsibility, with saying, "I'd really like to answer that one for you, but, frankly, it's not in my area of expertise. If it's important to you, however, I'd be glad to try to get an answer for you."

- Recognize your own superior information. Although some media interviewers may do their homework on the topic of your interview, most do not have time to study your field thoroughly. So, have confidence in your own knowledge and don't hesitate to politely correct a misstatement.

Recognize Your Own Superior Information

- Be a good listener. Make sure you answer the question that is asked—but be alert enough to adapt a question to your own PURPOSE, and use pre-rehearsed "Mini- or Midi-Speeches." (The more you have, the easier it is to input information you wish to convey.) Make positive statements assertively, but not belligerently or condescendingly. Listening is especially important in an adversarial interview to avoid misstatements (often unconscious) going unchallenged.
- Talk to the interviewer, not to the camera. Whether news or talk show, the camera is usually aimed at you from behind or over the shoulder of the interviewer. By talking to the interviewer, you are facing the camera. On rare occasions, when you wish to address a television audience directly, you may talk right to the camera, but that can be interpreted as "showboating" and is not very courteous to the reporter.
- Keep the language simple. Avoid technical terms, corporate jargon, acronyms and "buzz words." There's no use confusing—or frustrating—the reporter and the reporter's audience by talking a language that is only a little bit tougher to understand than ancient Albanian.
- Avoid "Yes" and "No" answers. Such responses often leave both the reporter and the audience unsatisfied. Moreover, a simple "Yes" or "No" may leave the audience with the wrong impression.
- Don't be afraid to add a brief explanation to your answer. On the other hand, don't overqualify your answers. The video viewer rarely craves intricate details.
- Show concern for the audience's concerns. Avoid the disembodied corporate "We." A few years ago, the divisional manager of a midwest utility was asked on a local TV news program to explain a tragic accident in which a young boy had been electrocuted by a downed power line. The interview went something like this:

Reporter: "What about that 16-year-old boy who rode his bike into a puddle and was electrocuted by a downed power line?"

Manager: "I didn't hear about that. Where did it happen?"

Reporter: "In the X area."

Manager: "Whew! That's okay, then. It's not in my division."

Not what might be described as an overwhelming demonstration of sympathy!

or

Reporter: "What about little Jimmy McDonnell?"

Manager: "Who?"

Reporter: "You must know that, sir. It's the little boy who died of pneumonia after your company shut his family's power off in the middle of a January snowstorm. How do you feel about that?"

Manager (after a pause): "Well, we don't think it's good for the company and we don't think it's good for the customer."

Reporter: "I hope you'll admit, sir, that in this instance it was a little harder on the customer than on the company."

An example of a more humane reaction to an interview question is an executive's response to a well-known TV investigatory reporter's line of interrogation for a network TV "expose" program. The program was digging into alleged improprieties by a large, mid-western manufacturer which, it was claimed, had been selling expensive central air-conditioning systems to residents of impoverished neighborhoods, and, when they were unable to meet the payments, threatening to take their homes away. The executive, a senior vice president of the lending institution which held some of the loans involved, had been selected by his chairman to defend the organization's position on this sensitive issue. The gist of the dialogue between the executive and the investigative reporter was as follows:

Reporter: "Is it true that your organization holds some of the paper on these loans?"

Executive: "That's correct."

Reporter: "Have you foreclosed on any of these poor, unfortunate individuals?"

Executive: "Of course not. I thank God that we have not done anything like that. We're not in the business of intimidating or bullying our customers. We respect them and we do our best to understand their problems."

Reporter: (brandishing one of the air-conditioner purchase contracts in the executive's face) "Anyway, I would defy a doctor of jurisprudence, much less these poor, unfortunate victims, to make head or tail of this legal jargon."

Executive: "I couldn't agree with you more. It might interest you to know, however, that we did not create the wording of those contracts. The state did. As a matter of fact, our organization is currently working with the state to simplify the language of such documents so that future buyers will have a better understanding not only of the benefits but of the risks involved in such transactions. We only wish it had been possible to simplify the contracts sooner; perhaps innocent people would have been spared some suffering."

In fact, the executive preempted the reporter's position as "defender of the oppressed." It was the executive, not only by showing compassion, but by exhibiting superior information, who identified with the victims' problems. Result? The short excerpts of the interview that were used on the TV program created a positive, not a negative, impression of his company.

It is not enough to feel sympathy for the victim of an unfortunate occurrence. That sympathy must be *expressed.*

As a corollary of the above, recognize that emotions as well as facts affect an audience. Being "unflappable" is not necessarily the key to making friends with the public.

- Beware of the overzealous reporter who fires one question after another at you, without giving you the opportunity of responding. Simply and politely stop him by saying, "You've raised several interesting questions here. Please give me a chance to answer them. Now, the answer to the first question is . . ."
- Don't be shy about reaffirming your credentials. The reporter and the audience should be reassured that you are qualified to discuss whatever it is you're being interviewed about. ("Well, in the past ten years of working on this project, I've discovered that . . .")
- Show genuine concern for the viewer's interests. Avoid talking about "The Company," "They," or "We" as if the entity was divorced from human considerations.
- Don't get into a discussion of something you're really not qualified to talk about. ("I'm not a nuclear physicist, but I'll try to go through the basics of quantum mechanics for you.")
- Don't be scornful or hostile toward critics of your organization. Acknowledge the sincerity of their beliefs and make the point that honest persons can have honest disagreements about critical issues.

- Don't let the reporter set the entire agenda for the interview. You have the right to introduce topics or aspects of the interview topic that you wish to talk about. Often, the reporter, who is not expert in your field, will welcome your input into the process. (A good time to make suggestions is during the short "chat" you usually have before the tape or the cameras start rolling.)

Physical Presence

In addition to the interview tactics listed above, here are a few tips on physical behavior:

- Don't lean back away from the interviewer as if fearful or suspicious. If you are going to lean at all (especially if the interview is done seated), lean slightly toward the interviewer.
- Maintain eye contact with the interviewer, especially when making a key point or delivering a "Mini-Speech." It's okay to look away while you're thinking but talk to the interviewer's eyes.
- If you use notes during the interview, don't read from them.
- At the conclusion of the interview, smile, chat confidently. (On a live, in-studio interview this is vital. No matter how rough the going may have been you want the audience's last view of you to be a positive one.)
- Recognize that, especially on television, your *style* of delivery counts. How you say it may be as important as what you say. Try to be animated, not flat; enthusiastic, not dull.
- Try to enjoy the interview. Yes, you're nervous. Yes, you may be under pressure. Yes, you may feel uptight. But, after all, you're also being given the opportunity to make some positive points about your organization. And, if you concentrate on what you have come to say, you may well find yourself relishing the communications process. Remember that, properly prepared and conducted, a media interview can be stimulating—and productive for your company and yourself.
- Openings and Closings. The two most important impressions you can make on any audience, media or non-media, are the first impression and the final impression. Whether it be a print, radio, or television interview, with an impartial, friendly, or adversarial reporter, "get off first." Start warmed up. Use one or two of your sharpest hooks at the beginning—and at the end.

Exercises

- Work up a scenario for a TV or radio news interview with a friendly reporter. Do an AUDIENCE AUDIT. Develop—and write down—a PURPOSE. Make up two or three Mini- or Midi-Speeches. (Don't forget the "hook" and "asking for the order.") Make up a list of questions you think the reporter will ask. Have a colleague ask you those questions and practice your responses. Time the Mini's. Are they 20 seconds or less? Time the Midi's. Are they 90 seconds or less? Tape the interview and play it back. How did you do? Work up a scenario for a TV or radio news interview with an adversarial reporter. Follow the same steps outlined above for the friendly reporter. Pattern these scenarios on programs you've actually seen or heard on the air.
- Switch roles. Have your colleague be the interviewee and you role-play the reporter. What are you after in your story? What's your attitude toward the company? Toward the interviewee? What other concerns do you have? (E.g. deadline, a finicky editor.) Tape that interview. Listen to yourself. Understand that most reporters, too, are trying to earn a living by doing their job and that they, too, may be under pressure during the interview.

Topic 4:
When *Not* To Do An Interview.

Objective:
To avoid getting unfairly clobbered.

Average reading time:
2.5 minutes

> There's a passage in *War and Peace* that every new Governor with a big majority should tack on his office wall. In it young Count Rostov, after weeks as the toast of elegant farewell parties, gallops off on his first cavalry charge and then finds real bullets snapping at his ears. "Why, they're shooting at me," he says, "Me, whom everybody loves."—William L. Rivers, "The Press As a Communication System," in De Sola Pool and Schramm, *Handbook of Communication*

For most media interviews, the game is worth the candle. Most reporters are simply trying to get a story. If by understanding their craft, their problems, their technical limitations, and their needs, you help them, the interview will usually help your company.

Yet, a wee, small voice insistently demands, "Are there, then, no interviews that should be refused?" Well, every rule has its exception, I suppose. I can think of a few, unusual situations in which discretion would be the better part of valor. For example:

- Years ago there was a late-night interviewer who was, frankly, a little loopy. His maniacal diatribes knew no bounds and he was not above shouting at a guest on his program, "Why don't you step into the lobby and gargle with razor blades?" His audience must have been comprised largely of sadists who enjoyed the spectacle of a grown person being hectored, insulted, humiliated. Should you have the misfortune to have such a personality in your media community (and I truly believe this is a *rara avis*), I think avoidance of an interview would be appropriate. After all, in a situation like that, what happens if you do your job as an interviewee perfectly? Not much. The best you can hope for is survival. In this instance the game is *not* worth the candle.

- If you're sure you're being "sandbagged." Example: If the interviewer or one of the TV or radio station staff tells you that you are the only one to be interviewed, and when you arrive at the studio you are confronted with two of your fiercest adversaries who, you are now told, will debate the issues with you on the air, you've been "had." In that case, you have every right to insist that the interviewer stick to his or her original commitment—or take your leave. There are, regrettably, unethical persons in every walk of life and the media are no exception. Such instances, in my experience, however, have been rare.
- If you have not been given an opportunity to prepare. Example: Your telephone rings and the reporter's voice says either, "You're on the air," or "I'm on deadline and I need a statement on the plant accident right now." Suppose you haven't yet heard about the accident? Suppose you've just learned of it and are in the process of finding out what happened and preparing a statement for the media. You are certainly in no position to make a public statement. Your best move, at such a time, is simply to explain politely that you cannot shoot from the hip, that you are checking out the information, and that you will get back to the reporter as soon as possible. And then, of course, get back to him. Reporters have a long memory for evasions and broken promises.

Even in such questionable situations, it is always advisable to consult with your public relations or corporate communications people. In fact, much grief can be saved for yourself and your organization by encouraging the policy that all initial media contacts be made through the public relations department. It then becomes their job to provide information, set up interviews, and brief the interviewees.

12 TIPS FOR SUCCESSFUL MEDIA INTERVIEWS

Useful for *any* Question-and-Answer situation

- Know your interviewer and audience.
- Anticipate critical questions.
- Have a PURPOSE.
- Prepare and rehearse "Mini-Speeches."
- Listen carefully to the questions.
- Talk to the interviewer: maintain eye contact while speaking.
- Relate to the audience: show concern for audience concerns.
- Keep the language simple: avoid technical jargon.
- Don't be pushed around: be a hammer, not an anvil.
- Keep your energy level up.
- Close on upbeat.
- Remember the camera is *always* on, the notebook is *always* open.

[Photocopy and cut on dotted line. Keep handy. Consult before every media interview. Review appropriate Topics, if necessary.]

SPEAKER'S ASSESSMENT CHECKLIST

Fill out this checklist paying particular attention to your areas of perceived strength and weakness. Each time you prepare a spoken communication, review this checklist as you work on Messages, Mini-Speeches, and the Media: Delivering Information in a Minimum of Time. As you progress you should be adding to your list of strengths and reducing your list of weaknesses. Be sure to refer to this checklist before making any presentation.

Underline one.

True or False: The media can be a problem.

True or False: The media is the enemy.

True or False: Proper interview technique will enable the speaker to control the media.

MINI-SPEECHES are particularly useful in

news interviews. ☐
adversarial interviews. ☐
talk show interviews. ☐

MIDI-SPEECHES are particularly useful in

news interviews. ☐
adversarial interviews. ☐
talk show interviews. ☐

The prime difference between TV and print interviews is:

____

____

____

The prime difference between a taped and a "live" broadcast interview is:

____

____

____

The interviewee should always ☐ talk "off the record."*
never ☐
sometimes ☐

My strengths in media interviews are:

____

____

____

____

____

My weaknesses in media interviews are:

____

____

____

____

____

*Hint: Never tell a reporter anything you don't want in print or on the air.

Part VI
The Bottom Line

The great secret of eloquence is to be in earnest.
—Edward Bulwer-Lytton

Topic 1:
The Next Steps.

Objective:
To maintain and improve skills learned.

Average reading time:
2 minutes

> Practice, practice, practice.—Former star quarterback Paul Hornung in a popular T.V. commercial

Recently at the conclusion of one of my seminars, one of the participants, a member of his company's senior management, came up to me and said, "Leonard, I think your training is most effective. We've all made noticeable progress in our spoken communications and media skills. But I'm troubled."

"What about?" I asked.

"Well, suppose I and my associates don't make a presentation, or conduct a media interview in the next few weeks, or the next few months. We're pretty sharp now, but if we don't practice those skills we've been working on, won't we get pretty rusty? Won't the learning curve take a sharp dip downward?"

Thoughtful question. Tough question. Fortunately, it was not the first time such a question has been asked of me, and I have, over the years, given plenty of thought to the answer. The answer I gave the pensive executive and the answer I offer to you is simply this: Where is it written that you have to work on a formal presentation or participate in a media interview to stay in practice? Giving presentations and engaging in interviews, of course, is the best way to keep your spoken communications skills honed. There's nothing like the pressure of facing an audience or confronting a reporter to enhance your motivation to use what you've learned.

But, there are other opportunities in many places and many situations to practice those skills.

How about that Monday morning staff meeting? If ever you needed a PURPOSE it's there!

How about that secretary who inevitably comes in an hour late following a holiday, with the inevitable excuse of heavy traffic, car trouble, or what-have-you? Wouldn't an AUDIENCE AUDIT and the awareness of emotional triggers come in handy in dealing with that individual?

How many times during a work day are you so short of time that you simply do not have the luxury of giving detailed instructions to your subordinates?

How many times do you need to discuss a vital matter with the boss, only to discover that he or she, too, is under severe time pressure? Doesn't that suggest the immediate application of a "Mini-Speech"?

How many times, at the office, at the club, or, let it be admitted, at the dinner table are you confronted with "Unrulies," "Passives," "Bullies," "Rivals," and "Absents"? Do you doubt for a minute that the techniques for dealing with adversaries we've reviewed might be applicable?

Along with the other principles and techniques you've picked up from this book, pick up one more. Cultivate the ability to spot opportunities in your daily business and personal life to practice these principles and techniques.

Get into the habit of asking yourself each day, "How, when, and where will I use the persuasion skills I've learned?" And use them! I promise you the alert communicator will find no dearth of chances to use every technique, every tactic, every strategy in this book, not only to enhance profits, but to reduce "profit stealers." You won't get rusty if you burnish yourself. Here are a few additional tips on avoiding "rust."

- Try to review each part of this book at least once a month. Keep testing yourself against the SPEAKER'S ASSESSMENT Checklist. Keep this book at your desk, not on the shelf. Make the book a habit.
- Review key sections of the book in preparation for any spoken communications occasion. Concentrate on those Topics which will provide immediate help. (E.g. "Mini-Speeches," and "Midi-Speeches" for anticipated Question-and-Answer sessions or media interviews; "Coexisting With Audio/Visual Aids," if you contemplate using them in a presentation, etc.)
- Don't rest on your laurels. Compare notes with other successful speakers.
- Keep testing style and structure by recording "test runs" on your tape recorder.
- Remember, above all: PURPOSE, PURPOSE, PURPOSE.

The Profits of Persuasion

Having opened with a "Thought Game," it seems only appropriate that we should close with one.

Imagine once more that we are in that seminar room after three days of concentrated, intensive work on persuasive communications. Imagine again that the Instructor is making his "closing remarks" (and perhaps "asking for the order" from *you* once more). He would say something like this:

"As we near the end of our time together, I hope you recognize that, at the end, as in the beginning, the Word is God. I hope also that you understand that, in persuasive speaking, the Word also means: Delivery Style, Preparation And Structure, Using Questions As Tools of Persuasion, Ruling The Unruly, Dealing With The Media, and Keeping Your Skills Burnished.

"As successful (and, hopefully, soon to be even more successful!) executives you have learned much that's useful in our time together. You have made progress and, if you work on it, will continue to do so. Remember that the persuasive communicator and the successful manager have several things in common:

- Both have style.
- Both have substance.
- Both are their natural, real selves.
- Both strive to understand the people they are trying to influence.
- Both anticipate questions.
- Both recognize the importance of the emotions.
- Both have clear PURPOSES.
- Neither is shy about "asking for the order."

"Recognize that persuasion is an integral element in our daily business and personal lives. Without persuasion, governments could not govern, surgeons could not operate, children could not learn, businesses could not function. Persuasion is the civilized substitute for violence and it should be honored, not only as a tool of success in business, but as an ornament of our society. Even though the persuader is sometimes compelled to play "hard ball" against adversaries, the process of persuasion should be, above all things, civilized.

"The tools you've worked with in this program are indeed powerful. Like most tools they can be used to build—or to destroy. As a way of cynically manipulating others or as a means of honestly contributing to your own personal success and the success of others."

Perhaps the greatest literary "persuader" of all time was William Shakespeare. He knew that before you can persuade others you must first be convinced yourself. In Act III, Scene III of his immortal play *Hamlet*, Shakespeare presents a man with a "conviction problem"—King Claudius, the man who has murdered Hamlet's father and married his mother. Even this villain feels the pangs of conscience and he falls to his knees in prayer. Apparently, however, his prayers do little to relieve his conscience because, upon rising, he says:

> My words fly up, my thoughts remain below.
> Words without thoughts never to heaven go.

May your thoughts be positive. May your words be persuasive. Good luck and good communicating.

Index